21世纪经济管理新形态教材·国际经济与贸易系列

数字贸易概论

王 楠 倪一铭 华梦清 ◎ 编 著

清华大学出版社

北 京

内 容 简 介

本书贯彻落实中共中央办公厅、国务院办公厅印发的《关于数字贸易改革创新发展的意见》，立足"新文科"建设和经济管理类人才培养，从国际贸易环境演变及数字经济发展趋势切入，围绕数字贸易系统认知与实践能力提升角度设计撰写跨专业通识教材。全书共九章，涵盖数字贸易的内涵、特征、技术要素、表现形式、测度方法、主要规则，并通过对全球数字贸易发展水平的观察，提出中国数字贸易治理、数字服务贸易发展的现实路径。

本书内容系统全面、图文并茂，既可以作为应用型本科院校和高等职业院校教材，也可供广大企业家、国际贸易从业者等相关人士学习参考。

本书封面贴有清华大学出版社防伪标签，无标签者不得销售。
版权所有，侵权必究。举报：010-62782989，beiqinquan@tup.tsinghua.edu.cn。

图书在版编目（CIP）数据

数字贸易概论 / 王楠，倪一铭，华梦清编著.
北京：清华大学出版社，2025.2.
（21世纪经济管理新形态教材）.
ISBN 978-7-302-68059-8

Ⅰ．F724.6

中国国家版本馆 CIP 数据核字第 2025EV4259 号

责任编辑：付潭蛟
封面设计：汉风唐韵
责任校对：王荣静
责任印制：杨 艳

出版发行：清华大学出版社
网　　址：https://www.tup.com.cn，https://www.wqxuetang.com
地　　址：北京清华大学学研大厦A座　　　　邮　编：100084
社 总 机：010-83470000　　　　　　　　　　邮　购：010-62786544
投稿与读者服务：010-62776969，c-service@tup.tsinghua.edu.cn
质 量 反 馈：010-62772015，zhiliang@tup.tsinghua.edu.cn
课 件 下 载：https://www.tup.com.cn，010-83470332

印 装 者：涿州汇美亿浓印刷有限公司
经　　销：全国新华书店
开　　本：185mm×260mm　　　印　张：15.25　　　字　数：339千字
版　　次：2025年2月第1版　　　　　　　　　　　印　次：2025年2月第1次印刷
定　　价：49.00元

产品编号：100035-01

前言

数字贸易作为传统贸易在数字经济时代的延伸，对推进各国经贸合作的贸易模式、贸易对象、贸易结构、贸易格局演变有着深远的影响，其经济新引擎的作用日益凸显。互联网的全球化和数据的跨境流动推动了数字贸易在全球范围内的蓬勃发展，不仅促进了货物贸易发展，还促进了服务贸易便利化。不同于传统贸易，全球数字贸易在国家层面、平台层面、企业层面以及技术层面都体现出新的发展特点和趋势，在降低交易成本、提高生产效率、创新商业模式、增进消费福利以及帮扶中小企业成长等方面均发挥着重要作用，并日益成为世界经济转型升级的新动能。《世界贸易报告2022》提出，气候变化可以通过影响贸易成本、改变比较优势和扰乱全球价值链来影响国际贸易。研究发现，气温每上升 1℃ 会使发展中国家出口的年增长率减少 2.0~5.7 个百分点，因此，数字贸易在为以中国为代表的发展中国家提供新机遇的同时也将带来新的发展动力挑战。

此外，数字贸易的发展使得传统贸易规则滞后，数字贸易保护主义正笼罩在全球多个市场。我国应当积极应对挑战，抓紧开展关于数字贸易统计、新型数字贸易规则影响、知识产权保护、数字贸易壁垒、争端解决机制等一系列问题的研究，以应对可能出现的数字贸易摩擦。并在加强国内规则建设的同时，积极参与国际谈判，利用及对接"美式""欧式"数字贸易规则，构建包容普惠、互利多赢的国际规则，进一步提升数字贸易开放水平；还要把握住当前产业整合、融合和协同的发展趋势，积极推动与数字贸易产业密切相关的数字内容行业、制造业、数字通信行业、服务业等快速发展，优化重点产业布局，推动产业链深度融合，构建协同发展的大规模产业群，实现数字贸易产业集约化发展。同时，优化数字贸易人才培养体系、推进数字信息基础设施和物流基础设施建设也是我国发展数字贸易的关键内容。

自 2021 年开始为本科生开设"数字贸易概论"课程以来，笔者每次与师生交流、备课过程中，都会有新的发现与收获。本书是在课程团队不断开发数字贸易新知识、新理论与新案例的基础上编写的。书中将经济学经典理论与数字经济背景下的贸易新模式、新业态等有机地结合起来，深入浅出；注重系统性、应用性和前瞻性，比较全面地展示了数字贸易的基本理论、内涵特征、实践方法和发展趋势；构建了数字贸易课程的基本结构体系，突出了数字贸易技术、规则、平台等核心发展问题。本书的编写充分体现了"政产学研"的有机结合，倪一铭目前供职于建潘鲲鹭物联网技术研究院（厦门）有限公司，华梦清供职于浙江余姚发展改革局，王楠教授供职于宁波大学科学技术学院，三个人通力协作历时近一年完成初稿，之后进行了多轮修改与校正，最终将本书呈现在读者面前。本书得到了浙江省软科学重点项目（2022C25021）和宁波市县域产业数字化研究基地、宁波大学科学技术学院教学研究重点项目（xyjy2021006）的大力支持，在此一并表示由衷的感谢！

王　楠
2024 年 6 月于宁波大学

目 录

导论 ·· 1
   第一节　国际贸易环境演变 ·· 1
   第二节　数字经济的兴起 ·· 7
   第三节　数字经济发展趋势 ··· 16
   即测即练 ·· 24

第一章　数字贸易概述 ·· 25
   第一节　数字贸易诞生背景 ··· 25
   第二节　数字贸易内涵与影响 ·· 37
   第三节　数字贸易典型特征 ··· 41
   第四节　数字贸易发展趋势 ··· 45
   即测即练 ·· 54

第二章　数字贸易的技术要素 ·· 55
   第一节　数字贸易的基础：数字技术 ··· 55
   第二节　数字贸易的核心：大数据 ·· 66
   第三节　数字贸易的新技术路径：区块链 ··· 72
   即测即练 ·· 80

第三章　数字贸易的表现形式 ·· 81
   第一节　数字贸易与跨境电子商务 ·· 81
   第二节　数字贸易与产业数字化 ··· 84
   第三节　数字贸易与数字产业化 ··· 92
   即测即练 ·· 100

第四章　数字贸易平台 ··· 101
   第一节　国际性数字贸易平台 ·· 101
   第二节　中国的数字贸易平台 ·· 104
   第三节　数字贸易平台的发展 ·· 106
   即测即练 ·· 111

第五章　数字贸易测度 ... 112
第一节　数字贸易测度的重要作用 ... 112
第二节　数字贸易测度理念 ... 113
第三节　数字贸易测度方法 ... 118
第四节　数字贸易测度国内实践 ... 126
即测即练 ... 136

第六章　数字贸易规则概况 ... 137
第一节　数字贸易规则发展历史 ... 137
第二节　各国数字贸易规则典型特征 ... 139
第三节　全球数字贸易规则对比 ... 158
即测即练 ... 168

第七章　数字贸易发展的评价 ... 169
第一节　信息网络基础设施 ... 169
第二节　数字技术水平 ... 174
第三节　数字产业化水平 ... 179
第四节　产业数字化水平 ... 184
第五节　贸易潜力 ... 190
即测即练 ... 195

第八章　数字服务贸易 ... 196
第一节　数字服务贸易发展背景 ... 197
第二节　数字服务贸易典型特征 ... 201
第三节　中国数字服务贸易发展 ... 208
即测即练 ... 217

第九章　国内外数字贸易发展与治理 ... 218
第一节　国外数字贸易发展经验与路径 ... 218
第二节　中国数字贸易发展现状与挑战 ... 226
第三节　中国数字贸易发展路径 ... 228
即测即练 ... 231

参考文献 ... 232

导　　论

学完这章，你应该能够：

1. 了解国际贸易环境的演变趋势；
2. 理解全球产业体系调整的进程、产业链价值链融合新特点；
3. 掌握数字经济内涵与特征；
4. 知悉数字经济理论发展趋势。

进入 21 世纪以来，以 5G 通信技术、人工智能、物联网、大数据和云计算等为代表的新一轮技术革命蓬勃发展，其创新成果在世界范围内引起生产、流通和消费方式的重要变革。典型表现为既加速了传统贸易向数字化、网络化和智能化转变，又深刻影响了交易标的和交易方式，在进一步降低贸易成本和门槛的同时，为发展中国家和中小企业参与国际贸易提供了更多的机遇。据麦肯锡预计，今后 10 至 15 年内，数字贸易会出现 25% 左右的高速增长率，20 年后世界贸易将形成货物贸易、服务贸易、数字贸易三分天下的格局。世界贸易组织统计，2019—2022 年，全球数字贸易增长 36.9%，高于服务贸易的 12.9% 和货物贸易的 31.0%。数字贸易成为全球贸易发展的新趋势、增长的新引擎。我国数字贸易虽然起步较晚，但在相关政策引导和支持下，发展迅速。2019 年出台的《中共中央国务院关于推进贸易高质量发展的指导意见》明确了要加快数字贸易发展。2021 年，在《"十四五"服务贸易发展规划》中，"数字贸易"首次被列入服务贸易发展规划。2022 年，我国可数字化交付的服务进出口额达 3727 亿美元，同比增长 3.4%，居全球第五位；跨境电商占外贸总额的比重由 2015 年的不到 1% 增长至 5%。

第一节　国际贸易环境演变

进入 21 世纪以来，以大数据、人工智能和物联网为代表的新一代数字技术的商业化应用加速，在推动世界新一轮科技革命和产业革命持续演进的同时，与传统经济的深度融合也催生了新的经济形态——数字经济。数字贸易植根于数字经济，是传统贸易在数字经济时代的延伸，数字经济是数字贸易产生和发展的基石，两者相辅相成展现出国际贸易环境演变的特征与趋势。

一、全球产业体系持续调整

全球生产体系最初起源于国际贸易。15世纪末至16世纪初的"地理大发现",促进了世界市场的形成。直到18世纪70年代第一次工业革命后,国际分工体系逐步建立。尤其第二次世界大战以后,全球对外直接投资快速增长,国际生产活动发展迅速。受益于20世纪90年代以来全球贸易壁垒的减少和生产协调成本的下降,在"世界是平的"(弗里德曼,2006)氛围中,效率优先成为驱动跨国公司进行全球产业链布局的主要逻辑,产品内分工得以迅速发展。全球价值链的兴起改变了全球生产的组织方式,形成了以生产工序为单位,在全球范围内组织和分布的世界生产体系。

(一)基于价值链的全球产业链构建

19世纪早期,随着蒸汽动力技术的突破,长距离运输成本得以显著下降,全球各地区间的贸易量激增,为全球化的进程拉开了序幕。全球生产分工的格局开始显现,Baldwin(2006)认为这一现象标志着全球化第一次"解绑"的开始。贸易成本的下降使得国际间的分工生产变得有利可图,国际贸易使得生产效率得到了显著的提升。在贸易利得的驱动下,国际贸易迅速发展。20世纪90年代以后,信息与通信技术的革命令全球化实现了第二次"解绑"(Baldwin,2006)。信息与通信技术使得企业能够便捷地远距离发布指令、协调生产环节,从而降低了生产过程在时间和空间上分离的运作成本。为了实现对全球资源的充分利用,企业将产品生产中的不同工序和流程分散在不同地区,跨境生产迅速发展,国际分工由产业层面深入到产品工序层面,产品内分工成为主导全球贸易分工的主要模式。产品的生产过程被分割成不同的生产阶段,不同的国家(地区)专业化从事某一(些)阶段的生产,形成全球价值链(Global Value Chain,GVC)。根据联合国工业发展组织(UNIDO)的定义,全球价值链是指在全球范围内为实现商品或服务价值而连接生产、销售、回收处理等过程的全球性跨企业网络组织,涉及从原料采集和运输、半成品和成品生产及分销,到最终消费和回收处理的整个过程,包括所有参与者和生产销售等活动的组织与价值及利润分配。

随着全球价值链的发展,生产碎片化进一步加强和深化,全球生产链迅速扩张,世界生产体系比以往任何阶段联系得都要紧密。与此同时,随着全球贸易和投资的自由化,各种类型自由贸易协定的达成以及信息通信技术的诞生与发展极大地降低了跨国经营的成本。1990—2015年,全球对外直接投资流出量增长迅速,年均复合增长率为7.5%。尤其是2000年以来,全球贸易和对外直接投资呈指数级增长,增长速度超过了全球GDP增速,国际化生产规模迅速扩大。

总体上,国际生产体系的形成与发展是国际分工演进和国际直接投资(Foreign Direct Investment,FDI)发展的产物,其主体是跨国公司。该体系的发展经历了由国内独立体系、简单一体化体系、复合一体化体系向网络化和无国界的国际生产体系的演变。第二次世界大战之前,国际分工主要是发达经济体间的水平分工(制成品生产的分工)和发达经济体与殖民地附属国之间的垂直分工（制成品和原材料生产的分工），跨国经营企业以国外设立工厂或并购企业等股权方式进行国外生产。第二次世界大战以后，国际分工由产业分工向产业内分工、产品内分工发展。跨国公司根据区位优势与资源状况，把同一产品的不同生产工序、不同零部件或不同组件分散到全世界不同国家和地区，进行一体化生产，并通过股权与非股权方式对生产体系内的参与者进行管理与协调。而数字经济的兴起对传统的产业链和传统的商业模式产生了深刻的影响，使得全球产业链呈现出新的变化和新的特征。数字化生产将深度融合产业链中的生产和服务，进一步模糊产业链上下游的边界，更加强调生产中知识、数据等数字要素的重要性。

（二）产业链价值链融合的新特点

1. 数字化

数字化帮助企业降低贸易成本、管理成本，增强对分散在各地、各个环节的供应链的管理能力，进一步促进国际分工和产业链延长。一方面，以云计算、大数据、物联网等为基础的数字技术日益成熟，数据的大规模生产、分享和应用逐步扩散和渗透到经济社会各行业，推动了全球产业链各个环节的数字化，影响了企业生产和经营的整个过程，包括最初的研发、采购，产品的生产及分销，以及最终消费。另一方面，全球产业链的数字化呈现出多种形式，包括产品与服务的数字化（如搜索引擎、社交网站等互联网平台）、传统产品的数字化（如电子音乐、视频、数据等数字内容产品）以及生产环节的数字化（如数字化车间等）。在上述形式中，全球产业链的部分环节或整体实现了数字化，或是正由实体向数字化转变。以软件服务为例，数字化技术的运用改变了以往软件公司对软件的生产与支付方式。传统的软件生产需要借助物理介质，例如 VCD 和 CD 在电脑硬盘上安装使用，数字技术使得软件产品通过远程服务器实现了数字化交付。此外，数字化也有利于产业垂直一体化，促使企业专注自主研发，打造核心竞争力。

2. 服务化

数字化推动生产服务化程度加深，全球产业链的专业化和外包化程度也显著提高。一方面，数字技术的广泛应用大幅度地降低了交易成本，提升了市场合同的回报率。全球产业链被分割为更多的环节，许多原先存在于制造业中的服务活动被独立出来。企业开始将非核心的环节通过协议生产、协议研发等方式外包出去，使得企业的部分生产活动成为基于佣金的生产服务。另一方面，随着信息技术的发展，制造企业的商业模式从出售产品和设备转向出售服务，即按照产品或设备的使用时间收费。对客户来说，原来对资本品的投资变成了购买服务，即营运支出。这样，买方省去了设备的维护和维修成本，卖方加强了对知识产权的掌控，并拓展了增值服务。这使得跨国企业价值链中服务环节的比重不断提升。

3. 去中介化

在传统国际贸易中，企业销售产品需要经过制造商、出口商、进口商、批发商、零售商、消费者等环节。随着数字技术的发展，特别是互联网技术的广泛应用，越来越多的企业利用数字化、信息化的网络服务平台，如阿里巴巴、亚马逊等，直接将产品和服务销售给最终用户。数字技术的发展，使得生产者和消费者之间的环节大幅减少，全球产业链缩短，企业的生产行为更贴近市场，效率得到显著提高。例如，2022年的中国跨境电商交易规模达15.7万亿元，较2021年末增长10.56%，而B2B交易在跨境电商交易模式中的占比达75.6%。

4. 定制化

数字技术的发展使那些被搁置的多样化、个性化需求被激发，以用户为中心的个性化定制成为新的生产方式。3D打印（用三维数字模型制作实物的过程）使个性化定制生产成为可能，将令制造业产生颠覆性变化。3D打印正在被广泛应用于许多领域，正从消费电子、工业器械、汽车、航空、医疗、建筑、科研等传统制造行业，逐步向家居、日用品等新型制造行业扩展。3D打印使定制变得更加容易，成本也更低，因为它仅涉及新的设计和计算机代码的更改，而不需要使用新的生产工具和模具，不需要对工厂进行成本高昂的修改。例如，电子商务平台Shapeways可以让设计师上传产品的设计，使用3D打印创建实物项目，通过管理物流使这些项目到达最终消费者手里。3D打印将使产品生命周期向数字化和本地化供应链转变，使企业的生产活动更易于复制，更贴近用户，并使企业能更好地与用户互动。同时，3D打印能够有效降低能源使用、资源需求和相关的二氧化碳排放。这项技术将对低批量市场和定制化、高价值的生产链（如航空航天和医疗组件制造产业链等）产生较大影响。

5. 智能化

数字技术与制造、能源、交通、农业等各行业技术相结合，带动了智能制造、智能电网、智慧城市、智能交通、智能农业的迅速发展。同时，全球产业链的智能化也贯穿于产品设计、制造、服务全生命周期各个环节，正在深刻改变人们的生产方式和生活方式。人工智能（AI）、机器学习（ML）的前沿性、重要性不断凸显，通过结合大数据、云计算、机对机通信和物联网技术实现操作和学习，被应用到许多产品和服务中，如在线搜索和翻译服务、实时交通预测和自动驾驶汽车、智能监控和决策等。

二、多重因素叠加影响，全球经济不确定性增强

当前，全球处于百年未有之大变局。全球主要经济体货币政策加快收缩，经济滞胀风险加剧，新兴经济体的通胀压力明显加大。国际货币基金组织（IMF）于2022年4月发布的研究报告显示，一季度全球不确定指数激增。国际发展环境的不稳定，既是前期贸易摩擦频发、新冠肺炎疫情全球大流行等不利因素的累积和延续，也是数字安全威胁不断升级、地缘政治冲突等新不利因素引发的后果之一。特别是在数字贸易方面，全球"数字鸿沟""数字隔离"、数字贸易"联盟化"突出，全球贸易发展将受到一定影响。

（一）地缘政治因素影响全球供应链紧缩

由于发达经济体货币政策的变化和俄乌冲突不可预测的性质，世界经济发展存在高度的不确定性。乌克兰危机推高了主要大宗商品的价格，特别是燃料、食品和化肥。2022年8月，欧洲地区的天然气价格同比上涨了350%。欧洲对液化天然气（LNG）的需求增

加，以补充来自俄罗斯联邦的天然气供应的减少，也推高了亚洲的能源成本，8月份，亚洲液化天然气价格上涨了87%。高能源价格挤压了欧洲的家庭支出，并提高了这里的制造成本。在美国，货币政策紧缩影响了人们在住房、汽车和固定投资等领域的支出。燃料、粮食和化肥进口账单的增加可能导致发展中国家的粮食不安全和债务危机。贸易是提高全球商品和服务供应以及降低净零碳排放成本的重要工具。全球供应链的紧缩只会加深通胀压力，导致经济增长放缓，并随着时间的推移使生活水平下降。发达经济体的高利率可能会引发资本从新兴经济体逃离，影响全球金融流动。俄乌冲突的升级也可能削弱商业和消费者的信心，并破坏全球经济的稳定。一个被低估的风险将是主要经济体与全球供应链的脱钩。这将在短期内加剧供应短缺，并在长期内降低生产率。但随着与新冠疫情有关的限制有所放松，许多国家的旅游和运输服务出口将迎来强劲反弹。

2023年，整个发展中国家的不均衡增长仍是一个重要特征。中国预计将恢复到更强劲的增长状态，接近其5%的目标，这将对邻国发展中国家和其他国家产生积极的连锁反应。但以拉丁美洲国家为代表的许多发展中国家，财政空间和整体财政状况仍然不稳定，因为外部金融状况使偿债成本更加难以预期，而大宗商品价格走软将给出口商带来额外收入。因此，总体上发展中国家减少财政赤字的压力将会增加，而它们在全球价值链中的作用将在不断变化的地缘政治形势下受到战略再外包和"友好外包"的影响。而大宗商品价格高位波动，全球运输供应链结构性紧张，对加工服务、维护维修服务等与制造业相关的服务贸易也会产生影响。经济合作与发展组织（OECD）预计2023年全球增长率为2.7%，2024年将温和回升至2.9%——两者都远低于2019年新冠病毒流行前十年的平均增长率。中国则得益于科学、有力的新冠防疫政策，疫后经济重启迅速，数字化进程加快，成为推动世界经济发展的重要力量。

（二）全球需求放缓

2022年，受俄乌冲突、高通胀和主要经济体货币政策紧缩的拖累，贸易和产出增长放缓，2023年前几个月依然疲软。商品交易量增长从2021年的9.4%降至2022年的2.7%，而按市场汇率计算的GDP增长从之前的5.9%降至3.0%。制成品在世界商品出口中的份额下降至63%（2018年为68%），主要原因是高能源价格限制了需求。全球消费持续疲软，消费性服务外需增长基础不稳，全球服务贸易复苏步伐仍将缓慢。《2023年世界贸易统计评论》显示，2022年世界商品贸易成交量远低于12.4%的价值增幅，反映了全球大宗商品价格高企的影响。中国仍然是最大的商品出口国，但在世界出口中的占比从2021年的15%下降到了14%。美国（占世界贸易总额的8%）和德国（占世界贸易总额的7%）分别排名第二位和第三位。在2022年6月至2023年3月期间，由于全球贸易商品需求下降，经济增长放缓，集装箱吞吐量下降了近5%。2023年5月集装箱吞吐量的上升可能标志着贸易开始好转，但前景仍受到许多下行风险的影响。

2023年第一季度，除某些出口收入可观的石油出口地区外，全球大部分地区的出口都出现负增长，包括南美（-0.4%）、亚洲（-5%）、中东（-7%）。同时，由于食品和能源价格的下降减少了进口账单，大多数地区的商品进口价值同比增长转为负值。亚洲进口下降6%，南美洲进口下降5%，非洲进口下降2%，北美洲进口下降2%，欧洲进口下降1%。初级大宗商品价格虽然从2022年的峰值回落，但与2019年相比仍处于高位。2023年5月，制造业PMI总体指数持平于49.6，而新的出口订单分类指数降至47.3，表明商品交易持续疲软。制造业PMI的其他子指标揭示了全球供应链的状况。投入和产出价格的子指数均已从2022年初的较高水平回升至50的基线附近，表明通胀压力有所降低。其他指数显示，供应商交货时间缩短，商品库存接近预期水平，这表明在2022年上半年扰乱贸易的供应链问题已基本消失。由于发达经济体的需求减弱，新兴市场经济体将受到不利影响，2024年非经合组织地区的增长将下降约0.7个百分点。

（三）各国供给侧结构性改革力度不足

自2015年《巴黎协定》达成之后，各国要实现制定的2050年净零排放目标，就必须对经济进行结构性改革，并将劳动力和资本转向更环保的生产活动。这一转变还需要大量增加绿色投资，更多地使用碳定价，以及加强法规、机构和标准建设排。如果企业面临未来政策的高度不确定性，长期清洁能源投资的必要增加就不会发生。尤其在最易受气候变化影响的特定行业，如采矿、化石燃料和能源密集型行业，将出现或增加重大的过渡成本。这也将对那些严重依赖这些行业的公司产生影响，而缺乏日益增长的绿色生产所需技能的工人将面临失业风险。同时，针对全球粮食和能源不安全，减轻低收入国家的债务负担等，均要求各国为协同达成全球净零目标而进行供给侧结构性改革。

虽然，积极参与和深度融入全球价值链仍将是一国经济发展的重要路径，但许多经济体面临着重振潜在增长能力和改善增长质量的双重任务，表现为全球金融危机以来的最弱增长态势。主要因素是因为基本劳动生产率的增长速度较慢，而随着人口老龄化的进展，工作年龄人口的增长率也较低。劳动生产率增长的放缓反过来又反映了每个工人的资本增加量较小和全要素生产率（生产效率）增长的放缓。经合组织经济体的生产性资本投资自2010年以来比过去几十年要低得多，而全要素生产率近年来的增长也较为缓慢。流行病、俄乌冲突、中美或欧洲之间持续的贸易冲突、更频繁的极端天气事件等相互作用的不利冲击正变得越来越常见。大量证据还表明，近年来竞争减弱，行业集中度和加价一直在上升；企业进入率和退出率一直在下降；最好的企业（高生产率企业）与其他企业之间的差距一直在扩大。这一系列的影响都彰显了促进供给侧结构性改革的必要性与紧迫性。

总体上，伴随着全球贸易数字化发展，人类社会正迈入以数字贸易为突出特征的第四次全球化浪潮，此番浪潮对全球供应链、产业链、价值链会产生巨大影响。国家间经济分工、贸易利益分配面临巨大的挑战，新的国际规则、国际治理挑战正在到来。尤其是新冠肺炎疫情对国际贸易造成严重冲击，外贸需求萎缩、保护主义盛行，经济全球化面临严峻挑战。面对数字经济时代全球化发展新趋势，各国需顺应信息化、数字化、智能化发展要求，及时抓住新一轮信息技术革命和产业变革新机遇，要坚持开放包容、平等合作、互利共赢原则，以共商、共建、共享汇聚合力；要增强数字基础设施联通，缩小全球"数字鸿沟"；要优化数字贸易发展环境、推动数字化转型，进一步挖掘增长潜力，共同促进数字贸易创新发展与开放合作，共同推动全球经济复苏企稳向好发展。

第二节 数字经济的兴起

在过去的两个半世纪里，自动化、交通和工业化的巨大进步都由化石燃料驱动，推动了全球经济的指数级增长，带来了生活水平的上升、流动性的增加，并改善了快速增长的全球人口的物质福祉。通过发现如何将化石燃料转化为机械能，从蒸汽机开始，人类释放了似乎无限的能源供应，为全球经济增长和发展提供了持续动力，也促成了以欧美为主要消费中心，东亚为主要制造中心，其他地区为主要原料来源地的全球传统经济三元模式的形成。然而，随着新一轮科技革命与产业变革的飞速发展，数字化转型日益深刻地影响着经济发展，全球进入以数字为核心生产要素的数字经济时代，现有传统的经济版图正在不断调整。全球二元经济发展模式初步形成，典型表现为美国依靠技术与算力保持数字化领先，中国则依靠巨大的人口市场与应用创新成为推动数字化发展的中坚力量，全球的数字经济、数字金融、数字贸易中心正加速向中美聚集，为中国的数字经济带来巨大发展机遇。2018年，习近平总书记在全国网络安全和信息化工作会议上指出："要发展数字经济，加快推动数字产业化，依靠信息技术创新驱动，不断催生新产业新业态、新模式，用新动能推动新发展。"2019年11月，《中共中央—国务院关于推进贸易高质量发展的指导意见》正式提出要加快数字贸易发展，提升贸易数字化水平，推进文化、数字服务、中医药服务等领域特色服务出口基地建设。2022年，我国数字经济规模达到50.2万亿元，同比名义增长10.3%，已连续11年显著高于同期GDP名义增速，占GDP比重达到41.5%，相当于第二产业占国民经济的比重。预计到2030年，我国数字经济规模总产出可达83.34万亿元，增加值可达20.74万亿元。其中，数字化基础建设、数字化传媒和数字化交易的规模均呈现增长态势。

一、数字经济的概念与内涵

"数字经济"这一术语最早出现于20世纪90年代。1995年，OECD详细阐述了数字经济的可能发展趋势，认为在互联网革命的驱使下，人类的发展将由原子加工过程转变为信息加工处理过程。1996年，美国学者Don Tapscott在《数字经济》一书中描述了计算机和互联网革命对商业行为的影响。1998年，美国商务部《浮现中的数字经济》研究报告描述了在IT技术扩散和渗透的推动下，从工业经济走向数字经济的发展趋势，并将数字经济的特征概括为"因特网是基础设施，信息技术是先导技术，信息产业是带头和支柱产业，电子商务是经济增长的发动机"。2002年，美国学者Beomsoo Kim将数字经济定义为一种特殊的经济形态，指出数字经济的活动本质为"商品和服务以信息化形式进行交易"。随着信息技术的发展成熟及经济社会数字化程度不断提升，"数字经济"的内涵和范畴在早期基础上进一步扩大。2016年，《二十国集团数字经济发展与合作倡议》将数字经济界定为，"以使用数字化的知识和信息作为关键生产要素、以现代信息网络作为重要载体、以信息通信技术的有效使用作为效率提升和经济结构优化的重要推动力的一系列经济活动"。

当前，对于数字经济的概念与内涵主要有两种定义：一是美国经济分析局（BEA）提出的，将数字经济主要由数字服务（例如，电信、云、互联网和数据服务）、基础设施（软件和硬件）和电子商务组成。二是中国信息通信研究院在《中国数字经济发展白皮书》中提出的，数字经济是以数字化的知识和信息为关键生产要素，以数字技术为核心驱动力量，以现代信息网络为重要载体，通过数字技术与实体经济深度融合，不断提高经济社会的数字化、网络化、智能化水平，加速重构经济发展与治理模式的新型经济形态。具体包括四项内容：一是数字产业化，即信息通信产业，包括电子信息制造业、电信业、软件和信息技术服务业、互联网行业等；二是产业数字化，即传统产业应用数字技术所带来的产出增加和效率提升部分，包括但不限于智能制造、车联网、平台经济等融合型新产业、新模式、新业态；三是数字化治理，包括但不限于多元治理，以"数字技术＋治理"为典型特征的技管结合，以及数字化公共服务等；四是数据价值化，包括但不限于数据采集、数据标准、数据确权、数据标注、数据定价、数据交易、数据流转、数据保护等（表0-1）。

表0-1 数字经济"四化框架"

生产要素	生产力		生产关系
数据价值化	数字产业化		数字化治理
数据采集 数据确权 数据定价 数据交易	基础电信	电子信息制造	多主体参与 数字技术＋治理 数字化公共服务
	软件及服务	互联网	
技术 劳动 资本 土地 ……	产业数字化		
	数字技术在农业中的边际贡献 数字技术在工业中的边际贡献 数字技术在服务业中的边际贡献		

资料来源：中国信息通信研究院。

此外，2022年发布的中国《"十四五"数字经济发展规划》指出，数字经济是以数据资源为关键要素、以现代信息网络为主要载体、以信息通信技术融合应用、以全要素数字化转型为重要推动力，促进公平与效率更加统一的新的经济形态。在不断变化的技术和商业环境中，数字经济正成为重组全球要素资源、重塑全球经济结构、改变全球竞争格局的关键力量。

二、数字经济典型特征

作为引领未来发展的新引擎、新变量和新方向，数字经济发展已呈现出新特征、新趋势，数据从"为我所有"到"为我所用"，产业从"粗放型生长"到"可持续发展"，模式从"流量为王"到"私域崛起"，未来应以新方向、新技术、新模式实现数字经济新发展。

（一）数据资源成为关键要素

数据资源重构了生产要素体系，是数字经济发展的基础。从企业决策的微观视角看，各类数据（如产品数据、设备数据、研发数据、消费者数据）的产生与投入，将有助于改进生产过程、培育新型产品、拓展销售渠道，进而促进全要素生产率的优化提升，实现附加值整体跃迁。随着时间的推移，企业数字化技术应用的范围将不断拓展，源源不断地产生海量数据，通过数据的分析、挖掘、加工与应用，为企业生产率的提升提供充足的新动能。从经济增长的宏观视角看，数据是劳动力与资本以外的新生产要素，势必会对增长过程产生额外作用，如在数字技术的基础作用——连通功能之下，大量的个人数据与消费数据将更好地匹配供需，进一步提高数据的边际产出，最终形成循环上升的产出过程。联合国贸发会议公布的《2021年贸易的发展报告》指出，在数字经济中，"一切"都是数据。互联网上的任何活动都可以通过将其转换为二进制代码进行数字化，而数据流是数字化活动的转移。大多数的跨境数据流都是与互联网运行相关的交换。数据流对所有经济活动和快速增长的数字经济发挥的重要影响，除了有创造了各国可以进行谈判和制定规则的新领域外，还包括创造了新的贸易壁垒和政策问题。数据是"未来的新石油"，甚至被认为价值已经超过石油，成为数字经济中的"通货"。中国信息通信研究院发布的《中国数字经济发展白皮书（2020年）》指出，数据不是唯一的生产要素，但作为数字经济全新的、关键的生产要素，始终贯穿于数字经济发展的全部流程，与其他生产要素不断组合迭代，加速交叉融合，引发了生产要素多领域、多维度、系统性、革命性群体突破（图0-1）。

农业经济: $Y=F_1(A_1,L,T)$

工业经济: $Y=F_2(A_2,K,L,T)$

数字经济: $Y=F_3(A_3,D,K,L,T)$

Y—经济产出；F—生产函数（含组织形态、政府治理等）；
A—技术进步；L—劳动力；T—土地；K—资本；D—数据要素。

图0-1 经济模式与生产要素

从以上三个经济产出计算公式可以看到，从农业经济时代到工业经济时代，再到数字经济时代下生产要素的组成与变化，以及新的技术经济范式正在形成。数据如同资本一样，作为数字时代的生产要素，将驱动社会经济与科技研发等领域的创新发展。

随着数据要素市场的不断扩大与完善，数据将成为数字经济时代竞争的新蓝海。联合国《2021年数字经济报告》预计，2022年全球数据流通总量将超过2016年前的所有历史数据流通量的总和，并且国际数据流量主要集中于北美—中国以及北美—欧洲两大主要渠道。另外，报告还指出，2021年中国与美国数据利用价值位居世界前两名，两国合计拥有全球50%的超大型数据中心。2022年1月，国务院办公厅发布了《要素市场化配置综合改革试点总体方案》，提出要从完善公共数据开放共享机制、建立健全数据流通交易规则、拓展规范化数据开发利用场景、加强数据安全保护4个方面探索建立数据要素流通规则。同年12月，中共中央、国务院印发《关于构建数据基础制度更好发挥数据要素作用的意见》，这是我国首部从生产要素高度部署数据要素价值释放的国家级专项政策文件，在数据要素价值释放中具有里程碑式的重大意义。

（二）数字基础设施建设是根本保障

数字经济依托以互联网为代表的信息技术的发展，而信息技术的发展要依靠新的技术架构，即"云、网、端"技术架构的一体化，使得人、企业、政府等机构、智能机器人、智能物品之间联结的深度、广度和方式不断拓展，众多主体处于物理空间、意识空间、信息空间深度互联的叠加空间，构成了促进数字经济发展的新型基础设施，简称"新基建"。"新基建"作为新一代数字基础设施体系支撑数据的感知、联结、汇聚、融合、分析、决策、执行、安全等各环节的运行，并提供智能化产品和服务。另外，在"云、网、端"技术架构构筑的互联层，设备、生产线、工厂、供应商、产品、客户等主体实现智能互联，突破了传统交易方式中时空同步的限制，扩大了交易规模、降低了交易成本、提升了交易效率，通过规模经济效应与范围经济效应推动数字经济向更高层次发展。

数据基础设施包括围绕数据收集、存储、传输、清洗、处理、应用、交易与安全等的基础性软硬件。具体来说，既包括以传递信息为蓝本的基础设施建设，又包括对物理基础设施的数字化改造。依据数字基础设施的用途来区分，数字基础设施可以分为混合型和专用型。混合型数字基础设施是指增加了数字化组件的传统实体基础设施；专用型数字基础设施是指本质是数字化的基础设施，如宽带、无线网络等。我国自2018年中央经济工作会议上首提"新型基础设施"一词后，2021年11月，国家发改委进一步明确了新型基础设施的重点内容，并确立了"加速建设信息基础设施、稳步发展融合基础设施、适度超前部署创新基础设施"的发展思路。同时，《"十四五"数字经济发展规划》提出的首要任务就是"优化升级数字基础设施"。2022年1月，IDC发布《2022年中国未来数字化基础架构十大预测》，指出未来数字化基础架构将朝着更多元、更敏捷、更安全的方向发展，成为无处不在、面向云原生、能够智能自治的基础设施。随着越来越多企业植入数字化基因，数字基础设施的建设将成为企业融入数字经济大潮的关键根基，从而进一步确保数字经济行稳致远。

中国信息通信研究院发布的《全球数字经济白皮书》显示，当前全球数字基础设施的发展具有三个趋势：一是向智能化方向发展。5G等网络基础设施建设进程加速，覆盖面持续扩大。截至2022年10月，全球已有超过230家运营商推出商用5G服务，累计建成超过300万个5G基站，服务超过7亿个用户，5G网络覆盖27.6%的人口。二是算力基础设施成为数字时代推动经济创新发展的重要驱动力量。以数据中心、云计算设施、智能计算中心等为代表的算力基础设施对经济复苏发挥更加重要的作用。IDC报告数据显示，算力指数平均每提高1个点，数字经济和GDP将分别增长3.5%和1.8%。三是工业互联网等融合基础设施加快发展，相关架构标准日益完善。工业互联网平台生态不断壮大，微软、霍尼韦尔等龙头企业加快工业互联网平台建设，加速工业大数据、人工智能、区块链、边缘计算、工业元宇宙等新一代信息通信技术应用，推动工业互联网平台服务能力创新。由中国牵头组织制定的《面向工业自动化应用的工业互联网系统功能架构》在国际电工委员会（IEC）正式发布，成为全球首个工业互联网系统功能架构国际标准，对规范各国跨行业、跨领域工业互联网平台的架构建设具有重要意义。截至2022年8月底，我国千兆用户数量超过7000万，5G基站数量已超过210万，数字基础设施建设处于较高水平。

（三）数字技术是核心推动力

数字经济是技术革命的产物，依靠与传统产业深度融合提升经济增长效率与质量。数字先进技术变革方兴未艾，成为数字经济发展的主要驱动力。驱动经济发展的核心技术，由最初的通信技术，到互联网技术，再到大数据相关技术、云计算、智能技术，这些相互关联的技术，又通过技术群的方式，对经济社会产生新的影响。相关技术快速更迭，并以多技术关联的形式作用于社会经济，使数字经济似乎跨越过了理论上的"转折点"，持续保持着增长活力。尤其是当前5G、未来6G以及卫星通信技术决定了数据传输速度，这将成为全球各国经济竞争力与响应速度高低的关键基础，而算力基础则是数字化应用关键竞争力的核心。

联合国《2021年数字经济报告》显示，以中国、美国、日本等为代表的国家将科技创新立于经济社会发展的核心地位，围绕人工智能、量子信息科学、物联网、大数据等技术关键领域，持续巩固科技创新生态。另外，Gartner每年会结合各类创新科技的发展趋势，发布年度新兴技术与趋势、新兴技术成熟曲线，体现出数字科技颠覆性创新的特点。比如《Gartner 2021年新兴技术成熟度曲线》着重介绍了主权云、去中心化金融、组装式网络等技术。Gartner表示，这些新兴技术可以帮助企业获取竞争优势。

数字经济的发展离不开数字化基础设施与信息技术，特别是涉及数据全生命周期的大数据技术体系的支撑。通常我们将大数据技术分成大数据管理和处理、大数据分析和应用、大数据治理相关技术，而大数据技术面临着一系列的挑战，包括如何构建以数据为中心的计算体系，如何管理大规模的数据要素。

当前数据的处理能力呈线性增长，数据增长呈指数级增长，两者之间的剪刀差会越来越大。因为数据增长的基本规律改变不了，我们迫切需要寻找新的性能提升驱动力，新硬件技术、人工智能技术为大数据计算体系带来新的机遇与挑战。同时，超大规模数据的能耗占比大、增速快，现有的计算技术体系偏重性能，能效不高，可持续发展的能力也有限。中国在发展数字经济初期不具备技术优势，但我们利用超大规模市场优势拓宽数字技术应用空间，以巨量的需求来驱动数字经济发展，以海量应用场景来拓宽数字经济应用领域，不断加大数字经济在农业、工业和服务业等各领域的渗透和应用，带来了生产效率的明显提升、生产模式的不断改变，成为产业转型升级的重要驱动力。同时，要认识到在数字底层技术、核心算法、关键软件等领域，我们与美国还有不小差距。以ChatGPT为代表的美国大模型技术创新大大加速人工智能发展，大模型技术将重塑生产消费各类经济业态，创造大量新的应用场景和生态，这也是我国未来数字技术创新的主攻方向。

（四）数字平台成为经济新引擎

数字平台打通数字与物理空间，赋能打造数字驱动型企业。数字平台是数字经济最重要的载体，它将数字空间与物理世界互联、互通，将平台、企业、用户、监管机构及其他参与者聚合成价值创造共同体。数字平台既存在于企业内部，也存在于企业间和企业外部以及更广泛的资源连接中。常见的数字平台有工业互联网、产业互联网、消费互联网等。据联合国《2021年数字经济报告》统计，美国和中国拥有全世界超过半数的超大规模数据中心，拥有全球最大数字平台市值的90%。联合国《2019年数字经济报告》还指出，以平台为中心的企业在数字驱动型经济中具有主要优势。

数字平台强化企业数据贯通，成为数字经济发展新引擎。数字平台对企业而言既是中介又是基础设施，它能够在合规的前提下，记录并提取平台用户的行为与互动相关的所有数据，并通过挖掘这些数据的价值，促进企业交易以及与外界建立网络、交换信息，进一步产生更多数据，形成"数据生数据"的"滚雪球"局面。因此，数字平台具有裂变成本低、迭代速度快等特征，能够帮助企业强化数据贯通、有效降低交易成本，赋能打造数字驱动型企业，实现数字化。许多大型企业搭建了一体化数字平台，通过全面整合企业内部信息系统，强化全流程的数据贯通能力。数字平台的搭建为大型企业产业链上下游的中小微企业提供了商业活动平台以及数字技术支持，能够帮助中小微企业减少成本投入，带来收益的提升（图0-2）。由此可见，数字平台的快速发展正成为产业链共同成长、经济共同发展的新引擎。

图0-2 数字平台的效用

（五）产业数字化与数字产业化协同发展

在数字经济时代，数字技术为企业赋智、赋值以及为产业赋能。数字产业化与产业数字化是数字经济的主要表现形式，两者形成了时代特有的"双轮驱动"模式，一体两翼、相辅相成。数字产业化是指数字技术的产业化应用，主要包括电子信息制造业、电信业、软件和信息技术服务业、数据服务业等。数字产业化的核心在于通过技术创新和产业升级，将传统产业转型为以数字科技为核心的新兴产业。在当前的数字经济发展进程中，云计算、大数据、物联网、工业互联网、区块链、人工智能、虚拟现实和增强现实等新兴技术被认为是数字产业化的重点发展方向。加快技术创新和应用落地，培育相关产业生态系统，是推动数字经济发展的策略。根据中国信息通信研究院发布的《中国数字经济发展研究报告（2023年）》，2022年我国数字产业化规模达到9.2万亿元，比上年增长10.3%，已连续两年增速保持在10%以上，占数字经济比重为18.3%，占GDP比重为7.6%，较上年提升0.3个百分点，达到2018年以来的最大增幅。从结构上看，数字产业结构趋于平稳，服务部分在数字产业增加值中占主要地位。软件产业占比持续提升，互联网行业占比明显下降，服务部分整体占比小幅提升0.3个百分点。

当前，产业数字化在数字经济中占比较高，是数字经济发展的主引擎。产业数字化指的是通过数字技术将传统产业的生产工具、产品结构、市场配置等环节进行数字化改造。产业数字化的特点是以数字科技变革生产工具、以数据资源为关键生产要素、以数字内容重构产品结构、以信息网络为市场配置纽带、以服务平台为产业生态载体、以数字善治为发展机制条件。产业数字化的推进，能够提升产业竞争力、提高生产效率、优化资源配置、创造更多就业机会。根据中国信息通信研究院发布的《中国数字经济发展研究报告(2023年)》，2022年我国产业数字化规模达到41万亿元，占数字经济比重为81.7%。其中，服务业数字经济渗透率为44.7%，同比提升1.6个百分点。工业数字化加快推进，工业互联网驱动的制造业数字化转型进展尤为迅速，共享制造、服务型制造等新模式、新业态加快发展，使工业数字经济渗透率达到24.0%，同比提升12个百分点，增长幅度创新高。农业数字化效果显现，农村电商、数字农业、数字乡村等成为发展亮点，农业数字经济渗透率为10.5%，同比提升0.4个百分点。

目前，尽管数字产业化在数字经济中占比还比较少，但它仍然是未来数字经济的主要发展方向。它能以数字之力实现从"量变"到"质变"的突破，推进产业、资本、技术、人才、数据等多方融合，进而赋能实体产业加快提质增效。

（六）数字治理保障数字经济行稳致远

数字经济"马太效应"明显，其可持续、稳健发展离不开完善、健全的数字治理体系。以数字政府、智慧城市、智能管理以及公共数据的开放共享，夯实"数字治理底座"，扎好"数据安全篱笆"，厘清"数据所有权、使用权、运营权、收益权等权利"，是保障数字经济、数字社会稳健发展的基础。联合国《2021年数字经济报告》中提到，当前数据驱动的数字经济表现出极大的不平衡现象，应采取全新的全球数据治理框架，以应对全球数据治理的挑战。数字治理体系的构建已然提上日程，因此，各国还需鼓励数字经济国际合作，积极参与全球数字治理，共同推动全球数字经济稳健发展。2017年我国政府工作报告提出"促进数字经济加快成长"，之后每年的政府工作报告中均有数字经济关键词出现，至2022年政府工作报告首次提出"促进数字经济发展，完善数字经济治理"。2022年7月，国务院批准建立由国家发展改革委牵头，中央网信办、工业和信息化部等20个部委组成的数字经济发展部际联席会议制度，强化国家层面数字经济战略实施的统筹协调。数字经济治理体系的完善，需要有高水准数字技术的加持、高水平数字基础设施的建设、全方位数据价值链的塑造以及广覆盖群众数字素养的支持等。有了这些支持才能稳步推进数字经济的可持续发展。美国的2022年《关键基础设施网络事件报告法案》要求公司报告重大网络安全事件，并为上报行为提供激励措施。《中华人民共和国网络安全法》包含发生网络安全事件向主管机构披露漏洞的强制性要求和对违规的处罚。

首先，做好对自然垄断的规制与监管。数据要素驱动的新经济存在规模经济的特征，因此新经济中的不少产业都会具备自然垄断的特征。在自然垄断条件下，监管的重心应该从规制垄断转移到规制垄断行为上，需要建立有效的行为监管制度，在充分发挥新经济高效率特征的同时，防止垄断所导致的总体福利损失，促进资本有序健康发展。

其次，确保数据安全。进入数字化时代，全球数据量飞速增长，推动全球大数据市场规模不断扩张，数据信息的重要程度将进一步提升，数据的资产特性也更加凸显，个人与企业的数据意识也会进一步加强，这些都将使得数据边界越来越清晰。2019年，全球大数据市场规模达到 596 亿美元，同比增长 8.56%；2020 年，市场规模进一步增长至 663 亿美元。经济运行中产生的大数据不仅关系到个人的隐私，也关系到国家经济安全和政治安全。数据可复制的特点决定了保障数据安全是一个包含硬件建设、软件建设、法律法规体系建设的系统工程。因此，在数字化过程中，需要充分认识到数字边界的问题，把握好数字社会发展与数字边界之间的平衡。中共中央、国务院印发的《关于构建更加完善的要素市场化配置体制机制的意见》指出："探索建立统一规范的数据管理制度，提高数据质量和规范性，丰富数据产品。研究根据数据性质完善产权性质。制定数据隐私保护制度和安全审查制度。推动完善适用于大数据环境下的数据分类分级安全保护制度，加强对政务数据、企业商业秘密和个人数据的保护。"这为保障数据安全提供了方向指引和行动指南。

三、数字经济的社会影响

从数字经济总量占比和增速上来看，数字经济正在深刻影响全球产业发展格局。中国信息通信研究院发布的《2022 年全球数字经济白皮书》显示，2021 年，列入统计的全球 47 个国家数字经济总规模达到 38.1 万亿美元，同比名义增长 15.6%，占全球 GDP 的 45%。而产业数字化占数字经济的比重高达 85%。IDC 预测，到 2023 年数字经济产值将占全球 GDP 的 62%。

（一）推进全民数字素养的提升

数字素养和数字文化，在数字经济时代成为新需求。伴随着数字技术的不断革新、数字经济的蓬勃发展，数字素养与数字文化成为数字经济时代劳动力的新需求。未来，数字技术与概念的革新将成为"器"，要发挥出这些"器"的最大价值，未来人才的数字素养与文化普及程度须达到很高水平，即数字社会的公民必须重视终身学习，数字时代的劳动力需要具备数字文化意识与数字价值认同感，从而才能更好地满足未来数字企业发展的人才需求。

学习数字技能和能力模型，在数字经济时代成为必修课。传统经济时代对劳动者的技能并没有过多的要求，但是在数字化时代，数字素养成为劳动者必备的技能。在拥有数字技术后，如若没有驾驭数字技术的能力，一切都将是纸上谈兵。当前，我国数字化人才需求也呈现井喷态势，根据《数字经济就业影响研究报告》的统计，2020 年我国数字化人才缺口接近 1100 万，其中超过六成的数字化人才缺口需要通过提升现有劳动者的数字技能来满足。数字技能人才的短缺成为制约企业发展的瓶颈，具有高数字素养的人才成为企业追捧的对象。数字素养被看作劳动者从事生产的基本能力，所以，提高数字素养有利于社会进行数字化的生产。

（二）重塑数字生态新秩序

数字生态成为新的竞争范式，重塑数字经济发展秩序。数字生态的形成关键在于数字经济时代产业链价值角色改变而催生的生态协同景象。内外数据贯通是数字生态成功打造的重要因素，主要是因为数字经济的发展推动了竞争范式从企业竞争、产业竞争、供应链竞争迈向数字生态竞争。在数字经济中，许多企业借助数字技术，实现紧密融合，形成了共生、互生，甚至是再生的价值循环体系。不同行业因此实现了业务交叉、数据贯通、运营协同，形成了新型经济共同体——"产业生态"。产业生态，作为数字经济的新型基本经济单元，具备价值循环、产业融合、协同发展的特征。

数字产业生态的打造，成为实体经济融入数字经济的关键。实体经济要想顺利融入数字经济，需要从生态的视角出发寻求着力点。数字经济时代，企业的发展离不开产业生态的打造。企业要么建立一个新的产业生态，要么加入一个产业生态。而数字经济是由无数个产业生态相互交织而成的。产业生态的连接，需要企业内部数字生态以及外部数字生态相互协同，通过借助数字技术与数字基建的发展，有效形成内外数据整合，实现"数据—数治—数模—数态"的进阶，即从数据要素产生，到数据治理体系建设、数据模型构建，再到数字生态共建的经济秩序重塑。

为加快制造业数字化转型，各国纷纷出台智能制造、工业4.0、互联工业等战略举措，着力将各项数字技术应用、融合至制造业研发、生产、运营、服务各环节，如美国的《联邦大数据研发战略计划 X 智能制造振兴计划》，英国的《产业战略：人工智能领域行动》，德国的《工业战略 2030（草案）》，中国的《关于推动工业互联网加快发展的通知》，日本的《利用数字技术促进工业转型的方案》，等等。这些制造业数字化转型政策集聚于前沿技术的研发与制造业的融合发展，有利于扩大数字贸易范围，打开了数字贸易发展的新蓝海，为数字贸易发展奠定了良好的产业基础。

（三）数据价值驱动商业模式创新

数据资源的价值挖掘，促成了新商业模式的打造。数据资源重新定义了生产要素价值创造的过程，数据的价值创造与挖掘过程需要不断迭代。与传统价值链不同，数据价值链以数据价值创造为核心，强调从数据采集、数据确权、数据定价、数据交易等数据全生命周期中的一系列流程中采集相关数据，最终实现价值挖掘，打造出基于数据价值链的新商业模式，并不断迭代，实现高质量、可持续发展。数字经济时代的数据价值挖掘，为企业打造新商业模式、探索第二增长曲线、强化企业韧性提供了新契机。例如，微软针对企业数字化转型提出了"数字化转型闭环"（Digital Feedback Loop）的理念。该理念指出，企业需在数字化转型过程中，构建"数据—智能—行动"的数字化闭环。具体就是要以客户沟通、赋能员工、优化运营以及转型产品为核心方向，通过打通企业内部的数据孤岛，贯通企业数据价值链，形成转型闭环并释放技术在数字经济时代驱动营收的全部潜力。这样，才能探索形成全新的数字业务模式，打造"第二曲线"。

具体模式开发可以坚持技术应用、市场流通、制度创新三路并举和协同创新，共同推动数据要素价值释放。首先，以技术应用为基础，提升大数据、隐私计算、区块链等技术在数据生产、采集、存储、加工、分析、安全与隐私保护各环节的通用技术水平与应用能力，探索可信数据空间建设。其次，以市场流通为关键，发挥市场在数据开放共享、流通交易中的核心作用，积极培育数据要素市场主体，探索数据确权及数据定价机制，健全数据要素收益分配制度，着力建设和完善多层次的数据要素市场。最后，以制度创新为保障，发挥制度在数据要素发展中的指导及引领作用，在数据产权制度、数据流通交易制度、数据安全制度等方面进行布局，逐步打造系统、完整的数据要素制度体系。

第三节　数字经济发展趋势

当代经济正处于数字化解构、表达与重构的过程中，经济学的理论出发点、哲学方法、价值论等基本内核都在期待系统性创新与革命（McAfee，Bryn-jolfsson，2012）。经济学理论及其实践要从过去的连续、模拟的方式方法，转变为离散的、数字的方式方法；要从过去的固定模式的、有限空间的、局部存在的、基于人财物的传统经济模式，转变为随机变化的、无限空间的、跨界发展的、基于理性的、深度塑造的数字经济模式；数字资产本身是没有自然价值的，只有在制度规定的测度空间中才有制度价值，这是数字资产的制度规定性。在逻辑上，制度规定秩序，秩序形成信用，信用构成经济活动的基础。而制度本身，是存在的展开（徐晋，2018）。统观古典经济学的劳动价值论、新古典经济学的效用价值论，以及后古典经济学的制度价值论，可以发现这三种价值论存在相互映衬的关系。制度构建价值的测度空间，价值可以被测度解构。劳动是在给定的价值测度空间中改造自然、创建社会财富，离开测度空间的劳动是没有意义的。效用是给定价值测度空间中价值的表现形式，没有价值测度空间就不可能有价值的表达形式。总之，制度规定价值，劳动创造价值，效用表达价值。

社会价值可以被制度规定与规范，因此总生产函数需要考虑制度变量，经济增长应该由制度、资本、技术与劳动四大要素共同决定。传统的经济增长模型中资本与劳动可以互相替代，技术进步代表其他所有要素（Lucas，1998），并没有把制度从技术进步中分离出来。在基于制度价值论的增长模型中，制度和技术是两个独立变量，且制度进步与技术进步可以相互替代（徐晋，2017）：技术进步是制度进步的产物，技术进步又影响制度进步。制度是产权结构与分配模式的双重代表，确定了宏观层面的社会动力与方向，催生了微观层面的技术进步与需求。在数字时代，既然制度规定了价值的测度，那么制度的生产就成为数字空间的重要价值来源。

一、数字经济的运行机制

（一）量化理性：人的理性可以量化和管控

在数字经济背景下，当我们的生产与消费过程以及决策过程被部分或全部数字化之后，我们决策的依据、方法、工具，乃至生产与决策目标都受到数字化的控制与影响。量化理性，也就是理性的数字化表达，是理性管理存在的重要事实基础，也是最为重要的方法论基础。概括地说，量化理性是指针对给定事件，个体理性存在差异并在区间[0，1]上呈现正态分布，其中 0 表示完全无理性，1 表示完全理性。这样，我们就把个体理性数量化，进一步就可以定义所谓群体理性，即宏观层面的个体量化理性的概率分布。

在数字经济运行过程中，了解群体中个体理性的空间分布情况，是对制度进行调整与决策的前提。比如，抖音的流量规则就会随着用户群体的变化而不断调整。用户群体的变化主要表现为行为变化、认知变化、流行风向的变化，本质上为理性及其分布的变化。有限的绝对理性或者说数据理性，可以通过有限数据进行无限逼近。对理性分布的研究，有助于通过制度设计来认识与调控人类行为（Camer，1998）。比如，新交通规则颁布前，如果大概知道人们的理性分布，即面对新交通规则的认知能力分布，交通部门就可以据此调整教育与引导方案，以提高人们遵守规章的概率。当然，对特定人群的教育可以改变人群理性分布状态，使其更接近社会发展的需要。目前，更为现实的冲击在于人工智能对人类理性的逼近和模拟（徐晋，2004），例如，ChatGPT作为针对人类理性进行大规模学习的人工智能模型，已经具备了模拟人类进行绘画设计、文本创作与沟通等的能力，以自然人的表现影响自然人的生存。

现代经济社会由于被数字化解构与重构，充斥着超出人类以往认知能力与处理能力的事物：购物网站、导航地图、电脑存储、手机通信、支付系统、个人积分等。由于理性是有条件的、可以量化的，因此是可以逼近、模拟与重构的。这就导致了人类理性被数字技术所无限超越，数字环境对人的社会属性产生巨大威胁。一些娱乐、出行方面的数字服务，采用"算法歧视"抑制消费者理性，从而获取非正常利润。正因为出现了私人企业对人们理性的管控和利用，欧盟出台了《通用数据保护条例》（GDPR）以限制互联网公司违规使用用户个人信息。

（二）分布效用分析法：分布革命终结边际革命

在数字时代，组织和个体的生产行为在实体空间可以被数字化表达和离散化解构，在虚拟空间中可以被无界化扩散与无限化重构。这样的数字表达与离散分布意味着需要对管理对象进行统计管理，需要对实体空间的离散化分布与离散化空间的虚拟化分布进行深度统计分析，特别是针对青年人集聚的大数据平台（Borkar、Carey、Li，2012）。由于在数字经济形态下，生产、传递成本无限趋近于零，管理者面对的问题不再是单位成本与单位收益的平衡，而是空间中离散分布的各类管理对象对管理目标预期贡献的确定。分布效用分析法，就是在数字经济的离散化空间中，基于分布函数进行积分处理以计算累积利润或关联效用，以此分析数字产品投入产出或消费者消费行为的一种方法。针对数字产品生产，边际效用分析法已经失去应用的现实基础，针对网络离散空间只能采取分布效用分析法。无论是数字产品在离散空间中的分布情况，还是消费者关联效用的空间分布，都与数字产品的价格互相影响并互相决定。数字产品的价格取值空间的确定过程，是在给定区域内分别最大化企业累积利润与消费者关联效用的过程，其价格确定过程是在此离散区域内的多目标函数优化过程。

现代经济发展的重点从传统的物质资料生产转为物质与精神并重，而且精神产品的比重越来越大。精神产品的生产具有人力资本投入的特点，精神产品的消费也具有人的个体生命投入的特点。精神产品，比如，软件或电影，具有零成本复制的重要属性，其基本价值（比如，社会稀缺性）需要通过国家暴力予以维持。在数字经济时代，数字产品再生产的成本为零，而当产品再生产的成本为零时，传统的边际成本分析方法就不再有效。

整体而言，在数字经济时代，市场效益需要累积。由于现代经济的发展，特别是网络经济的发展，长尾效应逐步凸显。传统物质资料生产状态下，产品的生产具有不可规避的固定成本。但是，数字经济的发展使得精神产品的生产、使用和转移，具有零成本的特点。而客户的空间分布，具有离散化、跨界化的特点。这些离散的、跨界的经济消费所贡献的企业利润，把传统产品生产所无法顾及的长尾区域完全包括其中。因此，对产品经济效益的分析，应该把这些效益完全考虑进去。

需要注意的是，在数字经济下，社会、组织和个体的具体理性，会因为网络空间的膨胀、信息的潮涌、大数据的泛滥而出现方向困惑或者迷失（Tufekci，2013）。数字企业为引导消费者理性决策以促进市场目标的实现，就必须使用分布效用分析法。饿了么、美团、拼多多、滴滴打车等新网络消费平台的成功，就是基于对网络社群的正确判断以及对数字信息分布的合理管理，从而形成对未来分布效用的合理预期。共享单车从中心城市向周围城市的扩张就是典型的空间分布扩散的过程，也是持续培养消费理性的过程。"正确判断"共享经济、"正确使用"共享产品，"正确对待"出现的问题，这样的可控型消费者行为，就是基于分布效用分析法对消费者理性进行管控的结果。

（三）数字大生产：消费和生产具有同一性

19世纪80年代以来，以信息科技为支撑，以游戏、电影、社交网络等为代表的精神商品生产构成了经济的主要成分。脸书等企业的市值迅速超越传统物质商品生产企业。社会化生产正在进行重心转移，从物质商品生产逐渐转向以精神商品为核心的数字大生产。

数字大生产具有几个典型特征：不可赎回，数字产品经过传递之后不可以收回，厂商需要不断提高产品性能和扩充产品信息量促进产品升级换代；个体偏好，厂商可以对数字产品进行定制化和个性化生产；传播迅速，数字产品可以迅速在网络中低成本、无国界传递，时效性成为影响定价的重要因素；边际零成本，数字产品特殊的成本结构表现在创作成本非常高，但是拷贝生产的成本为零；高附加值，数字产品具备技术知识密集性、应用多元化的特点。

数字大生产与物质大生产具有对立统一性（徐晋，2014）。物质资料的生产具有总量有限性，主要以实体形式存在；数字资料的生产具有总量无限性，主要以虚拟形式存在。两种产品之间既对立又统一，物质生产是数字生产的前提与基础，数字生产是物质生产的提高与升华。根据马斯洛的需求层次理论，自我超越的价值主张对个人行为具有重要影响。人们在满足了基本的物质需求之后，将更多地追求满足精神层次的需求，这样的需求往往通过数字产品来实现。

数字化潮流改造了我们的产品，也改造了我们的生产。很多传统经济中不可能发生的现象已经在事实上广泛存在，只是还没有引起广泛注意。这种现象包括通过网络外部性凸显出来的数字平台的生产与消费生态（Ambus、Argenziano，2003）。消费者需要为自己购买的数字产品支付再复制的费用，而非由厂商支付。比如，在优酷、爱奇艺等视频网站上，消费者需要缴费成为会员并且自行支付流量费用下载相关影视产品。无论数字印刷、3D 打印还是区块链技术，都是数字技术对世界的重塑。这样的重塑形成新的生产转换机制，即企业不再独自进行社会化大生产，而是推动消费者根据需求进行产品生产，即消费者生产成为可能。因此，数字大生产时代，消费者是再生产的主体，消费者通过自身的消费完成数字产品的再生产。

消费者的消费过程不仅是产品的再生产过程，还是生产资料的生产过程。消费的过程本身派生出数字化的行为数据、创造了数字痕迹，为基于大数据的价值挖掘提供了生产资料，即数字经济的消费过程也是数据生产过程。比如，消费者在抖音直播间消费时，选择产品的过程、兴趣关注点、数字支付的手段、相关产品的点击数等，都会生产出可加以利用并创造新的商业价值的数字痕迹。对这些数字痕迹的再加工、再利用催生出新的商业机会：基于对消费者的财务能力的判断推送理财产品，针对消费者的爱好提供相关配套服务，甚至可以针对同一类产品的消费者点击次数，确定产品生产与开发方向。

我们需要进一步认识到，在数字化发展的初级阶段，企业与个人可以借助数字技术延展社会动员能力（徐晋，2019）。我们通过泛社会动员，可以实现数字经济的泛生产。泛生产是数字经济时代的社会化大生产的重要现象，生产内容从以传统的物质化生产为主转向以数字生产、精神生产为主。除了基于个体或者组织目标进行的数字产品生产之外，任何个人、群体或者组织的碎片化或系统化的思想、行为都可以成为生产产品或者生产资料，并通过生产过程与消费过程衍生出新的数据资产与新的生产资料。当然，数字生产还包括制度的生产与再生产。

因此，消费、生产同一性，指在数字经济下，消费者的消费过程不仅是产品再生产过程，还是生产资料的生产过程。在物质生产极大丰富的背景下，整个人类社会逐渐走向数字产品大生产和数字化生存。人类在数字经济发展过程中，对数字产品的消费过程与对生产资料的生产过程达到了高度统一。

（四）深度博弈论：数字关系与数字策略全面融合

深度博弈是指以具体理性为前提，以理性管控为手段、制度心理为测度、条件理性为工具的各种博弈过程（徐晋，2019）。深度博弈过程包括对决策信息、选项、策略、参与人集合与目标等要素的全方位博弈，研究深度博弈的理论体系称为深度博弈论。深度博弈的过程不仅仅是传统的对策过程，在数字经济时代完全可以囊括对决策人、决策依据乃至效用函数的博弈。决策人、决策依据、效用函数，包括条件理性、博弈阶段乃至博弈环境都是深度博弈的必然对象。

深度博弈论中，博弈方可以是个体、组织、社会，或者非特定个体组成的群体。对于非特定个体组成的群体，在深度博弈过程中可以对该群体的群体理性、主要民意或概率意义下的决策参与人进行博弈，也就是影响博弈决策人的参与范围与条件理性。典型案例就是 ofo 共享单车破产案，在与消费者这样的非特定群体博弈过程中，成功对消费者理性进行管理，一方面影响了消费者主要民意，另一方面降低了消费者对 ofo 预期返款可能性的预期，最后很多押金欠款与赔偿都不了了之。

在深度博弈的过程中可以采取场景化战略，进行前置博弈与理性的快速迭代。在多方参与博弈时,博弈目标甚至可以是控制对方参与博弈的人群范围。例如在美国参、众两院的党派之争中往往出现很多游说群体,再如在竞标过程中有些企业违规邀请多家合作单位进行围标,这些都属于前置博弈。

深度博弈的宏观形式主要有:通过对博弈次数或者博弈阶段的控制,使条件理性的形成阶段符合管理目标的需求,成为深度博弈的目标;根据条件理性的形成趋势,披露、控制或者垄断特定的信息或者控制博弈的阶段,成为深度博弈的重要策略;在博弈过程中构建场景,控制各参与方的决策基础、理性分布与收益函数。

对参与人、决策集与收益进行管控,是深度博弈的微观内容。深度博弈与传统博弈的区别在于所有参与要素都是博弈内容,都为博弈结果服务。博弈结果,即参与方的效用函数,都可作为博弈对象。因为从条件理性的管控目标来看,让另一方参与人不由自主采用有利于实现我方管理目标的新效用函数,也可以成为博弈的重要内容。

二、数字经济运行模式

数字经济对社会的直接冲击,莫过于催生了一批数字产业和新富豪。这些产业和富豪的财富积累速度远远超出普通人的想象,也远远超出了政府监管部门的应变能力。

(一)平台模式:经济组织平台化

在数字经济时代,平台经济和社会资源稀缺性一样,都在结构性影响整个社会转型。以新兴的元宇宙为例,很多游戏和数字办公软件本身就是玩家和开发者平台。游戏的等级、虚拟人的身份等都是平台带来的虚拟社会价值,但正是这样的虚拟社会价值成为各个玩家在平台上不断升级的动力所在。

平台的本质是市场在数字经济环境下的具体化表现,是经济离散化解构之后的重构方式。社会经济离散化之后,根据共同的关联价值形成现实或虚拟空间,该空间可以导致或促成双方或多方交易,这样的空间就是平台。这种重构既可以是传统业务的新表达,也可以是引领新市场的新业务模式。例如,相亲网站就是传统相亲俱乐部基础上的数字化转型,而推特就代表了新交友方法下的新商业模式。

平台组织是其所包含的三个层级,即参与层、规则层、技术层,不断聚化和演化的结果,遵循组织构建的基本原理(徐晋,2006)。平台结构具有鲜明的自组织特性,会不断发生类生态进化的结构耗散、协同和突变。对平台的研究一般侧重于发展模式、生命周期、演化特征与技术发展路径的探讨,通过分析平台各层级及组成层级的模块在数字时代背景下相互影响和互动的运行规律,推演实现平台组织目标的主要路径。

平台企业具有典型的双边或多边市场特征,只要没有另一方的需求,这一方的需求也会消失。平台业务必须设法召集双边客户,为此平台不仅可以为客户提供低价服务,甚至可以向客户付费。平台通过召集形成庞大的客户群网络,形成网络外部性,另外,还通过鼓励受益一方参与平台的积极性,降低客户使用竞争对手平台的意愿。通过这样的竞争方式,平台能够为市场培养一方或双方的客户,从而推动平台获得全面的成功。

不同类型的平台竞争都可能影响市场(Armstrong、Wright,2007),同一平台的主体之间存在内部竞争，两个或两个以上的平台之间存在外部竞争。问题是如何进入平台和如何界定价格。当表面上各自独立的客户通过相互之间的需求被平台连接起来形成关系网络，而作为媒介的不同平台使网络外部性内在化时，平台之间就会发生竞争。竞争可以自然形成，也可以是市场一方积极行为的结果。

平台模式对社会经济产生了重大影响，人们每天无法离开的手机就是个人信息平台，上面的几乎所有应用软件都是平台型软件。世界各国都在出台相关法律，规范平台经济的正常合理发展，避免野蛮成长对社会经济产生重大冲击。正如一度失去监管的虚拟货币发行平台，通过鼓动投机行为固然催生了部分暴富阶层，但是让更多投资者血本无归。平台经济同样催生了去中心化行为，但本质上还是网络平台竞争。因为所有去中心化行为，必须寄生在特定平台上。在数字经济时代，我们的生活方式和服务我们的各种组织行为都已经平台化或正处在平台化的过程中，这种趋势已不可避免。

（二）社会异化

在数字经济时代，数字企业的异化不仅仅是形态的变化，而且发生了泛政治化倾向（徐晋，2019）。特别是在数字化发展的初级阶段，在还没有严格的数字监管制度对此进行规范时，企业甚至个人都不同程度地拥有过去由政府提供的舆论宣传与政治动员能力，即通过数字技术进行社会管理，达到甚至超越了传统行政力量的广度与深度。数字企业一旦泛政治化，就可以借助数字技术低成本、高效率地延展社会动员能力，接近甚至达到全球化社会动员。从 2022 年开始，很多国家陆续限制抖音在本国的下载与使用，就是出于这样的隐忧。

泛政治化与泛社会动员，可以实现对全国乃至全球的社会管控。这样的大变革催生了政治公权私有化。当企业能够跨界参与行政体系，或通过社会资源的积累演化出行政职能时，我们认为企业职能与行政职能形成重合，或者说企业能促成行政职能的商业化运用。这一现象中，企业直接或间接获得公共行政权力，并将其应用于商业，可以称为公共权力私域派生。公权私化有企业与政府合谋的趋势，美国政府的"棱镜计划"就是通过与商业公司合谋获取全球信息资源、监控全球目标。数字经济时代，企业对离散化空间的管理往往汇聚成为新的公共权力，它可以替代或扩张现有公共权力，并能逐步发展为机构的私有权力。

公权私化是社会异化的重要表现形式，也是垄断型平台的主要商业模式（徐晋，2007）。对于淘宝等网络交易平台，个人或企业在平台上注册商店可以不通过工商局核准，这就是交易平台在行使工商局职责并商业化。淘宝可以要求客户提供身份证、银行卡卡号、密码等信息，并具备处理纠纷的裁判权和制裁权。这种跨越政府机制而实施的行政管理和处罚权力的行为，就是典型的公权私化现象。在抖音等微视频平台，个人或企业成为主播不需要传统认证手续并经过行政当局批准，相当于影音平台行使国家广电总局的职责并商业化。

数字经济对人的理性和企业的行为造成了巨大冲击，一方面超越了人类的理性范畴和经验范畴，导致了人对现代信息技术的绝对依赖；另一方面容忍了人类底层欲望的泛滥和人格的无限释放，导致了行为扭曲、价值依赖等心理变化，最终导致了个体的异化。底层欲望泛滥带来数字服务或数字产品的黏度提升，创造了更多的价值和潜在利益，成为召集客户的重要手段。基于个体的异化特别是个体的理性依赖，企业开始形成和行使公共管理权力，直接导致公权私化。在泛生产的社会大趋势下，整个社会的数字化解构与重构超出了人类认知能力与处理能力，这就形成了社会异化的另一个重要表现，即理性剥削，理性剥削最终导致了个体劳动与精神资料的交换关系。随着人们的独立思考能力与自由选择权利的相对消失，人们异化的结果就是走上了遭受精神奴役之路。

（三）数字建构：万物皆数

数字经济的兴起，代表着人类已经完全进入二元世界，一方面是以物质为主的现实世界，另一方面是以理性和精神为主的虚拟世界。人类社会的数字化解构导致信息的空前流动，使人类进入了巨大碎片化和不确定性的后真相时代（徐晋，2015）。这给数字经济的机构和个人创造了巨大的机会，他们可以利用数字科技构建认知空间，通过数字体系构建价值测度，借助数字进行数字管控。在数字经济时代，很多情况下我们无法判断对象、目标，以及自己的决策是否正确，甚至我们的判断方法都被理性管控或情绪带动（Muramatsu、Hanoch，2005）。根源在于数字资料的占有、参考对象的选择、分析工具的使用等，这些都是不确定的并由数字机构来支配和界定。这样的管制和界定，是机构泛政治化的重要表现，反映了一场史无前例的社会大变革。

数字时代对社会稀缺性的管理，就是制度的价值设计和理性的行为管控。无论是现实社会的大生产，还是数字社会的大生产，都需要通过深度博弈的方法获得稀缺资源。数字生产异化造成了机构和个人对数字技术的极大依附，特别是个人理性对数字技术产生了人身依附，失去个人终端或软件、程序的支持将导致个人理性失能（Barros，2010）。数字企业急剧扩张，通过泛政治化、公权私化等数字扩张模式积累财富。数字经济的巨大影响力不仅表现在社会理性空间上，还表现为通过数与数的关系构成事物的性质与秩序，从而构成数字空间的虚拟财富基础。

数字经济的整个逻辑体系，实际上可以归结为后古典经济学框架下的产业经济学（徐晋，2015）。古典经济学关注农业和纺织业的大生产，应用总量分析法，以劳动价值论为依据，解决人的温饱问题；新古典经济学以工业大生产为中心，运用边际分析法，以效用价值论为基础，解决人的发展空间问题；后古典经济学侧重于关注数字大生产，应用分布分析法，以制度价值论为基础，解决人的自我实现问题。从衣食温饱到发展空间再到精神自由，人类科技的发展逐渐印证马斯洛所说的人类需求层次理论。因此，农业大生产、工业大生产和数字大生产在逻辑上是一体的、逐步递进的。彻底离开农业和工业等实体经济的数字经济是不存在的，数字经济的存在基础是实体经济。

从价值测度角度来看，数字经济与实体经济实质上是一体的。虽然元宇宙的到来、ChatGPT 等人工智能技术的涌现让我们目不暇接，但是无论哪一种数字技术，都必须在特定的价值测度空间中得到应用。可以通过数字技术构建局部价值测度空间，然后与现实价值空间进行制度匹配。例如，元宇宙游戏可以构建自己的虚拟货币发行制度，同时匹配以国家法币为基础的虚拟货币交易所的交易制度，最终形成完备的货币交换机制实现投机或套现（Jevons，1885）。

数字技术带来数字文明与数字生产的飞速发展，使我们愈加认识到传统经济学需要理论创新。目前，在对双边市场、数据资产交易、"数字产业化、产业数字化"等产业的逻辑分析上，以及对元宇宙、云计算、大数据、人工智能、工业互联网、ChatGPT等具体技术的产业应用研究上，普遍采用新古典经济学等传统分析框架。这些分析与研究主要立足于产业经济学的视角，缺乏深度的理论研究，更缺乏对新古典经济学等传统经济理论的批判性探索。

本章小结

21世纪以来，以5G通信技术、人工智能、物联网、大数据和云计算等为代表的新一轮技术革命蓬勃发展，其创新成果在世界范围内引起生产、流通和消费方式的重要变革，典型表现为加速了传统贸易向数字化、网络化和智能化转变。面对数字经济时代全球化发展新趋势，各国需顺应信息化、数字化、智能化发展要求，及时抓住新一轮信息技术革命和产业变革新机遇，优化数字贸易发展环境、推动数字化转型，进一步挖掘增长潜力，共同促进数字贸易创新发展与开放合作，共同推动全球经济复苏企稳向好发展。此外，本章还对数字经济典型特征及社会影响和发展趋势做了分析总结。

关键术语

全球价值链（Global Value Chain，GVC）
数字经济（Digital Economy）

课后习题

1. 当今产业链价值链融合新特点主要表现在哪些方面？
2. 数字经济的典型特征有哪些？带来了哪些社会影响？

本章案例分析

中国数字经济政府政策的演进

从国家宏观层面来看，2015年《国民经济和社会发展"十三五"规划》首次提出要实施国家大数据战略，推进数据资源开放共享。2017年开始至今，"数字经济"已经连续六年被写入政府工作报告。2017年政府工作报告提出要推动"互联网＋"深入发展、促进数字经济加快成长。2018年政府工作报告提到要加大网络提速降费力度，实现高速宽带城乡全覆盖，扩大公共场所免费上网范围；为数字中国建设加油助力。2019年政府工作报告提出要壮大数字经济。2020年政府工作报告提出要打造数字经济新优势。2021年政府工作报告中再次强调，要加快数字化发展，打造数字经济新优势。

近十年来国务院政策涉及较多的领域是新业态、新模式、新技术基础设施、社会服务数字化、重点产业数字化转型和通信网络基础设施。近十年来，发布数字经济政策最多的政府部门是工业和信息化部，其中针对新技术基础设施领域的政策最多，其次是通信网络基础设施类、网络安全、重点产业数字化转型、数据安全领域；近十年来发改委政策涉及较多的领域是绿色转型，其次是新技术基础设施、新业态、新模式、重点产业数字化转型和关键数字技术创新；财政部在数字经济领域涉及最多的政策是支持补贴类的，其次是新业态、新模式、新技术基础设施、重点产业数字化和关键数字技术创新；国家网信办的政策主要涉及网络安全、新技术基础设施和数据安全领域，其次对新业态、新模式和城乡发展数字化领域涉及得也较多。在政策库中收录的商务部颁布的政策中，新业态、新模式和重点产业数字化转型领域的政策最多，其次是数字经济国际合作、新技术基础设施和贸易数字化领域。

综合分析近十年来国务院及国务院各部门的政策，涉及新技术基础设施领域的政策最多，其次是新业态、新模式、重点产业数字化转型、网络安全、关键数字技术创新、城乡发展数字化和社会服务数字化领域，数据安全和绿色转型领域近五年的政策数量也逐年增加。

资料来源：政府网站资料整理。

问题思考

1. 如何理解中国政府围绕数字经济主题政策的演进特征？
2. 试从商务部网站收集整理近十年关于数字经济与数字贸易关系的相关政策文件。

考核点

数字经济诞生的国际背景及其发展特征。

自我评价

学 习 成 果	自 我 评 价
1. 通晓全球产业体系调整的进程	□很好 □较好 □一般 □较差 □很差
2. 了解国际贸易环境的演变趋势	□很好 □较好 □一般 □较差 □很差
3. 掌握数字经济内涵与特征	□很好 □较好 □一般 □较差 □很差
4. 知悉数字经济理论发展趋势	□很好 □较好 □一般 □较差 □很差
5. 理解产业链价值链融合新特点	□很好 □较好 □一般 □较差 □很差

即测即练

自学自测 扫描此码

第一章

数字贸易概述

学完这章，你应该能够：

1. 了解数字贸易产生的背景和数字贸易发展趋势；
2. 通晓国际贸易实践创新的主要内容；
3. 理解数字贸易对现代国际贸易理论的冲击；
4. 熟悉和掌握数字贸易的内涵与特征；
5. 知悉数字贸易与传统贸易的主要区别。

数字贸易是伴随信息技术对贸易影响的进一步深化所产生的概念，是电子商务的发展与延伸，更突出数字化的产品和服务贸易，但国际上对数字贸易的讨论和谈判大多仍在电子商务框架基础上展开。美国政府认为，数字贸易不仅包括网上消费产品的销售和在线服务的供应，还包括使全球价值链成为可能的数据流、使智能制造成为可能的数字服务以及无数其他平台和应用。美国CRS智库认为，数字贸易是指通过电子手段进行的所有形式的贸易，包括商品和服务方面的贸易。澳大利亚政府认为，数字贸易不只是在线上购买商品和服务，还包括信息和数据的跨境流动。经济合作与发展组织认为，数字贸易是指数字技术赋能于商品和服务贸易，同时涉及数字的和物理的传输。中国信息通信研究院报告定义：数字贸易是信息通信技术赋能、以数据流动为关键牵引、以现代信息网络为重要载体、以数字平台为有力支撑的国际贸易新形态。目前来看，各国对数字贸易的认识尚不统一。党的二十大报告提出，"推动货物贸易优化升级，创新服务贸易发展机制，发展数字贸易，加快建设贸易强国"，将发展数字贸易的战略性、重要性提升到前所未有的高度。

第一节 数字贸易诞生背景

根据商品交易的区域和结构特征，可以将世界贸易进程划分为三个发展阶段。第一个阶段是传统贸易扩大阶段，即世界市场的雏形开始出现阶段。新航路的开辟，使运输成本持续降低，物质产品运输距离不断扩大，地区性的贸易开始向世界性的贸易扩展，以欧洲为中心的世界市场雏形初步形成。在这个阶段，交易的物品主要针对最终产品，消费者可以轻松地以较低的价格获得新产品和更便宜的产品。第二个阶段是全球价值链贸易阶段，即资本主义市场体系形成阶段。在工业革命推动下，世界主要资本主义国家通过对外资本输出、缩减运输成本和各种可调整的生产成本，细分生产工艺，跨越产品边界，增加中间产品的贸易，全球价值链向包括新兴国家在内的世界各地蔓延。第三个阶段是数字贸易阶段，即世界贸易体系重构阶段。新一代信息通信技术的发展使得不同经济主体间紧密联系，形成更高效、更频繁的分工、协同和共享关系。物理商品交易变得更加高效、有序、广泛，中小企业获得了更多参与贸易的机会，数字商品的可贸易程度大幅提升，催生出一系列新模式和新业态。5G、人工智能、大数据等核心产业的进步奠定数字贸易发展的技术基础，将新零售、新制造通过智能骨干网进行全链接闭环，推动数字技术与实体经济及数字贸易链产业的深度融合。与传统贸易相比，数字贸易有两方面突出变化：一是贸易方式数字化，即贸易全流程、全产业链的数字化转型，通过数字技术手段实现贸易成本更低、效率更优、主体更多元。二是贸易对象数字化，即以数据形式存在的要素和服务成为贸易中的重要交易对象，融入价值链各个环节，拓展了国际分工的深度和广度。2005年至2022年间，全球数字化服务出口每年增长8.1%，远高于货物出口5.6%的增长。据世贸组织经济学家的模拟计算，从2021年至2030年的10年中，数字技术的应用将使全球贸易每年增长2%，发展中国家的贸易每年增长2.5%。随着数字技术重塑全球贸易流程，数字贸易已成为全球贸易增长的新亮点。

一、国际贸易理论的演进

国际贸易理论的发展大致经历了古典国际贸易理论、新古典国际贸易理论、新贸易理论以及新兴古典国际贸易理论四大阶段。古典和新古典国际贸易理论以完全竞争市场等假设为前提，强调贸易的互利性，主要解释了产业间贸易。二战后，以全球贸易的新态势为契机，新贸易理论应运而生，从不完全竞争、规模经济、技术进步等角度解释了新的贸易现象。

（一）现代国际贸易理论基础

二战后，国际贸易的产品结构和地理结构出现了一系列新变化。同类产品之间以及发达工业国之间的贸易量大大增加，产业领先地位不断转移，跨国公司内部化和对外直接投资兴起，这与传统比较优势理论认为的贸易只会发生在劳动生产率或资源禀赋不同的国家间的经典理论是相悖的。古典与新古典国际贸易理论都假定产品市场是完全竞争的，这与当代国际贸易的现实也不相吻合。在这样的国际环境下，新贸易理论应运而生，典型代表如下。

新生产要素理论。该理论赋予了生产要素除了土地、劳动和资本以外更丰富的内涵，认为它还包括自然资源、技术、人力资本、研究与开发、信息、管理等新型生产要素，从新要素的角度说明国际贸易的基础和贸易格局的变化。

偏好相似理论。1961年林德（S. B. Linder）在《论贸易和转变》一书中提出了偏好相似理论,第一次从需求方面寻找贸易的原因。他认为,要素禀赋学说只适用于解释初级产品贸易,工业品双向贸易的发生是由相互重叠的需求决定的。该理论的基本观点有产品出口的可能性决定于它的国内需求;两国的贸易流向、流量取决于两国需求偏好相似的程度,需求结构越相似则贸易量越大;平均收入水平是影响需求结构的最主要因素。

动态贸易理论。该理论主要从动态角度分析国际贸易产生与发展的原因,包括波斯纳(M. U. Posner)和胡弗鲍尔(G. G. Hufbauer)提出的技术差距理论,又称创新与模仿理论,将技术作为一个独立的生产要素,侧重从技术进步、创新、传播的角度分析国际分工的基础,扩展了资源禀赋论中要素的范围。雷蒙德·弗农(Raymond Vernon)的产品生命周期理论提出,产品在其生命周期的不同阶段对生产要素的需要是不同的,而不同国家具有的生产要素富饶程度决定了该国的产品生产阶段和出口状况。该理论将比较优势论与资源禀赋论动态化,很好地解释了战后一些国家从某些产品的出口国变为进口国的现象。罗默提出的"技术外溢"与"干中学"学说,将技术作为内生变量,认为"干中学"式的技术进步,大部分是从技术外溢中获得的,即贸易或其他经济行为自然输入了技术。经克鲁格曼(Krugman)论证,若引进国将外溢国的技术用于比较优势产业,则对两国均有利;反之对两国均不利。假设国内技术外溢的速度高于国际技术外溢,国家原先的领先产业有加速发展的可能,原有的比较优势会增强。技术的传播使各国的差异不断扩大,强调了技术变动对国际贸易的动态影响。林毅夫等提出的动态比较优势理论认为,一个国家的产业和技术结构从根本上取决于国内要素禀赋,其升级是产业结构升级的基础。如果一国的产业和技术结构能够充分利用其资源禀赋的优势,则其生产成本就较低,竞争能力就较强,进而能够创造更多的经济剩余,积累量也就越大。因此,通过发挥比较优势能够较快地实现资源结构的升级,从而加快产业结构升级。

产业内贸易理论。该理论又称差异化产品理论,以不完全竞争市场和规模经济为前提,从动态角度出发考虑需求情况,更符合实际。由于产业内贸易规模不断扩大,20世纪80年代以来许多经济学家陆续建立模型对这一问题从不同角度进行探讨。其中新张伯伦模型证明了当市场结构从完全竞争变为不完全竞争,达到规模报酬递增阶段的时候,即使两国间没有技术和要素禀赋差异,产品水平差异性和规模经济也可推动国际贸易,增加两国的福利。兰卡斯特模型认为,在具有相同特点的经济体之间,如果不存在贸易壁垒和运输成本,在规模收益最大化和消费偏好差异的影响下,两个经济体间仍能进行产业内分工和贸易。新赫克歇尔-俄林模型又称为"新要素比例学说",它认为资本相对充裕的国家出口同种产品中资本密集的高质量品种,劳动力相对充裕的国家则出口劳动密集的低质量品种,由此形成的产业内贸易实质上还是垂直分工的结果。此模型在对传统贸易理论的最小偏离下,同时解释了产业间和产业内的贸易模式。布兰德-克鲁格曼模型意在解释标准化产品产业内贸易现象,布兰德(Brander)和克鲁格曼构造了一个"相互倾销模型",提出贸易是扩大竞争的一种方式,不完全竞争的企业可以通过贸易向别国的国内市场倾销以扩大销售,即使存在运输成本,也会存在双向贸易,并由两国间需求弹性的预期差异决定贸易量。弗尔维(Falvey)和凯克斯基(H. Kierzkowski)建立的垂直差异产业内贸易模型以寡头垄断市场假定为前提,认为在完全的垂直型产业内贸易与完全没有这类贸易之间有许多过渡类型，垂直型产业内贸易的程度与特性依赖于要素禀赋、技术和收入分配情况对不同国家的相对影响。费莱姆（Flamand）和赫尔普曼（Helpman）建立的费–赫模型提出了另一种观点。假设有两国均生产某种产品，生产效率不同，劳动是唯一的生产要素。国际分工以产品差异性的形式体现，一国生产高质量的产品具有比较优势；另一国相反，决定产品质量的是劳动投入，这里指"人力资本"。如果两国生产结构和消费结构不吻合，就可能发生产业内贸易。

国家竞争优势理论。此理论由哈佛大学教授迈克尔·波特（Michel E. Porter）提出，从企业参与国际竞争这一微观角度解释国际贸易，弥补了比较优势理论在有关问题论述中的不足。波特认为，一国的竞争优势就是企业与行业的竞争优势，一国兴盛的根本原因在于它能在国际市场中取得竞争优势。而竞争优势的形成有赖于主导产业具有优势，关键在于能否提高劳动生产率，其源泉就是国家是否具有适宜的创新机制和充分的创新能力。波特提出的"国家竞争优势四基本因素、两辅助因素模型"中，生产要素、需求状况、相关产业和支持产业、企业战略、结构和竞争对手、政府、机遇都是国家竞争优势的决定因素。波特根据以上各大要素建立了钻石模型，说明了各个因素间如何相互促进或阻碍一个国家竞争优势的形成。从发展阶段来看，一个国家优势产业的发展可分为四个不同阶段，即生产要素推动阶段、投资推动阶段、创新推动阶段、财富推动阶段。该理论对当今世界的经济和贸易格局进行了理论上的归纳总结。

（二）新兴古典贸易理论

20世纪80年代以来，以杨小凯为代表的一批经济学家用超边际分析法将古典经济学中关于分工和专业化的经济思想形式化，将消费者和生产者合二为一，发展成新兴古典贸易理论。该理论使研究对象由给定经济组织结构下的最优资源配置问题，转向技术与经济组织的互动关系及其演进过程，力图将外生的比较利益因素引入基于规模报酬递增的新兴古典经济学的贸易理论模型中，把传统贸易理论和新贸易理论统一在新兴古典贸易理论框架之内。此理论的内生分工和专业化新兴古典贸易模型表明，随着交易效率从一个很低的水平提升到一个很高的水平，均衡的国际和国内分工水平从两国都完全自给自足增加到两国均完全分工，在转型阶段，两种类型的二元结构可能出现。经济发展、贸易和市场结构变化等现象都是劳动分工演进过程的不同侧面，贸易在交易效率的改进过程中产生并从国内贸易发展到国际贸易，两者之间有一个内在一致的核心。

二、数字贸易对传统国际贸易理论的冲击

在数字经济浪潮的冲击之下，国际贸易活动无论是在交易标的方面，还是交易对象乃至交易方式以及背后的生产组织等方面都发生了显著的改变，如亚马逊、eBay等寡头垄断企业的诞生，数字贸易呈现出越发明显的不完全竞争态势，由此也对传统意义上的国际贸易理论形成了巨大的甚至是颠覆性的冲击。

（一）数字贸易对市场结构假定的冲击

以李嘉图为代表的传统贸易理论学者在完全竞争的市场结构基础上展开研究，有其

特定的时代背景，而现代贸易理论假设垄断竞争市场结构，产业集中度较低，不同企业生产的产品在质量、外观以及商标等方面具有差异。克鲁格曼认为，市场中不完全竞争是普遍现象，完全竞争只是特例，现实情形中，农产品市场比较接近完全竞争市场结构。但是实证研究一般将视线聚焦在制造业，制造业也更加偏向于垄断竞争的市场结构。同时，世界上大规模企业、巨型经济集团的存在和发展，使得相关市场结构成为寡头垄断形式。以互联网技术和云计算为依托，数字贸易行业更加趋向于寡头垄断，例如，2018年上半年，中国网易考拉、天猫国际、京东全球购3家企业就占据中国电商平台市场总量的62%。在数字化产品本身的国际化交付方面，全球数字内容市场包含了游戏、视频点播（VOD）、数字音乐和电子出版物，主要以B2C模式运营。音乐产业中，瑞典的Spotify和美国的Apple Music公司在2016年底便拥有全球约65%的用户，搜索引擎中，谷歌、雅虎和Bing是顶级服务商。这些都说明，在解释数字贸易产生的原因、贸易模式和贸易利得等时，需要改变关于市场结构的假设，运用寡头垄断的相关理论。

（二）数字贸易对交易成本假定的冲击

为了将关注点聚焦在技术差别和要素禀赋差异导致的比较优势上，传统贸易理论假设贸易无摩擦，两国消费者可以无成本交换产品。现代贸易理论用大量事实证明企业出口不但面临出口的单位成本（如运输成本和关税），而且面临与贸易量无关的固定成本。企业在出口之前需要寻找和告知外国进口商其商品信息，了解外国市场的营商环境与相关政策规制，建立国外销售网络，维持客户关系，调研当地消费者的风俗习惯，与当地政府建立良好联系以规避非关税壁垒等，这些都需要大量的成本。而数字贸易企业利用互联网和数字技术，可以解决传统贸易存在的信息不对称等导致交易成本高昂的问题，数字贸易的成本越来越接近国内贸易成本，因此挑战了国际贸易成本远高于国内贸易成本的假设；另外，数字服务贸易中不存在标准的冰山贸易成本，传统贸易中商品集中在目的地市场以节约冰山成本，因此，空间地理对于传统贸易具有重要影响。相比之下，数字贸易依托互联网、云计算等高科技，并不会由于冰山贸易成本而集聚，相反，数字贸易经济中会出现两种现象：一是有更多的中小企业在世界各地从事数字贸易，数字贸易企业更加分散，我国有众多的电子商务企业分散在乡镇甚至农村，形成遍地开花的局势。但是资金雄厚的企业更愿意把总部设置在科技人才密集的区域，比如，美国硅谷、印度班加罗尔、北京中关村、广东深圳、浙江杭州等地，甚至有企业直接将研发中心建设在科学家居住地，改变了人才移动的传统模式。二是数字贸易企业更容易实现全球市场的无缝连接和即时响应。由于数字技术的应用，企业可以通过互联网迅速获取全球市场的信息，并根据市场变化迅速调整生产和销售策略。这种即时性和灵活性进一步削弱了地理位置对贸易的影响，使数字贸易企业能够更有效地满足全球消费者的需求，并且可以迅速应对市场的波动和变化。这与传统贸易中企业需要依赖实体物流和长期规划的模式形成了鲜明对比。

美国贸易代表办公室（USTR）的分析表明，数字贸易可以提高生产率，大幅降低贸易成本，促进沟通和交易的产生，改善信息获取的渠道，增加中小企业的市场机会。与现代贸易理论中交易成本的产生主要来源于运输和关税不同，数字贸易中交易成本的产生更可能来源于数据本地化、知识产权保护和隐私政策的限制。

（三）数字贸易对规模经济假定的冲击

马歇尔将规模经济分为内部规模经济和外部规模经济，分析得出规模报酬可分为三个阶段：递增阶段、不变阶段、递减阶段，并且这三个阶段是按上述排列顺序依次发生的。此外，规模经济与市场垄断之间存在矛盾关系，这一矛盾关系就是著名的"马歇尔冲突"（Marshall's Dilemma）。此后，罗宾逊和张伯伦对传统规模经济理论进行补充，针对市场中存在的"马歇尔冲突"问题提出了垄断竞争的理论观点。

马述忠（2018）认为，数字贸易中规模经济并非来源于由机器、设备以及投资建厂等导致的固定成本，而是来源于由数据的数量和质量以及在公司内部建立专家团队导致的固定成本。以搜索引擎服务为例，谷歌和微软都是搜索引擎服务的运营商。虽然微软拥有数十亿的搜索数据，但很多搜索查询很罕见，甚至可能只有两三条数据，而谷歌拥有比微软更多的数据，可以很好地预测这些罕见的搜索查询。如果人们根据罕见搜索的质量来选择搜索引擎的话，那么谷歌将因更多更好的数据获得更大的市场份额。更大的市场份额就意味着更多的数据，后者有利于提高搜索的质量，吸引更多的客户，如此循环往复。由于搜索引擎服务的技术含量较高，在企业内部建立专门的专家团队就会产生巨大的固定成本，这里主要是指科技人才固定成本支出。

（四）数字贸易对要素流动假定的冲击

在已有的国际贸易理论研究中，最多只有劳动和资本这两个生产要素，然而在数字贸易中，数据正在成为相对于劳动和资本而言更为重要的生产要素。这对传统贸易理论是一个不小的冲击与挑战。在数字贸易中，数据是稀缺资源，各企业为了获得数据、电子信息等重要生产要素，会通过各种途径来收集、分析、利用数据，从而满足消费者需求，在信息产品的异质性方面领先对手，最终增强企业在贸易进程中的核心竞争力。在此过程中，企业的内部化会进一步提升企业的竞争力。

数字贸易中，数据是极其重要的生产要素，掌握数据就可以掌握国际贸易的主动权，因此，核心数据就变成了企业赖以生存的"法宝"，企业必然会限制它的自由流动。除此之外，数字贸易中跨国公司也会强调母公司对核心数据的控制，而非分公司、子公司，所以这样看来，核心数据的流动甚至在部门内部都会受到限制，在各部门之间的流动难度会更大。因此，这对已有的国际贸易理论中要素自由流动的假设也是巨大的挑战。

（五）数字贸易对范围经济假定的冲击

无论是传统贸易理论还是经典的现代贸易理论，一般都假设不存在范围经济。这种假设有一定的道理。举例来说，一家生产服装的企业需要投入生产服装的缝纫机设备作为生产的固定成本，而一家纺织企业需要投入纺纱机作为生产的固定成本，两家企业生产的边际成本可以看作每个生产工人的工资，因此，产量越多越容易实现规模经济。同时，由于固定资产的专用性，缝纫机不能用来纺纱，因此一家从事服装生产企业若想要从事纺纱生产，必定要重新进行纺纱机的固定资产投资，而这对于服装企业而言是不合算的，因为它本可以将固定资产投资用来扩大服装生产规模，产生更大的规模经济，同理，纺织企业也不会同时从事服装生产。此时，之所以不存在范围经济是由于生产的独占性。而在数字贸易领域，无论是在电子商务平台上交易的传统实体货物、通过互联网等数字化手段传输的数字产品与服务，还是作为重要生产要素的数字化知识与信息，均可实现范围经济。

数字贸易的虚拟化、平台化、集约化、普惠化、个性化和生态化的特点，使得数据资源的共享和共同的价值创造成为可能，范围经济效应可能更加明显。例如，数字贸易时代依托的人工智能技术的建设成本是范围经济产生的源泉。许多人工智能公司是多产品公司，例如，谷歌的母公司 Alphabet 同时经营搜索引擎（谷歌）、在线视频服务（YouTube）、移动设备操作系统（Android）、自动驾驶（Waymo）以及其他业务。与传统商品生产所需的设备专用性和独占性高、很难实现范围经济不同，数字经济时代人工智能技术的共享式利用，使得范围经济成为可能。同时，各应用程序间的共享数据也是范围经济的来源。在 IP（Intellectual Propeny）产业，中国的公司虽然起步较晚，但是发展速度较快，通过对热门 IP 进行多元化开发和多渠道推广，可以使其价值得到充分体现。例如，百度利用搜索引擎的优势发展 IP 产业，其旗下的爱奇艺虽然是视频行业，但是积极利用 IP，将其衍生为电视剧、电影、游戏以及动漫等形式，同时嵌入文学作品推广等，利用一个平台，实现了集视频、音乐、文学等于一体的范围经济。因此，传统和现代贸易理论忽略了数字贸易中更多范围经济的特征，可能不适用于解释数字贸易的产生原因以及贸易分工形式。

范围经济还会进一步引发国际贸易活动中定价策略的复杂化。由于数据要素的共享性，一种产品的生产可以通过积累数据的方式为另一种产品提供支持，即便不考虑价格补偿，单纯的产品生产本身也会为生产者带来一定的正向收益。落实到实践层面，这一情形可能会衍生出更为复杂的定价机制，如对某类以数据挖掘和信息获取为主要目的的市场，企业可以以极低的定价甚至免费的方式吸引消费者，由此获得可观的数据要素积累，并将这些数据信息应用于另一市场以实现企业整体盈利。

（六）数字贸易对资本有机构成的冲击

数字经济的发展引发了传统生产方式的变革，并使得数字环境下的生产与贸易活动在要素结构方面呈现出更高的资本有机构成特征。这主要源于两种作用方式。其一，数字化产品本身的可复制性和非实体性使其具有更低的可变成本与边际成本，但与之相对的则是技术门槛和规模门槛所导致的高昂的前期固定投入。其二，数字经济下人工智能的广泛应用所带来的资本对劳动的替代。这两方面的因素都会带来固定成本与可变成本比率，即资本有机构成的提高，并由此对贸易过程中的产品定价决策以及贸易的具体组织方式和分工格局产生显著影响。

在完全竞争市场与要素可自由流动的假设下，传统贸易理论认为，国际贸易会引发各国要素报酬和收益率的均等化。然而在数字贸易中，一方面，数据要素在使用过程中的零边际成本特性，使得要素报酬均等化机制近乎失灵；另一方面，数据要素本身的内生性导致一国一旦形成微小的竞争优势，就可以借助规模经济效应使这种优势不断强化。因此，长期来看，各国之间的贸易规模乃至收入水平不仅不会收敛，反而存在着不断扩大的可能。

如果数字贸易最终会造成各国贸易规模与收入差距不断加大，那么"第一步"的表现，即在数字贸易领域率先建立优势就变得异常重要，这无疑会使人们更加质疑古典以及新古典贸易理论"放弃政府干预，完全借助市场本身的力量实现'公平'贸易格局"的观点，并动摇"自由贸易"的理论基础。事实上，早在20世纪80年代前后，以Krugman（1979）、Helpman（1981）为代表的新贸易理论学者就在不完全竞争和规模经济的理论框架下探讨了以政府先期干预为特征的战略性贸易政策的合理性。在数字贸易条件下，由要素内生性导致的贸易规模自我强化无疑会使上述战略性贸易政策的重要性进一步凸显，借助战略性贸易政策和产业政策的力量，通过大量前期投入抢占产业发展先机将成为数字贸易条件下各国的现实政策选择。

（七）数字贸易对技术扩散理论的冲击

在古典和新古典主义贸易理论中，产品生产并不存在特殊的技术壁垒，因此贸易活动带有一定的"普适性"特征——任何国家或者企业都可以根据自身相对比较优势，从专业化的生产中获益，这一情况适用于工业化早期或简单的产品生产。随着制造业技术复杂度不断提升，技术壁垒逐渐成为国家或者企业参与贸易活动的重要障碍。Melitz（2003）以及Helpman等（2004）创建的新贸易理论实际上也涉及技术壁垒对贸易的阻碍作用，但他们将技术壁垒简单地抽象为生产率差异。相比之下，数字经济环境下技术壁垒对国家和企业参与生产和贸易活动的阻碍作用将变得更加具象化，并被形象地称为"数字鸿沟"。一方面，数字贸易会面临更大的规模壁垒。数字经济条件下可能并不存在若干企业并存的完全竞争或垄断竞争市场结构，取而代之的更多是寡头垄断甚至完全垄断的竞争格局，企业的市场进入难度、生存难度都将远高于传统经济条件时期；另一方面，数字贸易活动会面临更多的技术壁垒和专利壁垒。由于数字经济依托于高度复杂的电子信息技术，无论是硬件还是软件产品，都具有远高于传统制造业的技术门槛，同时数字经济下的强竞争压力也会使相关产业有更高的研发密集度和技术更迭频率，而且数字产业具有高固定成本与低边际成本并存的特征，这进一步加大了企业参与生产与贸易活动的资金和技术壁垒。与此同时，许多发达国家的数字企业通过先行者优势主导了产业技术革新的路径，并通过在可能实现技术突破的节点预先申请专利的方式制造知识产权壁垒，对后进国家实行技术封锁，加大了其他企业突破技术壁垒的难度。此外，国家之间在数字基础设施以及人力资本方面的差异也将成为数字鸿沟无法弥合甚至逐渐扩大的重要原因。

三、国际贸易实践的创新

数字经济有效地利用数字技术和信息通信技术，优化了产业结构，创新了产品种类，从而影响了全球贸易，即数字贸易的发展。数字技术既改变了商品的贸易方式，也改变了商品的生产方式，降低了商品的贸易成本，提高了贸易的效率。目前，所有区域自贸协定中，一半以上的 WTO 成员国均签订了至少一个包含数字贸易条款的区域自贸协定，其中涉及的数字贸易条款规定较为全面，大多包括数字贸易领域内的关税措施、非歧视、市场准入、电子签名、信息保护等规定。但是在数字贸易规则的具体制定上，国际上存在种种利益冲突。基于数字贸易与传统贸易的多方面差异（表 1-1），各国正积极探索基于电子商务基础的数字贸易发展的新路径（图 1-1）。

表 1-1 数字贸易与传统贸易的比较

指标	传统贸易	数字贸易
贸易主体	大中型企业为主	中小型企业、平台企业
贸易对象	货物产品为主	技术贸易、服务贸易比重增加
贸易基础	生产制造、交通物流	基于 5G、云计算等信息通信技术
贸易方式	B2B 及 B2C 为主	B2B、B2C、B2G、C2C、M2M 等模式
运行效率与成本	基于传统物流的低效率、高成本	基于数字技术的高效率、低成本
运行规则	围绕提高贸易自由化与贸易便利化展开，在贸易保护和贸易自由化之间寻求平衡	围绕数字贸易自由化和数据信息安全展开，在数字贸易自由化和数据信息保护之间寻求平衡
监管部门	海关、检验检疫、外汇管理局	数字内容审核部门、产业安全部门

资料来源：作者根据资料整理。

（一）电子商务的发展

电子商务初始阶段（1998—2012 年）。从 20 世纪 80 年代开始，技术的进步大幅降低了运输和通信成本。这种变化使生产的分离成为可能，即产生有可能外包的某些生产阶段和在地理上划分不同的生产阶段。在传统商贸的基础上，电子商务强调商务活动的电子化、网络化，WTO 将其定义为"通过电子方式实现生产、分配、营销、销售或交付商品与服务"。《中华人民共和国电子商务法》将其定义为"通过互联网等信息网络销售商品或者提供服务的经营活动"。跨境电子商务强调跨越国境开展电子商务活动，我国国家外汇管理局将其定义为"通过互联网等信息网络从事商品或者服务贸易进出口的经营活动"。

数字产品与服务贸易阶段（2013 年）。面对分散化的 B2C、C2C 跨境电子商务订单，具有广域、匿名、即时、交互等特点的数字服务，各国外贸监管部门纷纷创新监管方式，为安全有序的发展提供保障，同时强化政策法规对接，推进国际监管协调合作。

跨境电子商务阶段（2014 年至今）。技术进步产生了一个复杂的跨境价值链结构，专业化分工持续深入，全球贸易，特别是中间投入的贸易，蓬勃发展。全球跨境电子商务市场规模持续扩大。信息通信技术推动传统货物贸易方式转型升级，跨境电商平台、智慧物流等新模式新业态给国际贸易注入了新的活力。据联合国贸易和发展会议（UNCTAD）测算，2019 年，全球前十大货物贸易出口国的 B2C 跨境电子商务销售额达到 4400 亿美元，同比增长 9%，高于 2018 年增速 2 个百分点。

全球跨境电子商务发展前景广阔。网购人数的稳定增长，为跨境电商发展提供了强劲动能。2019 年共有 14.8 亿人口使用线上购物，同比增长 7%，约占全球人口的四分之一。虽然大部分网购商品供应商以国内供应商为主，但随着跨境物流、支付及配套措施便利性的提升，从 2017 年至 2019 年，跨境网购占网购总人数的比重从 20% 上升至 25%。

全球 B2C 跨境电子商务出口以发达国家为主。2019 年，B2C 跨境电子商务出口排名前 10 位的经济体中有 8 个是发达国家，发展中国家中仅中国上榜。

我国自 2015 年杭州设立首个跨境电商综试区以来，截至 2022 年底，已先后分 7 批设立 165 个综试区，覆盖 31 个省区市，跨境电商主体已超 10 万家。海关总署发布的《中国跨境电商贸易年度报告》显示，2022 年，我国跨境电商进出口规模首次突破 2 万亿元人民币，达到 2.1 万亿元人民币，比 2021 年增长 7.1%。

图 1-1 传统商贸到数字贸易

1. 数字技术加速迭代

数字贸易是信息通信技术在贸易领域应用的产物，以大数据、云计算、5G 网络、人工智能等为代表的新一代信息通信技术的快速发展，几乎对外贸领域所有环节都产生了影响，解决了一系列信息不对称问题，有力推动了外贸降本增效。首先，信息通信技术和现代信息网络是数字贸易的基础。信息通信技术推进了传统贸易在研发、生产、管理、流通各环节的数字化进程，在实现降本增效的同时，也衍生出国际贸易新的服务与场景。数字贸易中的许多创新是基于互联网进行的，互联网信息技术扩大了数字贸易范围，提高了贸易效率和贸易收益，有效实现了数字贸易利益的最大化。只有属于商业交易的跨境数据流才被视为国际贸易。例如，一家外国公司购买和使用 U.S.-based 亚马逊云计算服务是美国在出口云服务。

数字技术发展为中小企业参与国际贸易提供了无限可能。首先，数字技术进步降低了贸易市场门槛，满足消费者个性化需求的能力不断提高，激发了中小企业参与国际贸易的信心与潜力。随着云计算、大数据、移动互联网等新技术的发展，数字贸易形式选择空间更加广阔，实时性、交互性、低成本的要求及日益增加的个性化需求均可以通过数字技术得到满足。其次，在未来数字贸易发展进程中，虚拟企业、中小企业乃至个人都可以通过网络共享信息资源，进行生产经营合作，将分散的贸易流量和消费者偏好等信息通过平台汇集成一个整体，智能制造将因此获得更加充分的消费者信息集成，消费者需求也将充分体现，企业市场需求进一步扩大。最后，伴随着数字技术进步，数字贸易模式和企业比较优势均将发生变化，贸易流程便利化、透明化，贸易弱势群体如中小微企业、个体工商户等，进入国际市场的门槛降低。一方面，中小企业利用大数据、区块链等技术开展数字贸易，参与国际贸易程度提高，传统的渠道垄断、信息不对称和贸易成本过高等问题将得到很好的解决；另一方面，数字技术的发展将推动全球价值链延伸，使得生产活动能更方便地转移至中小企业，帮助各国贸易弱势群体更加广泛地参与国际贸易并从中获利，加速普惠贸易的发展。

2. 跨境数据流动持续增长

数据流动带动信息流动，牵引资本、技术、人才等要素在不同国家间有序流转，促进货物贸易、服务贸易便利化，推动社交媒体、搜索引擎等新商业模式的国际化发展。全球跨境数据流动规模大幅增长，流动增速持续稳定在高位，2005年至2022年，跨境数据流动规模从3554 Gbps扩张至997301 Gbps，增长超280倍。其中，北美容量规模仍全球领先，但中心地位有所下降，其区域间国际宽带容量的份额从2013年的38%持续下降至2022年的28%。同时，主要区域内部数据流动加强，欧洲、亚洲区域内国际带宽连接超越区域间国际带宽连接。2022年，容量最高的方向分别是欧洲内部（442 Tbps）和亚洲内部（149 Tbps），明显高于任何区域间国际宽带容量。金砖国家宽带容量和流量增速均显著超越美、德等发达国家。2013—2022年，金砖国家中，中国宽带容量和流量增长约14倍、印度增长约23倍、俄罗斯增长约10倍、南非增长约36倍、巴西增长约10倍，远超美国的约7倍和德国的约8倍。

3. 数字平台迅速崛起

数字平台是数字贸易中信息形成、汇聚和交换的重要枢纽。数字平台提供一种将有关市场主体汇聚并进行在线互动的机制，为数据、商品和服务的供需对接，以及研发、创新、生产等的分工协同提供支持。数字平台企业可以记录和提取平台用户在线操作和交互的相关数据，在数据驱动增长的时代具有巨大的优势。2019年，全球市值排名前10位的公司中，有7家使用了基于平台的商业模式。

总体上，金融服务、信息和通信技术（ICT）、运输和物流、商业和专业服务能将供应链的各个部分连接起来，并推动数字贸易持续发展，促进将资源重新分配到具有更高效率的部门和公司，从而提高总生产力和部门生产力。生产力的提高和更便宜的进口最终消费产品，将通过更便宜的价格和更多的选择使消费者受益。在此条件下，小企业可以融入价值链，并采用数字技术，更有效地与买家和供应商进行生产和接触。因此，可以认为，数字贸易模式更具包容性，收益也会惠及更多地区与人民。

（二）产业数字化的实践

资料显示，2022年全球智能制造市场规模已达到1500亿美元，预计到2025年将超过2200亿美元，其中，人工智能、物联网等数字技术不仅能以新手段解决老问题，更能进一步推动工业的自动化、数字化和智能化。首先，新的信息采集、储存方式及商业模式和数字技术改变了传统贸易方式，推动了产业互联和产业升级。随着数字贸易发展，互联网将与越来越多的行业深度融合，云计算、大数据、物联网等新技术将不断改变信息通信服务提供方式、商品和服务的商业模式及支付方式，促进新兴产业和日渐式微的传统产业、服务业及制造业的融合互联发展，推动多元化数字产业的打造，企业平台化、平台产业化以及产业互联化成为未来的发展重点。在制造领域，人工智能等技术可以帮助工业生产线进行智能化升级，优化生产流程、提高生产效率、降低生产成本，帮助制造企业实现提质、增效。其次，新一代数字技术的进步和应用推动了跨境电子商务的高速发展，加快了贸易链各个环节的整合，促进了包括政府、海关、海外渠道、商家、买家、服务商、金融机构、产业带、行业联盟等在内的数字贸易生态圈的构建。这在供给侧表现为，信息收集成本降低导致商业模式去平台化、去中介化和交易流程简化；在需求侧表现为，数字产品通过日常出行、生活娱乐、网络社交等方式深刻影响现代人的生活方式，人们对数字产品的黏性和依存度日渐上升，市场需求日益旺盛。因此，数字贸易背景下多元化数字产业的打造，将在一定程度上推动多元化产业结构优化，改变传统贸易和商业模式，同时促进数字贸易稳定增长。

（三）国际贸易新规则的建立

数字贸易的迅猛发展，对全球数字贸易治理提出更加紧迫要求。在WTO框架下，多边层面确认了不对电子商务征收关税的原则，并于2019年1月启动了包括中国、美国、欧盟成员国在内的87个成员参与的电子商务多边谈判。虽然多边层面在数据跨境流动、本地化存储、个人隐私保护、数字知识产权保护、数据安全等领域仍存在分歧，但立场相近的国家正在通过区域或双边协定，加快构建数字贸易规则。与传统的多双边贸易协定中设立电子商务等专章不同，近年来还出现了《数字经济伙伴关系协定》（DEPA）等专门的数字贸易协定，涵盖了更加广泛的数字贸易规则。当前世界大多数国家以出台国内法的手段对互联网空间进行规划。在互联网国际准则上，世界各国针对非国家主体的行为准则基本达成共识，但由于国际组织难以直接约束国家行为，发展中国家与发达国家利益矛盾难以调和，针对国家主体的行为准则难以取得实质性进展。截至2021年底，已签署的自由贸易（数字经济）协定中，共有119个包含数字贸易相关规则，覆盖全球110个国家和地区。

随着数字贸易的发展，传统数字贸易规则约束力将更加不足，而与此同时，世界主要国家在网络内容审查和阻隔措施、数据存储强制本地化、源代码开放以及对加密技术的限制、知识产权的保护、电子支付许可、技术标准、政府采购的歧视性规定等方面的分歧逐渐变大。因此，从长期来看，"数据自由流动"需求和"数据跨境流动"监管的冲突将持续并存。个人数据、非公开信息等数据保护要求和监管措施需要进一步增强，企业作为数据控制者、处理者的责任与日俱增，数据分级保护、匿名化、存储加密等保护措施要日趋细化，主要体现在：数据出境概念从以数据存储国家地理边域为标准，向以数据主体国籍和数据处理者、所有者国籍为标准延伸；数据跨境流动规则在数据本地备份的基础上支持数据流动、有条件解除数据流动限制、禁止数据离境等不同规制模式。在此基础上，各国正加速推进建设本国数字贸易制度，不断完善数字网络法律框架，以期打造快捷稳定的制度体系和网络环境。通过国际合作的方式制定全球数字贸易新规则，突破贸易壁垒、建立更加开放包容的全球性多边贸易体制是未来数字贸易规则发展的主要趋势。

第二节　数字贸易内涵与影响

随着数字经济的不断发展，数字贸易这一新型贸易形式不断成熟与完善，但不同国家、不同机构组织和不同学者对数字贸易的内涵和具体内容持有不一样的认识和解读。国际社会有多种不同的数字贸易概念，分为宽口径和窄口径。宽口径（基于统计目的）概念将数字贸易定义为通过数字订购或数字支付开展的交易，包括数字并购贸易、跨境电商、数字交付、大型互联网平台提供的在线交易和服务等。中国内地以宽口径概念理解数字贸易。窄口径（强调数字化变革）概念将数字贸易定义为通过电子手段实现的商品或服务贸易，将货物和服务分开，主要强调数字贸易的在线服务。

一、数字贸易定义解析

美国国际贸易委员会在2013年、2014年和2017年分别发表数字贸易报告，其中对数字贸易进行了定义。2013年《美国与全球经济中的数字贸易Ⅰ》指出数字贸易是指在国内和国际贸易中，通过互联网交付的产品和服务。报告认为数字贸易不包含大部分的实体商品，例如通过线上下单并有数字对应的实物，比如，书籍和软件，通过CD和DVD销售的音乐和电影。2014年《美国与全球经济中的数字贸易Ⅱ》对数字贸易的定义进行了修正，将其定义为"依赖互联网和互联网技术建立的国内贸易和国际贸易"，其中互联网和互联网技术在订购、生产以及产品和服务的交付中发挥关键作用。2017年8月发布的《全球数字贸易的市场机遇与主要贸易限制》将数字贸易定义为"通过固定网络或无线数字网络传输的产品和服务"。该报告描述了不同行业使用的数字产品和服务，包括通过电子商务平台销售的数字产品和服务，还包括实现全球价值链的数据流，众多的应用和平台。数字内容主要包括视频游戏、视频点播、数字音乐和电子出版物。日本在2018年的《通商白皮书》中提出，数字贸易是基于互联网技术，向消费者提供商品、服务和信息的商务活动。澳大利亚政府认为，数字贸易不仅包括在线上购买商品和服务，还包括信息和数据的跨境流动。此外，其他组织机构也对数字贸易进行过阐释（表1-2）。

经济合作与发展组织（Organisation for Economic Co-operationand Development，OECD）在《数字贸易测度手册》中指出，数字贸易是通过数字化形式订购或交付产品、服务或信息的交易活动，可以从交易范围、交易方式、交易对象和交易参与者四个维度构建数字贸易的内涵框架（表1-3）。其主要从统计角度定义了数字贸易，注重交易的本质、产品、参与的合作伙伴，认为只要符合：数字订购的交易、数字（平台）促成的交易、数字交付的贸易中的任一项，均是数字贸易。

表1-2 不同组织对数字贸易的相关定义

组织机构	概念名称	概念内容	提出时间
世界贸易组织	电子商务	通过电子方式生产、分销、营销、销售或交付货物和服务	1998年
联合国贸易和发展会议	电子商务	通过计算机网络进行的购买和销售行为。对联合国贸易和发展会议而言,电子商务涉及搭配实物商品以及数字方式提供的无形(数字)产品和服务	2015年
欧盟	数字贸易	个人和企业可以在公平竞争的条件下无缝访问和行使在线活动的区域,无论其国籍或居住地	2016年
美国贸易代表办公室	数字贸易	数字贸易应当是一个广泛的概念,不仅包括个人消费品在互联网上的销售以及在线服务的提供,还包括实现全球价值链的数据流、实现智能制造的服务以及无数其他平台和应用	2017年
浙江大学"大数据+跨境电子商务"创新团队	数字贸易	数字贸易是以现代信息网络为载体,通过信息通信技术的有效使用实现传统货物、数字产品与服务、数字化知识与信息的高效交换,进而推动消费互联网向产业互联网转型并最终实现制造业智能化的新型贸易活动,是传统贸易在数字经济时代的拓展与延伸	2018年

资料来源:尹丽波,数字经济发展报告(2018—2019),北京,社会科学文献出版社,2019。

表1-3 数字贸易的类别及其所包含的产品与服务

数字贸易的类别	类别中所包含的产品与服务
数字交付的内容	音乐、游戏(包括全格式游戏和手机游戏、附加内容下载、游戏订阅、社交网络游戏和多人在线游戏)、视频(包括互联网电视、电影和其他视频)、书籍(包括电子书、数字课程材料和有声读物)
社交媒体	社交网站、用户评论网站
搜索引擎	通用搜索引擎、专用搜索引擎
其他数字产品和服务	软件服务,包括移动应用和通过云传送的软件、通过云提供的数据服务(包括数据处理和数据存储)、通过互联网传送的通信服务(包括电子邮件、即时通信和互联网语音、通过云提供的计算平台服务)

资料来源:United States of International Trade Commission, 2013, "Digital Trade in the U.S and Global Economics", Part1, pp.2-1.

结合不同组织对数字贸易的定义及其意义(表1-4),可以将数字贸易定义为:以数字化平台为载体,以数字服务为核心,以数字交付为特征,以人工智能、大数据和云计算等数字技术为手段,以数字产品、数字服务、数字技术、数据信息为标的物,实现商品精准交换的一种新型贸易活动,是传统贸易在数字经济时代的拓展、延伸和迭代,将成为推动世界经济复苏的重要力量。同时,数字贸易作为跨境电子商务发展的高级形态,两者将相辅相成助推数字贸易阶段的全面到来(Cremin, 1976)。

表1-4 不同组织对数字贸易的定义及其意义

组织名称	定义	意义
经济合作与发展组织(OECD)、世界贸易组织(WTO)和国际货币基金(IMF)(2020)	通过数字化形式订购或交付产品、服务或信息的交易活动	为了统计目的而提出的,强调贸易开展方式和贸易交易标的改变
美国国际贸易委员会(2013)	通过固定线路或无线网络交付的产品和服务。数字贸易是互联网及相关技术在订购、生产或交付方面发挥重要作用的贸易	强调技术支持

续表

组织名称	定义	意义
美国贸易代表办公室（2017）	数字贸易是一个广泛的概念，它不仅涵盖了互联网上消费品的销售和在线服务的供应，还涵盖了使全球价值链得以实现的数据流、使智能制造得以实现的服务及无数其他平台和应用	强调综合性，对全球价值链、产业链的影响
欧盟委员会（2021）	通过电子手段实现的商品或服务贸易	强调数字贸易化与贸易数字化

资料来源：作者根据资料整理。

二、数字贸易的影响

2023年11月23日，中国商务部发布的《中国数字贸易发展报告（2022）》显示，2022年，中国可数字化交付的服务进出口额为3727.1亿美元，同比增长3.4%；跨境电商进出口额达2.11万亿元人民币，同比增长9.8%。其中，分领域来看，数字产品贸易主要出现在游戏、影视及文学作品领域，数字技术贸易主要出现在电信网络、计算机和信息服务领域，数字服务贸易主要出现在金融、保险与养老等（表1-5）。具体数字贸易的影响可以简单归纳为以下几个方面。

表1-5　2022年我国数字贸易分领域发展情况

细分领域	发展概况
数字产品贸易	主要体现在数字文化产品的海外市场。一是2022年中国自主研发游戏海外市场销售收入达173.5亿美元，多款头部游戏在海外广受认可。二是数字影视规模效应放大，华语影视作品在东南亚市场的份额由2019年的不足4%升至2022年的10%。三是网络文学出海格局成形，截至2022年底，中国已累计向海外输出网络文学作品16000多部，海外用户超过1.5亿
数字技术贸易	随着新一代数字技术和信息技术的广泛应用，互联网、大数据、云计算、人工智能等赋能的数字技术贸易迎来了快速发展期。2022年，中国电信、计算机和信息服务贸易规模约为1209.6亿美元，同比增长3.3%。其中，出口规模达829.2亿美元，同比增长7.7%
数字服务贸易	2022年，中国金融服务、保险与养老服务、知识产权使用费服务进出口规模分别为89.2亿美元、254.3亿美元、579.2亿美元，在可数字化交付服务中的占比分别为2.4%、6.8%和15.6%

资料来源：作者根据资料整理。

（一）加速国际贸易便利化

1. 延伸贸易场地和拓展运营方式

传统贸易需要经过多轮磋商与谈判，但是交易双方地区的分离性，使得这一过程通常采用电话与视频通信的方式实现。然而，无论采用哪种方式，都会存在一定程度上的信息缺失，从而造成交易时间延长等意外状况。因为互联网还解决了贸易伙伴选择中的信息不对称问题，交易双方能够同时获取市场最新动态，获得货物配置、物流等方面的准确消息，能够最大限度地实现信息同步更新。互联网还可以帮助中小型企业便捷办理通关手续，节省企业的时间成本。互联网为企业提供报关报检与跨境电子商务等的多类服务，使企业可以快速通关。目前，各城市已建立"速通出口综合服务平台"，不仅可以为企业的境外销售提供运输协助服务，还可以缩减报关流程。汇付、托收和信用证是运用最为广泛的交付方式，但随着互联网的应用，电子支付逐渐成为主流。越来越多的国际支付平台在市场上出现,几乎每个国家都有自己的支付平台,比如美国的 PayPal、欧洲的 Moneybooker 等。

2. 扩展传统的贸易标的

互联网技术改变了商品的交易结构,更加注重交易中的知识产权。它对于服务行业的影响更加明显,例如远程机器人可能开辟了服务贸易的新方式。互联网技术的发展可能从根本上改变知识产权的地位,因为互联网技术降低了产品的制作与复制成本,如书籍的交易不再是物理性的转移,人们通过知识产权交易获得阅读书籍的权利,虽然,知识产权增强了国际贸易的多样性,但互联网技术也可能强化了拥有技能和资本的重要性。

(二)拓展跨境电商新业态

作为数字贸易的主要组成部分,跨境电商能够在拉动消费提升、畅通外贸产业链及供应链等方面发挥重要作用。其具有的个性化、全球化特点,能够实现全球产品的高效率交易。从 2011 年起,全球跨境电子商务平稳增长,2014 年以后,跨境电商行业快速兴起,跨境电商交易规模持续增长,跨境电商所带来的贸易量已成为数字贸易总量的重要组成部分之一。全球购的新模式成为外贸新潮流,跨境交易平台陆续出现,从最开始的亚马逊到之后的全球购,都为卖家提供了更为便捷的国际贸易渠道。统计数据显示,2019 年全球 B2C 跨境电商交易规模达到 8260 亿美元,同比增长 22.19%,相比于 2014 年全球跨境电商市场规模扩大了 2.5 倍,2014—2019 年市场规模年平均增速达到 28.52%。新冠肺炎疫情背景下,跨境电子商务成为更重要的贸易方式。根据 UNCTAD 统计,2020 年主要经济体 B2C 电商销售额占整体 B2C 销售额比重明显上升,普遍高于 2019 年上升幅度。其中新加坡 B2C 电商销售额占整体 B2C 销售额比重翻番,由 5.9%跃升至 11.7%。阿里巴巴旗下的全球速卖通便是一个成功的案例,它集合了订单、支付与物流,通过支付宝国际账户实现了商务的交易活动。

目前我国是全球最大的跨境电商零售出口经济体,2022 年跨境电商进出口规模达到 2.1 万亿元人民币,增长 7.1%,B2B 市场占比超过七成,B2C 市场全球第一,成为全球电子商务生态链最为完善的国家。近年来,我国已经逐步形成跨境电子商务产业全链条服务体系,跨境电商交易规模持续攀升,新增初创企业数量、融资金额创新高。政府通过建设跨境电商产业园将与国际贸易有关的报关与金融服务领域统一规划,利用互联网优势,实现了园区内的产品出口一体化服务,并搭建区域性的综合电子商务平台与进口集散中心,为仓储等综合一体化的跨境电子商务生态圈奠定了良好基础;结合国家"一带一路"倡议,实现了跨境电子商务在园区进行进出口交易的规模化与可持续化。随着我国跨境电商综合试验区持续扩围,贸易伙伴群不断增加。截至 2022 年 11 月,我国跨境电商综合试验区已扩至 165 个,跨境电商进出口规模 5 年增长近 10 倍。市场层面,欧美仍是我国跨境电商最主要的市场,东盟市场增长潜力巨大,我国与 22 个国家的"丝路电商"合作不断加深;渠道层面,独立性和供应链稳定性不断提升,独立站成为打破业务天花板、拓展新市场的重要渠道,超过 50%的跨境电商企业已经或筹划开设独立站;服务层面,个性化定制模式逐步兴起,26.9%的跨境电商企业探索向中小型企业提供选品、轻定制等供应链服务。

（三）重构全球产业链供应链价值链

数字贸易正加速突破原有生产组织方式，一是产业链布局扩大，向旁侧延伸。数字贸易通过数据流动，加强各产业间知识和技术要素的共享，促使产业突破原有空间限制，在更大区域寻找比较优势，推动产业链在全球布局。同时，数字贸易以平台为主要载体，促使产业形态平台化、网络化以及深度服务化，产业链向旁侧关联延伸。二是供应链效率提升，下游缩短。数字贸易降低了各环节交易成本，使供应链核心企业能细化分工，提高供应链效率。数字贸易去中介化，也使得核心企业与最终消费者的距离拉近，下游链条缩短。三是价值链研发国际化、开放化。数字贸易孕育出云外包、众包、平台分包、云众筹等新模式，促使研发环节从传统封闭的、独立的模式向开放的、合作的、网络化、分布的模式转变，研发众包已成为一种趋势。同时，研发不再限于企业端，通过数字技术，购买者也可以从纯粹的消费者转变为合作者，参与产品研发设计过程。

（四）成为全球共同发展的新动能

数字贸易不断丰富生产生活方式，让更多中小微企业共享市场。传统国际贸易更多地被国际化程度较高的大型企业占据，中小微企业参与度较低，数字贸易推动更多中小微企业融入国际市场。一是数字贸易平台使跨国贸易更加便利，中小微企业能够直接承接来自世界各地的小规模订单。二是数字技术使许多生产性服务环节可分性提高，原本由一家企业提供的服务现在根据不同特点可以分包给众多中小微企业。三是数字贸易推动传统大规模同质化批量生产向柔性化、定制化与个性化制造发展，需要众多中小微企业提供中间服务和加工制造。

由于数字贸易的应用场景和新业态、新模式还在不断演进，人们对数字贸易的理解和认识不断发展变化，目前国际上对于数字贸易尚无统一定义，但对其本质特征的看法趋于一致。一方面，数字贸易通过促进信息通信技术与传统货物和服务贸易融合渗透，推动贸易全流程、全产业链数字化，实现贸易业态创新和贸易信息传递优化；另一方面，数字贸易通过数据流动强化各产业间信息和技术要素共享，使得以数据形式存在的要素和服务成为国际贸易中的重要交易对象。

第三节　数字贸易典型特征

随着网络宽带、云服务等信息通信技术基础设施的不断完善，手机和电脑等移动设备的普及，游戏、流媒体、电子书、数字音乐等数字内容行业快速兴起，数字贸易成为拉动经济复苏的强劲引擎。与传统贸易相比，数字贸易在系统要素、贸易方式、贸易对象、服务贸易等方面也表现出一些典型特征。

一、要素的综合性与复杂性

数字网络基础设施硬件与软件是影响数字贸易开展的关键，其建设水平与技术水平直接关系贸易的深度和广度。

物流设施——支撑要素。物流基础设施环境，影响数字贸易供应链的整体服务，继而影响贸易效率、贸易成本和贸易质量，是重要支撑要素。传统贸易的实物贸易依赖物理交通工具和基础设施才能从卖方运送至买方，而在数字贸易中，数字化产品和服务的运输则依赖数字基础设施，尤其是数字化平台的逐步完善来实现，数字贸易平台通过综合多种中间商角色，实现了采购、仓储、加工、配送等产业的深度融合，加快了供需、行业等市场信息的流通，实现了产业链、供应链各方的高效沟通，以及及时获取信息和享受技术溢出带来的协同创新效应。此外，物流基础设施也是数字贸易发展的重要支撑，物流环境直接影响数字贸易供应链的整体服务，继而影响贸易效率、贸易成本和贸易质量。截至2023年10月，我国中欧班列通达欧洲25个国家217个城市，立体化、全方位、多层次的"一带一路"交通互联互通网络有力服务了国内国际双循环，夯实了数字贸易物流要素基础。

数字技术——保障要素。5G网络、大数据、云计算、区块链、人工智能、工业互联网等数字技术研发和创新，为数字贸易的发展提供了坚实的技术基础和关键支撑，改变了一些商品生产和交换的方式。技术发展水平是衡量数字贸易发展的关键要素。首先，各项数字技术广泛运用到各个领域，与各领域的技术、业务、模式形成融合创新效应，这不仅有助于提高各项数字技术的通用性、便捷性、适用性，拓展其应用深度和宽度，而且能够催生各行业领域的技术创新和业务创新，进而加速数字技术更新迭代，促进各项数字技术应用场景和模式的突破创新，从而有效满足数字贸易实时获取供需信息、推进环节精简高效以及业务多样化发展的现实需求，激发数字贸易发展活力。其次，数字技术带来的贸易成本降低使得一些商品贸易增加，最显著的是一些时间敏感型、认证密集型和契约密集型产品贸易的增加。虽然数字化不能缩短国家之间的物理距离，但物联网、人工智能等数字技术能够有效降低贸易的信息通信成本、交易成本等，从而推进信息技术产品贸易不断增加。目前，我国数字贸易在底层技术上面临"卡脖子"问题，数字技术的基础理论、核心算法、关键设备与发达国家存在一定差距。

贸易潜力——基础要素。贸易潜力反映区域社会经济、技术等基础条件。如地区宏观经济实力直接影响总体贸易水平，进而在一定程度上影响数字贸易规模。当前，我国有效推动经济全面快速恢复，在多重政策红利推动下，数字贸易必将成为未来我国参与国际竞争合作的新优势。而数字网络基础设施的建设水平往往与地区的技术基础密切相关，网络设施硬件与软件是影响数字贸易开展的关键，其建设水平直接关系贸易的深度和广度。

数据——关键生产要素。数字经济时代，数据广泛融入价值创造过程，推动商业模式创新发展。然而，当前全球范围内数据确权、保护、交易等制度尚不完善，导致数据价值难以衡量和数据交易缺乏保障，因此，跨境数据流动的价值尚无法充分体现。未来，随着数据交易相关技术、产业和制度不断完善，其贸易价值有望得到进一步发掘。

二、贸易方式与贸易对象的数字化

物流设施、数字技术发展水平、贸易潜力等因素都会影响到数字贸易的发展质量。

打造数字贸易体系，贸易方式与贸易对象的数字化是基本动能。

（一）贸易方式的数字化

贸易方式的数字化即面向贸易全流程、全产业链的数字化。要达成贸易方式的数字化，一方面是要推动传统贸易大部分流程的数字化、网络化和智能化发展，实现贸易成本更低、效率更优、主体更多元。如许多中小企业通过数字平台获取海外市场信息、推广商品服务、达成交易，以及获取通关、物流、金融等外贸服务。另一方面是要促进各类服务贸易跨境支付方式的数字化变革，丰富贸易的形式。如传统的以商品交易、面对面互动实现交付的文化、娱乐内容、教育、研发等跨境贸易领域，可以通过广泛丰富的、基于生产线途径交付和互动的跨境服务贸易方式来实现。贸易方式的数字化主要体现在以下方面。

外贸信息传递的优化。随着信息通信技术的发展，越来越多的外贸企业通过搜索引擎和在线广告获取国际市场信息，使得传统贸易中的海外市场调研成本大幅降低；通过数字平台进行宣传推广和商品销售，开辟通往国际市场的新途径。时间、空间的硬约束被打破，买卖双方不再需要在规定时间、地点完成交易，国际贸易出现无限可能。

外贸综合服务的转型。外贸综合服务企业借助信息通信技术，能够为外贸企业提供方便快捷的通关、物流、收汇、退税、结算等服务，细化了贸易分工，简化了贸易流程，能够帮助中小微企业降本增效、扩大市场、专注研发、打造品牌。这已经成为外贸转型升级和创新发展的新功能。

外贸监管模式的创新。为适应贸易方式的数字化，政府在监管政策和方式上也正在推进与时俱进的调整。例如，围绕跨境电子商务发展建立信息共享、金融服务、智能物流、电商诚信、统计监测和风险防控等体系，推动"关""税""汇""检""商""物""融"一体化，以实现跨境电子商务自由化、便利化、规范化发展。

（二）贸易对象的数字化

贸易对象数字化是指数据和以数据形式存在的产品和服务贸易，它主要包括：一是研发、生产和消费等基础数据。二是图书、影音、软件等数字产品。三是通过线上提供的教育、医疗、社交媒体、云计算、人工智能等数字服务，表现为贸易内容的数字化拓展。贸易对象的数字化具体体现为以下几个方面。

贸易标的数字化。传统贸易的标的主要为实体货物和服务，通常是由固定的生产工序加工而成，具有各种物理特性、化学性质。而在数字贸易中，贸易对象可以大体分为三类：①信息通信（ICT）服务，包括电信服务、计算机服务、软件复制和分发的许可证等，可以为经济社会各领域的数字化发展提供强有力的支撑。②信息通信赋能的其他服务，即信息通信服务以外的传统服务通过数字化转型，嵌入不同的数字化载体，从而实现交付内容的数字化，包括数字金融、数字教育、数字医疗、工业互联网等数字化服务。③具有商业价值的数据要素。由于各国数字经济、数字贸易的发展水平不一，对数字贸易商品范围的接受程度也存在差异。根据接受的程度，数字贸易涉及的贸易品可以分为三个层次：第一层，以货物贸易为主，认为数字贸易等同于电子商务。第二层，加入了图书、影音、软件等最常见的数字产品，开始涉及服务贸易领域。第三层，加入了"数字赋能服务"，如电信、互联网、云计算、大数据等数字经济时代的新兴事物。

跨境数据自由流动。自由贸易协定中禁止近100个数据定位要求，但在某些情况下可能考虑跨境数据流动的限制，例如隐私和国家安全问题，特别是向外国公司或政府流动的敏感数据。欧盟于2022年实施了《数字市场法案》（DMA）和《数字服务法》（DSA），该法案监管大型数字平台，创建内容审核和增加竞争等目标。数据本地化策略要求在一个国家内生成的数据被存储和处理在该国家内的服务器上。这种对数据跨境自由流动的限制可能成为一种贸易障碍，通过要求企业遵守不同国家的不同法规，从而增加企业存储数据的成本，导致企业运营效率低下。

总体上，信息技术的发展使得一些产品和服务开始以数字的形式存储、传输和交易，摆脱物理的束缚，可贸易程度大大提升。但是，数字化也让一些可数字化的商品贸易下降，比如，CD、书籍和报纸，贸易比重已经从2000年的2.7%下降到2016年的0.8%，这一趋势随着3D打印技术的出现将进一步增强。此外，一些消费品的贸易可能受到了"共享经济"商业模式的影响而有所下降。

三、贸易服务模式持续创新

数字贸易模式下，生产商能够与消费者进行直接联系，这极大地降低了中间成本和交易费用。不同于传统贸易模式中的清关手续由进出口商负责，在数字贸易模式下，依托人工智能深度学习技术、电子证据链技术和跨境互联网技术，企业可以在较短时间内完成跨境双边进出口清关过程，便捷地完成跨境远程报关、清关任务。创新了服务提供方式，"可贸易性"大大提升。

（一）虚拟化、平台化与集成化

数字贸易存在与运作的技术基础是现代信息通信技术，这使得数字贸易在贸易生产、交易、运输等环节呈现虚拟化、平台化的特征。首先，数字贸易通过互联网虚拟平台将全球的生产者、供应商和消费者集聚在一起，实现物流、商流、资金流及信息流的汇集，卖家通过数字平台展示产品和服务、接受订单等，买家通过数字平台搜索产品和服务、在线订购和支付等，实现线上、线下的集聚效应，利用大数据、移动互联网、网上支付等现代化信息手段实现了要素、交易和传输过程的虚拟化。其次，数字贸易可视为一个以数字贸易平台为核心，各环节紧密联系、各主体协同共生的有机生态系统。一方面，虚拟网络平台不仅是国际贸易运行的场所，还是协调和配置资源的基本组织，能够依靠信息流汇集各个主体及各类资源，实现要素资源精准匹配，提升贸易效率；另一方面，数字贸易能够依托虚拟网络平台，促进采购、仓储、营销等环节的集约化管理。而跨境电子商务平台还能汇集全球的生产者、供应商和消费者，实现三大主体的集成，从而减小信息不对称所形成的价差，有效降低成本，提高各方的收益。最后，实现产品和服务的研发设计、生产制造、市场营销、交易订购、支付结算、运输交付、海关通关、售后服务等贸易环节的数字化、集成化运营，加速产业数字化进程。

（二）个性化、融合化与普惠化

在以信息通信技术为基础的数字贸易中，交易主体不仅包括大型跨国公司，还包括中小型企业和个人消费者。

一方面，企业通过整合生产仓储、物流、销售等环节来形成有效的供应链。B2B、B2C、C2M等模式能提供定制化、差异化、多样化的产品和服务，满足消费者个性化需求。另一方面，不断涌现的综合服务平台型企业充分发挥其专业化、规模化、标准化优势，为中小型企业提供信息流、物流和资金流等方面的服务，高效地实现数据、产品和服务供需信息的对接以及交易的达成，建立生产者与消费者的直接联系，推进外贸企业成本降低和利益最大化，也加快了国际贸易融合化、普惠化步伐。

第四节　数字贸易发展趋势

作为信息通信技术发挥重要作用的贸易形式，数字贸易不仅包括基于信息通信技术开展的线上宣传、交易、结算等促成的实物商品贸易，还包括通过信息通信网络（语音和数据网络等）传输的数字服务贸易，如数据、数字产品、数字化服务等贸易。数字贸易和传统贸易在贸易本质和贸易目的上具有相似点，但在贸易参与者、贸易对象、贸易运输方式、贸易时效性以及贸易监管政策等方面，均有明显的差异。数字贸易的关键产业链包括云计算技术、互联网大数据、物联网技术、工业物联网、区块链技术、人工智能技术、虚拟现实技术和强化现实技术产业链。这些前沿产业链的加入，将突破生产、销售、交易、物流、服务等贸易流程的壁垒。集约化、无界化的发展趋势将促进整个贸易的效率的提升和成本的降低。

一、数字贸易统计指标日益完善

数字贸易的快速发展和日益普及，使得传统的国际贸易发生了变革，从贸易模式、贸易成本到贸易主体等都发生了根本性变革，推动了贸易统计指标的补充与完善。

（一）数字基础设施指标

数字时代，信息流、资金流和物资流在加速重构，衍生出以宽带网络、金融支付和数字物流为载体的数字基础设施。数字基础设施是数字经济和数字贸易发展的前提，主要包括三类：一是宽带网络基础设施。国际组织关注的首先是域名指标，如通用顶级域名（TLD）数量、国家和地区顶级域名（ccTLD）数量以及"获取和保护域名"制度；其次是网络接入指标，如固定宽带接入率、移动宽带接入率、网络速率等；最后是用户普及指标，如个人互联网普及率、信息通信（ICT）使用率等。二是金融支付设施。国际组织关注的是个人拥有金融机构账户或移动钱包的比率，以及与支付设施相关的"支付许可""支付鉴权与处理""支付安全"等指标。三是物流设施。国际组织关注物流绩效指数（含通关、海运、竞争力、追溯、时长等）、物流可靠性（如万国邮联可靠性），以及跨境交流包裹监管制度。这三类设施是发展数字经济的基本前提。

（二）创新环境指标

数字经济离不开孕育创新、包容创新的外部制度环境。在创新环境营造方面，国际组织关注四类指标：一是人口数字素养指标，如就业人口或者全国人口中拥有数字技能的人员比率，以及国民平均受教育年限、入学率等，这些指标反映出对数字化人才供给的重视。二是对创业风险的态度指标，创业文化是孕育创新的摇篮，世界经济论坛将"创业风险的态度"列为评价指标，通过调查全球企业高管来获取数据。三是金融制度指标，如风投资金可得性、市场资本化程度、给私人部门的信贷比重、中小企业融资等。此外，创意产出也是关注领域。例如，世界知识产权组织将信息通信与商业模式融合创新、信息通信与组织模式融合创新以及移动应用程序的产出3个指标纳入全球创新指数评价中。

（三）市场监管指标

数字经济具有显著的网络效应、规模经济和赢者通吃特征，平台企业围绕用户关注度展开竞争，并基于大数据分析提供服务。围绕数字市场监管，国际组织关注两大类问题：一类是市场公平竞争。除了服务业竞争程度、市场集中程度以及竞争中立（如税收和补贴对竞争的扭曲）外，还有国际社会热议的数字平台垄断问题。另一类是消费者保护。世界银行单独将"数字市场管理"作为数字营商环境的评价指标，凸显其重要性，包括权益保护（如信息披露、赔偿规则、纠纷解决等）、平台责任（如入驻店家侵犯第三方商标时，平台担负何种责任等）、电子签名（如签名的法律地位、证据有效性、签名认证）等。

（四）数据安全指标

数字技术的安全问题日益突出，影响人们对数字经济的信任程度。国际组织关注四个方面：一是服务器安全。联合国贸易和发展会议将有安全加密的互联网服务器数量占比作为四个核心指标之一，凸显安全底线原则。二是个人数据保护。网络数据包含了海量个人数据，世界银行设置了合法采集、知情同意、用于特定目的、删除个人数据等细化指标。三是数据跨境流动。数据安全关乎国家安全，中心议题是数据跨境流动，如是否允许将个人数据转移至第三国、前提条件是什么。四是数据安全与法规。重点关注数据处理、内部控制、数据加密、数据安全培训、数据泄露等。

（五）数字经济监管指标

数字经济是数字贸易发展的基础保障，支持数字经济发展的关键是给新模式以萌发的机会，为创业创新提供更大空间。国际组织关注三方面内容：一是监管包容性。新事物往往具有不同于旧业态的发展特点，要求新业态"削足适履"只会限制其发展，世界经济论坛的评估框架从"法律框架对数字商务模式的适应性""政府监管负担"两个指标来了解制度的包容性。二是监管质量。主要从推动监管程序的公开透明和依法实施的角度，了解"监管质量"和"法治程度"。三是在线服务。在线服务拓展了政务服务边界、方便了企业和群众。联合国、世界经济论坛、世界知识产权组织均将在线服务指数（HCI）作为数字经济监督指标的关键构成之一。

二、数字贸易价值链持续演进

20世纪70年代以来，随着运输成本的下降和信息技术的广泛运用，国际分工进一步深化，产品的生产过程被分割成不同的生产阶段，形成了全球价值链分工。在全球价值链分工体系下，各国通过中间品的生产和贸易，承担不同的生产环节，以完成最终产品的生产。全球价值链分工在20世纪90年代和21世纪初蓬勃发展，但近年来，扩张速度有所放缓。数字贸易的快速发展，将对全球价值链产生深远的影响。

（一）数字技术促进全球价值链的扩张

数字贸易有助于协调地理位置分散的研发和生产任务，让国际分工更加细化、专业化，价值链不断延伸。如大型跨国企业通过供应链管理系统对跨国采购、生产和销售进行管理，实现各个环节的协同化、一体化，降低延迟效应。

首先，数字技术的兴起，降低了运输和仓储成本，同时也减少了运输时间和交货时间的不确定性。在人工智能和机器人技术应用方面，企业可以通过优化路线，实现自动驾驶，通过货物跟踪系统降低物流成本，使用智能机器人优化存储、库存和分销网络，以及使用集成3D打印来减少运输需求和物流服务。同时，区块链技术的应用，可以简化验证和认证程序，大幅降低企业在海关流程和物流方面所耗费时间。

其次，数字技术的发展一定程度上降低了各国的贸易政策和监管壁垒。电子数据交换系统（EDI）和单一窗口平台（ESW）及电子认证等，均能有效节约合规性审查的时间和资源，降低跨境成本，加强贸易双方的互信以及价值链上不同环节的联系。以数字技术在SPS（Sanitary and Phytosanitary）电子证上的应用为例，它能够确定出口商品达到出口市场相关的SPS标准，减少伪造证书的发生、提高交易的透明度、节约数据传输和加工的时间，从而增加贸易量。分布式账本技术（Distributed Ledger Technology）能够使单一窗口平台更有效、透明和安全，能够减少烦冗的海关流程、加速清关、降低成本和错误概率、增强透明度和可审计性，提高不同部门和主体之间的协作效率。

最后，数字贸易省去了更多的中间商环节，形成了一些新的商业模式，如B2B（企业对企业）、B2C（企业对消费者）、M2C（制造商对消费者），极大地降低了交易成本。数字贸易中的信息扩散具有更强的定向性和更丰富的信息量，大大降低了数字产品的发现成本。同时，互联网技术的广泛使用，大幅提高了单位时间的通信量，降低了信息传播中的通信成本，能够有效克服跨境贸易中的信息不对称和缺乏信任等障碍，加之互联网、区块链技术、跨境支付和金融服务的创新，进一步降低了市场的不确定性。

（二）数字产品促进全球价值链创新升级

数字技术与制造、能源、交通、农业等各行业技术结合，带动了智能制造、智能电网、智慧城市、智能交通、智能农业的迅速增长。利用技术创新将传统利用实物传播的商品转化为依靠数字信息进行传播和使用的新产品，传统的书籍、唱片、游戏、地图、报纸和杂志等货物产品,逐步变成了数字产品,形成了从制作到销售的电子传输价值链模式。以音乐行业为例,数字技术的出现改变了音乐产品的生产方式,苹果 iTunes 商店等将消费者的需求从实体唱片转向数字下载。数字化降低了音乐制作的固定成本,使运输的可变成本降至接近于零。音乐制作成本的降低增加了可见产品的数量,提高了新产品的平均质量,提高了消费者的满意度。同时,数字化也改变了音乐行业的分销格局,目前主要以音乐流媒体为代表,2014—2017 年,音乐流媒体的订阅量翻了两番。

服务的可贸易性增强促进了全球价值链扩张。服务是产品生产中不可或缺的中间投入,数字技术提高了中间服务的质量和可贸易性,如计算机、研发、广告、电信、金融以及其他专业性服务。数字服务逐渐渗透进生产经营活动之中,服务要素在投入和产出中的比重不断增长,成为价值链的重要组成部分,影响价值链的收益分配。从投入角度看,以信息通信(ICT)服务为代表的生产性服务,被广泛应用于企业的研发设计、生产制造、经营管理等环节,提高了企业生产效率、产品附加值和市场占有率。从产出角度看,企业将生产过程中积累的专业知识转化为各种类型的数字服务,由提供产品向提供全生命周期管理转变,由提供设备向提供系统解决方案转变。推动本国数字产业融入全球数字领域分工,促进了全球价值链的扩张。

(三)数字贸易也可能引起全球价值链收缩

如智能自动化和 3D 打印可能会引起跨国企业把生产或其他业务从低劳动成本的国家转向更有消费力和更广阔市场的国家。从 3D 打印应用的速度和范围看,它未来可能会对全球价值链贸易产生重大影响。目前,3D 打印主要应用于全球价值链上游的活动,如原型制作活动中,作为传统的"减材制造"流程的补充。从长远来看,3D 打印可能在某种程度上取代传统制造方式,减少外包生产和组装需求、生产步骤以及存货、仓储、配送、零售中心和包装的需求。在 3D 打印普及的世界里,价值链不但可能会变短,而且可能会改头换面,变成以设计、图纸和软件等为对象的跨境数据交换,而不是实体货物和服务的跨境交换。

三、贸易主体日益多元化

数字贸易时代,国际贸易的比较优势从传统资本、技术、劳动力等转向数据、数字技术、数字化基础设施等要素。互联网、信息通信技术等数字技术的发展降低了新兴经济体参与新一轮国际竞争的门槛,同时,数字产品和服务的快速迭代,为具有数字经济发展潜力的新兴经济体"弯道超车",追赶发达经济体提供了机遇。

(一)新兴经济体迎来机遇和挑战

新兴经济体的技术追赶自 2000 年后明显提速,与发达国家在部分领域的差距缩小,特别是中国、印度、土耳其等新兴经济体的优势技术领域逐年增多。从中长期来看,新兴经济体凭借庞大的市场规模和不断缩小的技术差距,具有发展数字贸易的巨大潜力。特别是在跨境电子商务领域,以中国为代表的新兴经济体已经跃居世界前列。2022 年,中国跨境电商进出口规模首次超过 2 万亿元人民币，达到 2.1 万亿元人民币，比 2021 年增长 7.1%，占全国货物贸易进出口总值的 4.9%。2023 年，中国跨境电商进出口总额为 2.38 万亿元人民币，增长 15.6%。跨境电商依托灵活、高效、韧性的供应链，为全球贸易增长注入了新动力。

同时，发展中国家由于在数字化基础设施、数字技术、信息安全等方面与发达国家的差距较大，在发展数字贸易中，也面临巨大的挑战。首先是面临数字化基础设施和数字技术方面的瓶颈。数字贸易具有典型的资本和技术密集型特征，需要在高速宽带、数据存储、算法应用等领域进行大规模的基础设施建设和研发投入。对于大部分发展中国家而言，数字化基础设施建设滞后，在宽带网络、数据存储等领域与发达国家差距较大。其次是难以确保网络信息安全。随着互联网应用和数字贸易的发展，网络安全、数据及个人隐私的有效保护成为数字贸易发展过程中的必要保障。发展中国家由于互联网和信息化发展起步较晚，其网络信息安全建设相对滞后。发展中国家既要有序推动跨境数据流动和多元的数据合作管理模式，又要加强本国网络安全、数据及个人隐私的有效保护，提高互联网警监测能力，为数字贸易健康发展营造开放、高效、安全的网络环境。第三是面临知识产权保护问题。在全球互联网访问的可行性和便捷性不断提升的同时，知识产权滥用问题层出不穷。如果一国法律对知识产权保护的力度较弱，或还没有实施或强制实施打击知识产权犯罪的措施，则会使得数字内容提供商很难从合法的渠道获利，会降低一国企业与其他国家进行数字贸易的积极性，对数字内容、电子商务等相关数字贸易的健康发展产生不利影响。目前大多数发展中国家缺乏完整的知识产权保护法律和执法机构，对版权、专利、商业机密的保护不力。有研究表明，电影行业中的数字盗版问题是所有知识产权侵权行为中代价最高的，2015 年共造成 1600 亿美元的损失。中国、印度、印度尼西亚等发展中国家也开始实施更有效的知识产权保护法，或通过相关执法机构加大对侵权行为的处罚力度。

（二）跨国公司主导数字贸易，但中小企业机遇增多

随着数字技术革命的兴起以及世界范围内对数字技术产品和服务的需求不断上升，数字技术跨国公司应运而生，且数量快速增长。从全球前 100 名跨国公司和全球市值前列公司来看，数字技术跨国公司所占席位不断增加。2010 年，联合国贸易与发展组织统计的跨国公司百强名单中，科技公司占比并不高，与 10 年前相比并无显著差异。然而，2010—2015 年上榜的科技公司数量增长了一倍多，从 4 家增至 10 家。从行业来看，所有的互联网服务公司排名均大幅提升，如京东、阿里巴巴、腾讯、亚马逊、谷歌母公司 Alphabet 和社交媒体巨头脸书（现称 Meta）。电信公司也是数字技术的重要推动者之一，2007—2017 年，全球市值居前十名的公司中，互联网科技公司从 1 家增长至 7 家。互联网巨头企业在数字经济领域快速扩张，其提供的数字产品及服务几乎已经涵盖了云计算、数字内容（游戏、视频点播、数字音乐、电子出版物等）、数字搜索、社交媒体、电子商务、服务、行业数字技术等数字贸易的所有领域，掌控着全球数字贸易的话语权。例如，谷歌自 1998 年创立以来，不断向搜索引擎服务之外的领域扩张，谷歌的互联网产品除了

搜索引擎外，还包括广告、商业、地图和在 YouTube 上提供的数字视频内容以及通过谷歌云存储的数据，谷歌还开发了用于电子设备的 Android 操作系统、Chome 互联网浏览器和支付服务以及通过谷歌购物提供的电子商务等。同时，它们还提供反馈和担保等机制，改进消费者对在线卖家的信任，进而解决与不同法律机构相关的合同执行问题，有助于中小微企业直接参与国际贸易活动。在数字化生产体系下，中小微企业面临的市场规模从国内市场扩大到全球市场，能够方便快捷地将产品和服务销往全球，从而使中小微企业成为"微型跨国企业"。同时，全球市场必然会给中小微企业带来更加快速的成长机会。

虽然跨国公司主导全球数字贸易，但数字贸易凭借其开放、共享和包容的模式，为中小微企业参与全球贸易提供了新的机会。数字技术和在线平台有效降低了寻找贸易伙伴和获取相关市场信息的成本，中小微企业能够直接与境外企业及消费者接触，消除了中小微企业参与全球贸易的壁垒。数字技术带来的贸易成本的下降将使中小微企业以及发展中国家的企业格外受益。物流与交易成本或烦琐的通关手续等贸易成本对中小微企业的影响在发展中国家表现得尤为突出。如跨境支付系统的创新、区块链数字技术应用，减少了国际贸易各环节间的协调成本和交易成本，降低了企业间的搜寻匹配成本，给中小微企业和发展中国家贸易带来了很大的便利，极大地降低了其进入全球市场的门槛。

随着发展中国家信息通信技术的不断发展，数字化为企业管理和参与全球价值链提供了新的模式，途径是为小型公司提供了价值链协作、获取信息流和专业知识机会，帮助其克服信息不足和相关知识缺乏的问题。在传统生产模式下，企业要参与全球价值链需要大额固定资产投资、组建产能，行业进入门槛较高，只有大企业才具备相应能力。小微企业资金规模有限，难以公平参与竞争。数字化生产模式下，企业通过互联网组织生产，可以在网上采购最优价格的原材料、零部件或中间投入品等，并可以寻找匹配的产能下单生产。如果实现数字化生产，小微企业不需要投资自建产能，也不需要长期保持大量原材料或中间投入品库存，从而大大降低了生产制造的门槛，可以公平地参与全球市场竞争。

四、加快数字贸易规则制定成为全球共识

数字贸易规则是指在数字经济背景下，为了规范数字产品和服务的国际贸易活动而制定的规则，这些规则涵盖了数据安全保护、跨境贸易、电子商务监管等多个方面。目前，数字贸易行业集中度高，发达国家为主要参与者。从地区发展情况看，数字贸易规则取决于经济体自身数字经济产业的发展态势、政治优先事项的考虑等。当前，全球主要经济体正通过区域贸易协定、国际多边框架积极推动数字贸易规则新体系的制定和完善，构筑了较高的竞争壁垒，市场集中度较高且呈现上升态势。其中发达国家为推动数字贸易规则的主要参与者（表1-6）。

中国作为全球贸易大国之一，立足全球视野，学习和借鉴其他国家尤其是发达国家数字贸易的发展经验，有助于制定和实施数字贸易发展战略（表1-7），这对经济新常态下的中国实现经济高质量发展、从贸易大国走向贸易强国具有十分重要的意义。

表1-6 主要经济体关于数字贸易发展的政策文件与国际协定

经济体	发展态势	政策重点	政 策	参与的国际协定
美国	数字贸易发展较为成熟,更加注重开拓海外市场	强调信息和数据的自由化	《促进数字贸易的基本要素》 《数字十二条》	《美墨加协定》 《美日数字贸易协定》
欧盟	在计算机、信息、保险、文化娱乐等子项中占据发展优势,试图打造数字单一市场	强调数据有效保护和数字服务提供商有效监管下的数字贸易自由化	《通用数据保护协定》 《非个人数据自由流动条例》 《开放数据指令》	《欧盟—日本经济伙伴关系协定》 《欧盟—英国贸易与合作协定》 《欧盟—墨西哥贸易协定》
日本	强调数字技术创新和数字基础设施建设,其数字技术和数字贸易发展成熟度不及美国	注重数字知识产权保护和数据隐私保护,营造公平开放的数字贸易环境	《官民数据活用推进基本计划》 《数字手续法》 《数字政府实行计划》 《数字社会形成基本法案》	《日美数字贸易协定》 《全面与进步跨太平洋伙伴关系协定》 《区域全面经济伙伴关系协定》 《日本—英国全面经济伙伴关系协定》
新加坡	自由贸易港,东南亚跨境电商平台的总部中心	在数据流动、数字贸易领域践行自由开放的政策,推动建立灵活高效的自贸协定磋商机制	《电商促进计划》 《数字经济行动框架》 《智慧国家2025》 《支付服务法案》	《数字经济伙伴关系协定》 《新加坡—澳大利亚数字经济协定》 《全面与进步跨太平洋伙伴关系协定》 《区域全面经济伙伴关系协定》
中国	尽管起步较晚,但数字贸易发展势头非常好	强调数字主权的治理模式	《全面深化服务贸易创新发展试点总体方案》 《"十四五"服务贸易发展规划》	《区域全面经济伙伴关系协定》 申请加入《数字经济伙伴关系协定》

资料来源:中国数字贸易行业发展深度调研与未来投资研究报告(2023—2030年)。

表1-7 中国数字贸易相关行业政策

时间	政策及主要内容
2017年	关键信息基础设施的运营者在中华人民共和国境内运营中收集和产生的个人信息和重要数据应当在境内存储。因业务需要,确需向境外提供的,应当按照国家网信部门会同国务院有关部门制定的办法进行安全评估;法律、行政法规另有规定的,依照其规定
2018年	全国人大常委会通过的《中华人民共和国电子商务法》就"消费者保护""电商平台审核"等问题做了进一步的明确规定
2019年3月	政府工作报告就跨境电子商务发展释放了相关政策红利,同时将跨境电商确定为中国外贸发展新的增长点
2019年	服务贸易领域的五大关键目录修订完成,注重利用新技术,发掘新机遇,有针对性地提升产业附加值
2019年	《中共中央、国务院关于推进贸易高质量发展的指导意见》提出,提升贸易数字化水平,加快数字贸易发展
2020年	《国务院办公厅关于推进对外贸易创新发展的实施意见》发布,提出加快贸易数字化发展。鼓励企业向数字服务和综合服务提供商转型,支持企业不断提升贸易数字化和智能化管理能力,加快建设贸易数字化公共服务平台,服务企业数字化转型
2020年	商务部会同中央网信办、工业和信息化部联合启动了国家数字服务出口基地创建工作,并认定了中关村软件园等12个园区为国家数字服务出口基地
2021年10月	商务部等24部门联合印发的《"十四五"服务贸易发展规划》明确,要加强国家数字服务出口基地建设,布局数字贸易示范区

资料来源:作者根据资料整理。

本章小结

数字贸易是由于信息技术对贸易影响的进一步深化所产生的概念，是电子商务的发展与延伸，更突出数字化的产品和服务贸易，但不同国家、不同机构组织和不同学者对数字贸易的内涵和具体内容持有不一样的认识和解读。数字贸易和传统贸易在贸易本质和贸易目的上具有相似点，但在贸易参与者、贸易对象、贸易运输方式、贸易时效性以及贸易监管政策等方面，均有明显的差异。互联网、信息通信技术等数字技术的发展降低了新兴经济体参与新一轮国际竞争的门槛，同时，数字产品和服务的快速迭代，为以中国为代表的具有数字经济发展潜力的新兴经济体"弯道超车"，追赶发达经济体提供了机遇。此外，本章还对数字贸易的典型特征、影响及发展趋势进行了分析。

关键术语

数字贸易（Digital Trade）
动态比较优势理论（Dynamic Comparative Advantage Theory）
产业内贸易理论（Intra-industry Trade Theory）

课后习题

1. 根据商品交易的区域和结构特征，可以将世界贸易进程划分为几个发展阶段？各阶段特点分别是什么？
2. 数字贸易对传统国际贸易理论的冲击主要表现在哪些方面？
3. 列表说明数字贸易与传统贸易的主要区别。
4. 谈谈对数字贸易定义的理解。
5. 数字贸易的典型特征是什么？

本章案例分析

办好国家级、国际性、专业型展会——第二届全球数字贸易博览会盘点

来自 25 个国家和地区的 1018 家企业线下参展，367 家企业通过数贸会云平台线上参加展览，100 多个国际采购团来到现场洽谈合作……以"数字贸易 商通全球"为主题的第二届全球数字贸易博览会 11 月 27 日在浙江省杭州市闭幕，晒出的"成绩单"颇为亮眼。

数字贸易是打造贸易强国的重要支柱。作为国内唯一一个以数字贸易为主题的国家级、国际性、专业型展会，刚满两周岁的数贸会在专业化、市场化、国际化三个方面迈出喜人步伐。

专业化：链主型企业竞相亮出"看家本领"

首届数贸会以来，特斯拉"全勤"参会。"通过本次数贸会，特斯拉得以向全球展示其在数字化转型、可持续发展以及创新产品服务方面的最新成果。"特斯拉区域业务总经

理高维泽表示，特斯拉不仅在中国市场获得蓬勃发展，更把中国智造的产品力带到全球市场，深度参与共建包容、普惠、有韧性的数字世界。

数字贸易是专业化的贸易新形态，数贸会的专业化成为吸引海内外企业的一块"磁石"。钱塘江畔的会场内，数字贸易链主型企业占到参展企业总数的四成以上。

在数智出行馆，造车新势力纷纷出场，各大品牌现场亮出最新产品和科技成果，描绘未来出行的美好蓝图；前沿趋势馆汇聚全球50个大模型，展示其在教育、医疗、办公、人机交互等领域的前沿应用；在丝路电商馆，全产业链展示着电商平台、跨境物流、移动支付、云服务等电商创新模式。

"全球贸易总增长仍然比较疲软，除了这些压力之外还有整体经济性质的变化，贸易流动也经历了长期的转变。"经济合作与发展组织（OECD）秘书长马蒂亚斯·科尔曼说。

在这一背景下，如何依靠专业化将数字贸易打造成为共同发展的新引擎，是各方关注的焦点。会场内外，本届数贸会聚焦数字贸易规则、数字经济知识产权国际治理、数字文化贸易等多项关键议题，发布多项成果。

市场化："以会引商"拥抱全球广阔市场

轻轻一扫即可识句翻译、对着说话便能同声传译……一款搭载教育大模型"子曰"的词典笔吸引不少人的目光。"本次数贸会，我们实现了这款词典笔的首发首秀。"网易有道展位负责人张琰清说，不少采购商前来洽谈。

数贸会期间，100项创新类首发、首秀、首展集中呈现，处处彰显着"商通全球"的澎湃活力。据统计，本届数贸会与国内外多家会展机构深入合作，定向邀约、组织对接800多个国际采购商。

泰国春卷皮、水磨糯米粉，柬埔寨榴莲饼、盐焗腰果，马来西亚白咖啡、咖喱酱料……一批东南亚特色产品在数贸会期间颇受欢迎。"第一天白咖啡就卖了150多盒，这几天不断有参展嘉宾品尝购买。"乐家环球（北京）咨询有限公司工作人员李如说，希望通过数贸会平台有效提升这些产品的知名度。

导入市场资源、"以会引商"是本次数贸会的亮点之一。作为国家级、国际性博览会，数贸会正积极拥抱全球数字贸易带来的新机遇。

数贸会期间，浙江省重大项目签约仪式如约举行，现场签约项目32个、总签约金额达1558.5亿元。其中，外商投资项目11个、总投资额达17亿美元，主要来自德国、法国、日本等国家和地区。

"当前，数字技术创新一日千里，不仅改变了人们的工作和生活方式，也改变了传统的贸易方式，赋能各国企业深化国际合作和贸易。"埃森哲全球副总裁俞毅说。

国际化：新时代国际贸易的驼铃、帆影

每年超过200天出差在外，阿斯利康中国副总裁黄彬是企业事务及市场准入部负责人，也是进博会、服贸会等中国各类展会的常客。

"数贸会的组织效率很高。"黄彬对开幕式座席查询的数字化设计赞不绝口，"手机扫码，我的座位号和座位布局图马上显示。数字技术的便利性、即时性呈现得淋漓尽致。"

作为全球数字贸易的公共平台，数贸会的海外企业占比较高，包括51家世界500强企业。"今年是阿斯利康进入中国的第30年，我们对中国市场充满信心。"黄彬说，希望可以借助数贸会平台，吸引更多跨界力量加入到数字医疗创新生态圈之中。

快捷方便的数字电商，成为新时代国际贸易的驼铃、帆影，"丝路电商"持续推动"一带一路"共建国家的特色优质产品"触网"。

拉美电商美客多业务生态连接超1.48亿活跃用户，在拉丁美洲拥有庞大的电子商务生态系统，今年首次来杭参加数贸会。"中国制造的消费电子、服饰、小家电等在拉美很受欢迎，我们十分看好中国产品出海。"美客多中国区市场公关负责人张超透露，美客多已累计服务超过数万名中国卖家。

此外，来自68家国际组织和境外商协会的代表出席数贸会，进一步扩大了数字贸易国际交流的"朋友圈"。

"当前，世界各地的论坛层出不穷，人工智能、大数据、区块链等领域都在持续创新。中国举办的这次数贸会让人耳目一新，成为互学互鉴的重要平台。"联合国全球地理信息知识与创新中心主任李朋德说，数贸会需要沉淀真知灼见，推动数字贸易真正实现全球化、规范化、法治化。

资料来源：新华网，2023-11-28。

问题思考

1. 如何理解中国政府举办数字贸易博览会的背景与意义？
2. 试分析中国历届"数贸会"的亮点与成果。

考核点

数字贸易的内涵、特征与发展趋势。

自我评价

学 习 成 果	自 我 评 价
1. 通晓数字贸易的内涵与特征	□很好 □较好 □一般 □较差 □很差
2. 了解数字贸易产生的背景和数字贸易发展趋势	□很好 □较好 □一般 □较差 □很差
3. 掌握国际贸易实践创新的主要内容	□很好 □较好 □一般 □较差 □很差
4. 知悉数字贸易与传统贸易的主要区别	□很好 □较好 □一般 □较差 □很差
5. 理解数字贸易对现代国际贸易理论的冲击	□很好 □较好 □一般 □较差 □很差

即测即练

自学自测　扫描此码

第二章

数字贸易的技术要素

学完这章，你应该能够：

1. 通晓数字技术的演进脉络；
2. 了解当前数字技术的应用情况；
3. 掌握不同类型数字技术的特点；
4. 知悉数字技术与数字贸易的关系；
5. 理解数字技术背景下数字贸易的发展路径。

随着信息通信技术的不断发展与成熟，数字技术受到了从业者和学者的广泛关注，并成为工程、管理、信息、经济贸易等不同研究领域和学科的核心。数字贸易是指以数字技术为基础，以数字化、网络化、智能化为特征，以数据为核心，以创新为驱动，以服务为导向的经济形态。数字技术的发展为数字贸易的崛起提供了有力的支撑，而数字贸易的需求又推动了数字技术的不断创新和发展。通过本章学习，可以了解数字技术的几个基本概念，熟悉数字技术在数字贸易发展过程中发挥的作用，掌握数字技术创新的特征与模式，为学习数字贸易的相关内容夯实基础。

第一节 数字贸易的基础：数字技术

因为数字技术快速发展的性质阻碍了学者们限制概念的边界并提供合理的概念化，目前对于数字技术的构成还没有达成一致的定义。

一般来说，数字技术具有不同的形式：数字工件、数字平台和数字基础设施。数字工件是一种数字组件，即应用程序或媒体内容，是新产品或服务的一部分，它为最终用户提供特定的功能或价值（Elia et al.，2020）。数字平台是指托管数字工件等补充产品的共享且通用的服务和架构集（Nambisan，2017）。数字基础设施涉及以通信、协作和/或计算能力为特征的工具和系统，以支持创新过程。总的来说，数字技术是数字贸易的基础和支撑，包括5G、人工智能、大数据、云计算、物联网等。

一、数字技术主要类型

（一）5G 通信技术

1. 5G 通信技术的内涵

移动通信系统在 19 世纪 70 年代兴起后（表 2-1），已演变为第 4 代与第 5 代移动通信系统。移动通信从应用开始，全方面不断地改进人们的工作、生活和学习中的诸多领域。并且，在学术界和商界的共同作用下，移动通信已经成为包含移动网络、社交网络等有关网络业务和运营的基础设施。从最原始的移动通信至 5G 的面世，无线通信技术取得了较快的进步。

表 2-1 移动通信技术的演变

系统	商用年份	关键词	系统功能	无线技术	核心网	典型标准 欧洲	典型标准 日本	典型标准 美国	典型标准 中国
1G	国际：1984 年 国内：1987 年	模拟通信	频谱利用率低、费用高、通话易被窃听、业务种类受限、系统容量低、扩展困难	FDMA	PSTN	NMT/TACS/C450/RTMS	NTT	AMPS	
2G	国际：1989 年 国内：1994 年	数字通信	业务范围受限、无法实现移动的多媒体业务；各国标准不统一，无法实现全球漫游	TDMA CDMA	PSTN	GSM/DECT	PDC/PHS	DAMPS/CDMA/ONE	
3G	国际：2002 年 国内：2009 年	宽带通信	通用性高、在全球实现无缝漫游、成本低、服务质量优、保密性高及安全性能良好	CDMA TDMA	电路交换、分组交换	WCDMA		CDMA 2000	TD-SCDMA
4G	国际：2009 年 国内：2013 年	无线多媒体通信	高速率、频谱更宽、频谱效率高	OFDMA	IP 核心网、分组交换	FDD-LTE		WiMAX	TD-LTE
5G	国际：2018 年 国内：2019 年	移动互联网	更大的容量、更高的系统速率、更低的系统时延及更可靠的连接	Massive MIMO/FBMC/NOMA/多载波聚合等技术	基于 NFV/SDN				

第五代移动通信技术（5th Generation Mobile Communication Technology）简称 5G。自工信部于 2019 年 6 月 6 日向中国移动、中国联通、中国电信和中国广电发放 5G 商用牌照，我国正式进入 5G 商用元年。5G 是具有高速率、低时延和大连接特点的新一代移动通信技术，是实现人机物互联的网络基础设施。5G 网络应用包括增强移动宽带（Enhanced Mobile Broadband，eMBB）、超高可靠低时延通信（Ultra Reliable Low Latency Communication，uRLLC）和海量机器类通信（Massive Machine Type Communication，mMTC）三大场景。5G 网络下用户体验速率达 1Gbps，时延低至 1ms。2021 年，我国先

后建设完成并且已经开通的 5G 基站达到了 142.5 万个。2023 年 6 月，我国已开通 5G 基站达到 284.4 万个，几乎覆盖了全国范围内的所有地级市，用户连接能力达 100 万每平方千米。

第五代通信技术（5G）将重点放在设立信息通信技术的生态系统中，这是现阶段最流行的一大课题。5G 的主要理念能诠释成超宽带与万物互联的相互结合，与前代技术相比不管连接的节点数量或是节点速率都更优秀。5G 之前的技术重点处理的是人和物之间的连接问题，而 5G 重点解决的是物物连接问题。5G 不但是移动通信技术的改造，还是将来数字世界的驱动力量与物联网建设的前提条件，将彻底带来一个全连接的新环境。

2. 5G 通信技术的特点

安全性。5G 能够规范地保护用户的隐私，防止用户信息损坏或泄露。此外，5G 通信技术的安全性还主要体现在它能够有效预防和防止病毒与风险给用户造成损失，给用户信息的安全性又增加了一层保障。较高的安全性，也促使 5G 网格在数字贸易领域得到广泛应用。

速度快。速度快是 5G 最大的一个特点，相比于之前的移动通信技术，5G 通信技术有着更快的速度，而对于 5G 的基站峰值要求不低于 20Gb/s，当然这个速度是峰值速度，不是每一个用户的体验。随着新技术的使用，这个速度还有提升的空间，5G 通信技术下仅需要 33 秒，每秒的速率达到 726Mbps，而 4G 的 LTECat.12 网络下载速率仅为 62.2Mbps，花掉 6 分 25 秒。

低功耗。5G 通信技术要支持大规模物联网应用，就必须有功耗的要求。而 5G 具有低功耗广域网技术，能让大部分物联网产品一周充一次电，甚至一个月充一次电，因此能改善用户体验，促进物联网产品的快速普及。

低时延。5G 通信技术的一个新场景是无人驾驶、工业自动化的高可靠连接。人与人之间进行信息交流，140ms 的时延是可以接受的，但是如果这个时延用于无人驾驶、工业自动化就无法实现可靠连接。5G 时延的最低标准是 1ms，甚至更低，为远程数字化产品及服务提供了发展空间。

（二）人工智能

1. 人工智能的内涵

人工智能（Artifcial Intelligence，AI），又称机器智能或计算机智能，是一种由人工手段模仿的人造智能。从学科、技术、能力等不同角度来看，对人工智能的定义将会有不同的侧重。以能力角度来理解人工智能，则人工智能是智能机器所执行的通常与人类智能有关的智能行为，这些智能行为涉及学习、感知、思考、理解、识别、判断、推理、证明、通信、设计、规划、行动和问题求解等活动。

AI 技术的快速发展得益于其广泛的应用场景。AI 早已不再是简单的软件或硬件，已经成为包括算法、数据、硬件、应用、人才等一系列要素的集合。随着计算机系统解决问题和执行任务的能力迅速提高，机器智慧正在越来越多的领域替代人类智慧，AI 成为当前人类能够获得的最强大工具，可以扩展知识、促进社会繁荣并丰富人类经验。

未来 AI 应用主要体现在以下几个关键方面。一是预测。凭借模型、算法的进步，AI 能够更加精准地预测，从以往数据中总结学习，并预测未来的事件。二是设计和优化。AI 能够在完成一系列复杂任务时进行优化和统筹，以根据需求达到节省时间和金钱、提高安全性等目的。三是建模和模拟。AI 能够在生物、物理、经济和社会研究中通过构建虚拟模型，进行仿真操作。四是自然语言处理。人类自然语言与计算机的及时准确互动，不仅可以让智能电子设备的操作更加简单，也可以广泛应用于文本分类、机器翻译、舆情监测等领域。五是视觉图像处理。通过用摄影机和电脑代替人眼对目标进行识别、跟踪和测量等机器视觉，帮助做出正确的"决定"，让 AI 可以应用在更多需要从图像或多维数据中感知信息的领域。

2. 人工智能的特点

自主学习。通过自主学习和适应，如深度学习神经网络，人工智能可以改进和提高算法性能。这使得人工智能的应用更加智能化和自适应。人工智能可以模拟或实现人类的学习行为，通过获取新的知识或技能，以及重新组织已有的知识结构，使自身不断完善。

自主决策。计算机可以基于先前学习的知识和规则，结合当前的环境信息，进行自主决策和行动。自主决策能力是实现人工智能自我进化的重要手段，可以使计算机在多变的环境中应对自如，并在短时间内做出最优解决方案。

感知能力。计算机可以通过感知技术获取外界的信息，并进行分析、处理和识别，从而实现对周围环境信息的感知，如图像、声音、温度、湿度、气味等。感知能力是实现人工智能的重要基础，它可以为计算机提供详细的环境信息，提高决策的准确性和效率。

（三）云计算

1. 云计算的内涵

云计算（Cloud Computing）中提出的"云"最初仅仅是一种形象符号或图例标志，来自信息技术行业对网络的形象比喻。云计算所呈现的是将各种存储在本地存储设备上的资源向互联网转移的一种新的方式。"云"是本地计算机、服务器、其他存储设备等物理设施，同样也是信息系统、数据接口、网络支持等基础结构。云计算是一种基于互联网的、大众参与的计算模式，其计算资源（包括计算能力、存储能力、交互能力等）是动态、可伸缩的、被虚拟化的，且以服务的方式提供。这种新型的计算资源组织、分配和使用方式，有利于合理配置计算资源并提高其利用率，促进节能减排，实现绿色计算。

云计算与传统 IT 技术不同，它描述了一种基于互联网的新型 IT 服务模式，强调对 IT 资源由"买"向"租"，由"自建"向"外包"转变，并根据用户需求的差异，提供不同的 IT 解决方案，帮助企业提升 IT 能力，降低企业成本。

2. 云计算的特点

可扩展性。云计算可以根据用户的需求扩展 IT 资源服务，方便扩展或展开新的业务。

资源虚拟性。云计算可以把用户的各种资源虚拟化，方便存储和运算虚拟化后的资源，用户是不能够直接访问虚拟化后的资源的。

弹性。云计算可以对资源进行弹性配置，用以满足用户对资源的差异化需求。

按需付费。由于强调 IT 资源由"买"到"租"的理念，云计算可以根据用户需求，像供水供电一样让用户按需付费。

兼容接入。用户可以通过任意地点和任意设备访问云计算并获得服务。

资源共享。云计算能够让同一资源被不同用户所共享，实现重复利用。

（四）物联网

1. 物联网的内涵

物联网（Internet of Things，IoT），主要指通过网络设备、传感设备等，按照约定的协议，将物品与互联网进行连接，使物品与物品之间、物品与人之间进行信息交换和通信，以实现识别、定位、追踪、监控和管理的一种网络。物联网是我国战略性的新兴产业，未来针对用户行业需求，需要实现底层物联网与互联网无缝融合与集成，研究物联网服务开放互联技术，实现物联网服务与 ERP、MES 等一体化的信息集成。物联网的提出代表信息技术已经不仅满足于互联网所带来的人与人之间的互相连通，而是进一步扩展到人与物之间、物与物之间的连通，最终实现"万物互联"，形成一个新的沟通维度，这代表了信息通信技术发展的新目标。

2. 物联网的特点

智能化。通过赋予物品可识别的电子标签，赋予传统机械、电子设备可联网的信息系统，以及使用传感器识别环境的变化，物联网对原本需要大量人工介入处理的部分，进行了自动化、智能化改造，自动识别、自动统计、自动控制让传统领域的人工需求大大降低。

实时化。在物联网系统改造后，原本需要人工进行调整、配置、统计等处理的信息与决策，都可以通过信息设备实时处理，避免了人工处理的时间成本。大多数场景都可以及时得出反馈，使运用物联网系统的传统领域运作效率实时化、高效化。

异构性。物联网系统连接了信息层面与物理层面两个领域，而构成物联网系统的组件各异、与信息系统的连接方式各有不同，这就需要不同组件之间的互相协调、相互调用，这对组件之间的协作有很高的要求。

可用性。物联网系统需要面对不断变化的外界物理环境与信息设备状态，需要对难以预测的状态变化进行处理，避免物联网系统的行为超出其行为规范，使其根据预想的情况运行，保证物联网系统的可用性。

安全性。物联网系统的通信繁多、结构复杂，其出现安全性问题时，不仅仅涉及信息系统本身，更会对与之相连的现实世界产生不可预期的影响，导致现实与信息世界都产生安全问题，因此如何保障安全性是物联网系统的一个关键问题。

（五）大数据与大数据分析

1. 大数据与大数据分析的内涵

大数据（Big Data）是一种具有高容量、高速度和多样性的动态数据集，且不能够集中存储，难以在可接受时间内分析处理，无法在一定时间范围内用常规软件工具进行捕捉、管理，其要求的处理能力超过了传统数据管理方法的处理能力，需要新处理模式才能具有更强的决策力、洞察发现力和流程优化能力的海量、高增长率和多样化的信息资产，其中个体或部分数据呈现低价值性而数据整体呈现高价值性。

大数据分析是指在数据量非常大的情况下采用各种技术和方法对数据进行收集、处理、存储、分析和可视化的过程。这个过程可以令人对数据中隐藏的信息和趋势有更深入的理解，为决策提供有力的支持。

2. 大数据的特点

Gartner研究机构从数据处理应用的视角认为，需要找到新型处理方式才能让数据资产具有更强的决策力、洞察发现力和流转优化力。基于此，学界总结出了大数据主要具有四个方面的典型特点，分别是规模性（Volume）、多样性（Variety）、高速性（Velocity）和价值性（Value），即所谓的"4V"。

Volume（规模性）。大数据的特征首先体现为"数据量大"，存储单位从过去的GB到TB，直至PB、EB。随着网络及信息技术的高速发展，数据开始爆发性增长。社交网络、移动网络、各种智能终端等，都成为数据的来源，企业也面临着数据量的大规模增长。IDC的一份报告预测称，到2020年，全球数据量将扩大50倍。此外，各种意想不到的来源都能产生数据。

Variety（多样性）。一个普遍观点认为，人们使用互联网搜索是形成数据多样性的主要原因，这一看法部分正确。大数据大体可分为三类：一是结构化数据，如财务系统数据、信息管理系统数据、医疗系统数据等，其特点是数据间因果关系强；二是非结构化数据，如视频、图片、音频等，其特点是数据间没有因果关系；三是半结构化数据，如HTML文档、邮件、网页等，其特点是数据间的因果关系弱。

Velocity（高速性）。数据被创建和移动的速度快。在网络时代，通过高速的计算机和服务器创建实时数据流已成为流行趋势。企业不仅需要了解如何快速创建数据，还必须知道如何快速处理、分析数据并将结果返回给用户，以满足他们的实时需求。

Value（价值性）。相比于传统的小数据，大数据最大的价值在于通过从大量不相关的各种类型的数据中，挖掘出对未来趋势与模式预测分析有价值的数据，以及通过机器学习方法、人工智能方法或数据挖掘方法进行深度分析，发现新规律和新知识，并运用于农业、金融、医疗等各个领域，最终达到改善社会治理、提高生产效率、推进科学研究的效果。

在后来的发展中，人们又增加了合法性（Validity）、可视性（Visualization）、准确性（Veracity）和动态性（Vitality）特征，形成了"8V"。由这些特征可以看出，大数据并不仅是一种区别于传统"小数据"的数据形态，更是一种集资源、技术和思维于一身的数据范式。

（六）区块链

1. 区块链的内涵

区块链（Block chain）是一种点对点的分布式数据库，是一种结合了数据加密、分布式数据存储、加盖时间戳、少数服从多数共识机制的计算机技术综合创新型应用技术，通过不断增长的数据块链记录交易数据。从应用层面，由于其融合了分布式记账功能、点对点传输的去中心化功能，共识机制的信任功能，密码学的加密算法的安全功能及智能合约的自动运行功能，因此具有去中心化、不可篡改、可追溯、共同维护、公开透明等特性，并且能为新兴通信技术提供深度融合创新业态和模式的底层技术，从而破除不同主体间的"数据壁垒"，增强陌生主体间的互信，提高互联网各主体协同行动效率，促进生产要素降本增效，拓宽人类相互协作范围，因而具有广阔的发展前景和潜力。区块链技术独有特性能有效提高参与主体的数据共享和可视化，增强陌生主体间互信，有利于数据价值的多维度应用，进而促进数字经济向数据经济深入发展。

区块链技术的核心优势是去中心化，能够通过运用哈希算法、数字签名、时间戳、分布式共识和经济激励等手段，在节点无须互相信任的分布式系统中建立信用，实现点对点交易和协作，从而为中心化机构普遍存在的高成本、低效率和数据存储不安全等问题提供了解决方案。近年来，伴随着国内外研究机构对区块链技术的研究与应用，区块链的应用前景受到各行各业的高度重视，被认为是继大型机、个人电脑、互联网、移动/社交网络之后计算范式的第 5 次颠覆式创新，是人类信用进化史上继血亲信用、贵金属信用、央行纸币信用之后的第 4 个里程碑。它被视为下一代云计算的雏形，有望彻底重塑人类社会活动形态，并实现从现在的信息互联网到价值互联网的转变。

2. 区块链的特点

区块链具有去中心化、可靠数据库、开源可编程、集体维护、安全可信、交易准匿名性等特点。如果一个系统不具有以上特征，将不能被视为基于区块链技术的应用。

去中心化。区块链数据的存储、传输、验证等过程均基于分布式的系统结构，整个网络不依赖一个没有中心化的硬件或管理机构。作为区块链的一种部署模式，公共链网络中所有参与的节点都可以具有同等的权利和义务。

可靠数据库。区块链系统的数据库采用分布式存储，任一参与节点都可以拥有一份完整的数据库复制。除非能控制系统中超过一半的算力，否则在节点上对数据库的修改都将是无效的。参与系统的节点越多，数据库的安全性就越高，并且区块链数据的存储还带有时间戳，从而为数据添加了时间维度，具有极高的可追溯性。

开源可编程。区块链系统通常是开源的，代码高度透明，公共链的数据和程序对所有人公开，任何人都可以通过接口查询系统中的数据，并且区块链平台还提供灵活的脚本代码系统，支持用户创建高级的智能合约、货币和去中心化应用。例如，以太坊（Ethereum）平台即提供了图灵完备的脚本语言，供用户来构建任何可以精确定义的智能合约或交易类型。

集体维护。系统中的数据块由整个系统中所有具有记账功能的节点来共同维护，任一节点的损坏或失去都不会影响整个系统的运作。

安全可信。区块链技术采用非对称密码学原理对交易进行签名，使得交易不能被伪造；同时利用哈希算法保证交易数据不能被轻易篡改，最后借助分布式系统各节点的工作量证明等共识算法形成强大的算力来抵御破坏者的攻击，保证区块链中的区块以及区块内的交易数据不可篡改和不可伪造，因此具有极高的安全性。

准匿名性。区块链系统采用与用户公钥挂钩的地址来做用户标识，不需要传统的基于 PKI（Public Key Infrastructure）的第三方认证中心（Certificate Authority，CA）颁发数字证书来确认身份。通过在全网节点运行共识算法，建立网络中诚实节点对全网状态的共识，间接地建立了节点间的信任。用户只需要公开地址，不需要公开真实身份，而且同一个用户可以不断变换地址。因此，在区块链上的交易不和用户真实身份挂钩，只是和用户的地址挂钩，具有交易的准匿名性。

二、数字技术和数字贸易

（一）数字技术的特征

数字技术的特征体现在与传统的工业技术相比，能够更好地满足消费者日益增长的美好生活需要。除了技术本身的特征以外，数字技术的特征主要体现在五个方面，分别是价值流的可视化、推动生产要素的存量调整、机械制造向人机交互的智能升级、技术创新效率的显著提高、数字技术的可编程性。

1. 价值流的可视化

在商业活动中，商品价值由多方参与者共同创造，但是其最终能否变现则完全依赖于商品本身能够为消费者带来的实际效用。基于数字技术，围绕消费者需求优化价值流，以价值流为核心引导信息流和物质流的配置，成为生产活动的新模式。消费者利用数字技术参与价值流优化，可以消除冗余环节，降低流通成本。在企业与消费者之间建立的数字化连接实现了价值流的可视化，无论是生产资源的调度，还是生产环节之间的协同，都获得了显著的改进。其中，最重要的一点在于企业通过对价值流进行全流程监督能够降低无效的成本性支出，及时发现生产问题并予以反馈纠正。

2. 推动生产要素的存量调整

全球工业化发展为人类社会创造了极大的物质财富。在增量式的发展模式下，企业的生产效率和生产规模不断提升，但是也促进了生产要素的过度集聚，降低了生产要素的利用效率，导致了社会发展的不平衡与不充分。利用数字技术打破信息壁垒，加快生产要素流通，优化要素配置，对于企业和消费者都具有积极作用。在数字化空间中，企业之间、消费者之间以及企业与消费者之间针对要素或者商品的使用权的交易行为打破了时间与空间的物理约束。随着数字化连接的主体数量持续增加，生产要素的存量调整将得到进一步深化。

3. 机械制造向人机交互的智能升级

科技水平的发展解放了社会生产力。其中，一个关键目标在于通过增强机械在生产活动中的作用，不断取代人工劳动，减少人工操作的失误，进行柔性化生产，提高商品的标准化和精细化。数字技术对传统机械的智能化改造赋予了机械类似"眼睛""大脑"

等感应器官和思维器官以及智能化属性，使得机械能够摆脱人工控制而进行"自我"运转，与消费者进行无障碍的业务互动。交互设备之间的信息传递需要经过传感器采集并遵循一套标准化的程序语言，这也减少了价值流中消费者需求被重新编码和解译的次数，提高了价值供给的效率。

4. 技术创新效率的显著提高

在被数字技术进行数据化标记后，所有物体都能够详细地映射到数字化空间中。企业在线即可完成技术性能的测试与完善，这个过程并不需要投入大量的人力和资本。虚拟化运作降低了信息成本和试错成本，实现了技术创新的范围经济。存在缺陷的技术方案能够被及时纠正，而缺乏可行性的技术方案也可以在短时间内被重新设计。随着企业对外开放技术创新环节，消费者也能够深度参与其中。消费者从需求端的视角为技术创新注入新的力量，进一步强化了技术升级与市场需求的匹配。在数字化空间和消费者参与的协同影响下，技术创新效率显著提高，为消费者创造新价值的能力得以增强，这也正是数字技术的核心优势所在。

5. 数字技术的可编程性

由于数字技术将所有的数据和信息都转换成二进制数字"0"和"1"，同样地，对这些信息处理的程序也是数据，因此其数据格式同样为二进制数字"0"和"1"。因而，数据的重新编程变得十分容易，这就是数字技术的可重新编程性。当企业想要利用数字技术时，先要编辑数据使其符合企业的"气质"，存入企业的数据库，而后对数据的处理程序就可以不断地随着数据的累积和本身技术的发展而自我发展。

（二）数字技术与数字贸易的关系

1. 数字技术降低了数字贸易的成本

数字技术有利于数字贸易成本的降低，随着企业成本的降低，价格有了一定的下降空间，这能增加资金流动，直接地增大企业在该领域的竞争优势。同时企业具备一定的竞争优势后，也会使业务由进口向出口的转变，从而能增加整体的出口。数字技术主要能通过改进贸易效率、减少中介费用以及推动贸易开放促进规模经济形成三个方面降低成本。首先，数字技术通过对数字贸易业务流程在速度、规模和自动化三个方面的替代和优化处理使数字贸易的业务流程更加规范。这种替代和优化避免了业务流程中的摩擦，提高了时效，从而减少了数字贸易业务流程上的行政成本，提高了效率，降低了成本。其次，中介费是数字贸易过程中占比较多的成本之一，数字技术的发展为数字贸易提供了更多样化的渠道与平台，通过降低中介费用减少了其交易成本。最后，数字技术对数字贸易的渗透，比如，大数据的应用带来的技术扩散将进一步提升数字贸易自由化水平。数字贸易与传统贸易之间的差异性将因为技术的升级扩散而慢慢消失，然而这需要数字贸易规则不断地改变更新以适应新贸易格局的形成。为了促进更多价值量的贸易发生，每个国家都需要对相应规则，比如，转移自身内部贸易信息和数据的规则作出承诺和保证。随着自由化水平的不断提升，国外先进的大型数字技术机构的进入将带来大量的技术溢出,同时促进中国数字贸易规模经济的形成,大幅削减企业成本。

2. 数字技术为数字贸易发展提供支撑

数字贸易的发展离不开数字技术的支撑,然而不同的技术带来的变革力量各异。近年来,移动互联网、云计算、大数据、人工智能、物联网与区块链等新技术集群式、交互式发展,呈现"核聚变"式爆发的态势,带来了以技术驱动创新的空前扩张,数字贸易时代随之开启。移动通信技术的发展给数字贸易带来了连接、协同和共享的能力,构建了数字贸易的基础环境;云计算使算力转变成社会化资源,让计算唾手可得;大数据使数字贸易能够汇集并处理海量、实时的数据,保障数字贸易的平稳运行;人工智能使数字贸易从智能交互到对各种商业场景的智能感知,再到数据驱动的智能洞察与决策,让智能无所不及;物联网与技术连接促进了数实结合,让连接无处不在;区块链开创了一种在竞争环境中低成本建立高可信度的新型范式和协作模式,凭借其独有的信任建立机制,实现了穿透式监管和信任逐级传递,让商业信任可运营。数字贸易以数字化的知识和信息为关键生产要素,以数字技术创新为核心驱动力,正在通过数字技术与实体经济深度融合,不断提高传统产业数字化、智能化水平,加速重构经济发展模式。

3. 数字技术推进贸易标的物数字化转型

在数字贸易的商品中,数字化因素对于贸易的影响会越来越大。以手机为例,在过去,决定手机贸易的最关键因素是手机的硬件。但在数字经济时代,软件的角色则变得越来越重要。在接近的硬件配置之下,苹果手机的价格一般会比其他品牌的手机高很多。造成这个现象的一个关键原因就是苹果内置的 iOS 系统要比其他手机自带的系统更为稳定,因而消费者愿意为此付出更高的价格。

此外,数据作为一种特殊的商品兴起。数据在国内以及跨国市场中进行流动,这就使得它本身也成了国际贸易中的一个重要产品。不过,数据贸易的发生形式和一般商品或服务存在着很大的不同。在现实中,大多数商品会在一个显性的市场上以一定的价格进行交易。而数据则不同,除了极少部分产品化的数据外,多数的数据都是在一种隐形的形式下进行交易的,而这种交易通常不会被视为一种贸易。举例来说,我们从社交 App 上获得了信息服务,在这个过程中,并不支付任何的费用,因而这个活动一般不会被视为贸易。但是,如果把这个活动进行拆解,就会发现其实涉及了复杂的贸易活动。数据交换这个简单的过程,事实上已经蕴含了用户、广告商和社交 App 这三个主体之间的多重交易。

4. 数字技术重塑贸易交易方式

数字技术改变数字贸易交易方式体现在交易场景和支付方式上,随着网络平台技术趋于成熟,企业间或企业和消费者间对交易时效性、便利性和安全性等方面的要求得以满足,部分线下交易转移到线上平台进行,从而改变了交易场景。在支付方式方面,数字支付技术和贸易的深度融合,提高了交易的效率、保障了交易的安全。尤其在 B2C 领域,消费者通过数字支付打破了交易的时间和空间的限制,实现随时随地安全高效地交易。

（三）数字技术创新的特征

1. 数字技术创新的渐进性

创新是一个动态过程，不断会有新组合出现，也会有旧组合消失。社会发展就是要执行新的组合。但是，新组合不会凭空产生，它必然要遵循遗传机制，即依赖旧组合所提供的生产手段。更准确地说，新组合是在旧组合的基础上，通过重新调整组合的方式或者对现有生产手段的使用进行新探索。新组合通常体现为新形态，其执行主体不仅仅局限于旧组合的执行人，也可以是新的生产者。新组合不仅是旧组合的优化升级，而且还表现出对旧组合的部分替代以及部分毁灭。人类社会工业化发展推动实体经济高速增长，工业技术门类的细分程度不断深化，互联网技术日益普及，为技术的新组合奠定了硬件设施基础。信息及数据的采集、处理、分析等运算方法的逐步完善，为技术的新组合提供了软件基础。在硬件设施和软件基础的协同作用下，现有的技术存量显著提升，进而促进了技术之间以解决现实问题为目标的自由组合，并且催生出了数字技术。数字技术的应用实现了价值流的优化、生产要素的存量调整、人机交互的智能升级，进一步提高了工业技术的生产力以及价值创造能力。同时，数字技术的根基被锚定在物理规律和比特、信息与网络的特性之中。数字技术本身的创新离不开工业、互联网算法等技术的发展，其间涉及知识积累、能力学习、技术转移等问题，因而也是一个渐进的过程。

2. 数字技术创新的快速演进性

全球市场的竞争促使数字技术不断创新以保持竞争优势，在竞争过程中，用户的需求和期望在不断变化，特别是在数字产品和服务方面。为了满足这些不断变化的需求，企业必须快速创新和调整其产品，这不仅推动了新的数字技术产品开发，还加速了技术的迭代和升级。此外，随着大数据和高级分析工具的发展，数字技术创新过程能够更快地获得市场反馈和洞察，从而加速产品和服务的创新。由于数字技术的快速演进，数字产品和服务的生命周期越来越短，新产品将会迅速被更先进的版本所取代。数字技术的快速演进使得制定持久的行业标准和规制政策变得困难，因为当这些规定制定出来时，技术可能已经发生了变化。对于客户和数字技术从业人员而言，数字技术的快速演进意味着他们需要不断学习和适应新技术。

3. 数字技术创新的虚拟化

对技术进行功能性划分而形成的模块化简化了其本身的设计过程。在模块化的结构下，物理组件和功能性元素之间形成一对一的映射，组件之间的耦合可以随时连接和解构。然而，技术模块之间耦合度的测试与匹配不得不面临较高的复杂性和成本支出，这也成为制约技术创新的因素之一。数字技术营造出了虚拟化的数字化空间，克服了物理条件对技术应用及创新的约束。数字技术创新的虚拟化主要带来两个方面的变化：一方面，技术模块得到虚拟化的完整呈现，模块之间的互联性显著增强，带来了更多的创新可能性。数字化空间拥有无限的维度，技术模块之间可以形成任意的组合方式。依靠强大的数据库支撑，数字技术新组合的可行性与实用性均能够通过在线的仿真模拟进行测试与验证。此外，对实体资产的数字化编码详细记录了资产的性能参数，企业在线即可对资产之间的匹配度进行系统性评估，按照技术性能的耦合度提供可能实现的新设计方案，再由消费者根据个人偏好选择商品的最终样式。另一方面，数字技术实现了实体经济在数字化空间的虚拟反映，增强了实体经济在创造消费者价值等方面的能力。在数字化空间中，企业提出的创意能够获得消费者的即时反馈，而消费者也能够直接参与商品设计，进而降低了商品创新的经济成本。

4. 数字技术创新的数据化

数字技术给社会带来的最大改变是智能化，其中数据发挥着关键作用。互联网应用扩张正在推动社会从"人与信息对话"向"人与数据对话"转变，在未来极有可能实现"数据与数据对话"。基于消费者数据建立的决策模型有效地提高了程序性业务的处理效率。随着业务处理量的增加，新数据不断被记录和采集，用于对模型进行改进与修正。在预先编辑的程序引导下，整个过程均由计算机智能化地完成，脱离了人工操作。这种智能化还体现为对数字技术创新的指引以及技术知识的归纳。计算机通过对海量数据的智能化处理，挖掘数据当中所隐含的全部信息，包括揭示当前业务中存在的问题与不足、预测消费者需求的发展趋势等，这些都为数字技术本身的创新指明了方向。知识构成了新技术呈现过程中至关重要的基础部分。通过数据挖掘归纳形成的技术知识为数字技术创新提供了经验性的理论基础，随着挖掘的不断深入，技术知识不断积累并逐步构建出系统性框架，推动技术模块的升级以及模块之间的耦合。归根结底，数据是实现智能化的核心要素，数字技术创新主要由数据驱动，数据量的不断增加将进一步促进创新效率的提升。

5. 数字技术创新的深层建构性

技术开发所建构的技术系统总是在复杂的现实环境中运行，这也决定了技术的发展趋向于复杂化。信息技术的快速发展为数字技术的集成与复杂化创造了条件，虚拟化与数据化则加快了数字技术模块的重新排列和再利用，在深层次上促进了技术性能的叠加与优化。除了对技术性能的深层建构，数字技术创新的深层建构性还体现为对产业组织的重构。针对消费者不断变化的价值主张，新的数字技术组合不断涌现，在更好地连接企业与消费者的同时，完成生产工具的更新，提高社会生产力，推动经济增长。与此同时，新的数字技术组合的应用创造出大量新业态，也改变了产业组织的生产关系。基于数字技术进行资源配置优化的经济活动的高度协调和互动所塑造的新生产组织方式不断演化，对传统的商业模式形成冲击，例如，数据成为组织之间信息传递与业务沟通的主要媒介，企业与消费者的联系日益紧密，中间商的市场地位逐渐消失，组织边界模糊化增进产业跨界合作等。随着数字技术与社会融合的不断深入，数字技术的影响范围日益扩大，数字技术创新的深层建构性也将逐渐反映在产业组织的各个领域。

第二节　数字贸易的核心：大数据

在信息化与数字化背景下，大数据（Big Data）与大数据技术正深刻影响着社会经济的发展与诸多产业的转型与重塑，其价值与影响力日益凸显。在数字贸易形态下，大数据作为关键性生产要素，引发市场规则、组织结构、信用关系、产权制度、激励机制等发生根本性变化，大数据正成为全球增长的主要动力源。大数据作为一种全新的生产要素，直接影响经济增长。在数字贸易过程中，大数据提供巨量资源，互联网提供数据资源传输路径，云计算则提供数据资源使用方式。数字贸易对大数据等无形资产具有高度依赖性，其用户和消费者具有可流动性，且其相互影响易产生网络效应和多元商业模式。

一、大数据结构与处理流程

（一）大数据结构

大数据分为结构化数据、非结构化数据和半结构化数据三种，如图 2-1 所示。结构化数据是指信息经过分析后可分解成多个互相关联的组成部分，各组成部分间有明确的层次结构，使用和维护通过数据库进行管理，并有一定的操作规范的数据。通常，信息系统涉及生产、业务、交易、客户等方面的数据，采用结构化方式存储。一般来讲，结构化数据只占全部数据的 20% 以内，但就是这 20% 以内的数据浓缩了很久以来企业各个方面的数据需求，发展也已经成熟。而无法完全数字化的文档文件、图片、图纸资料、缩微胶片等信息就属于非结构化数据，非结构化数据中往往存在大量的有价值的信息，特别是随着移动互联网、物联网的发展，非结构化数据正以成倍速度快速增长。

结构化数据
- 具有固定的结构、属性划分，以及类型等。关系型数据库中存储的数据大多是结构化数据，如职工信息表，包含身份证号码、姓名、电话号码、地址等属性数据
- 通常直接存放在数据库表中。数据记录的每一个属性对应数据表的一个字段

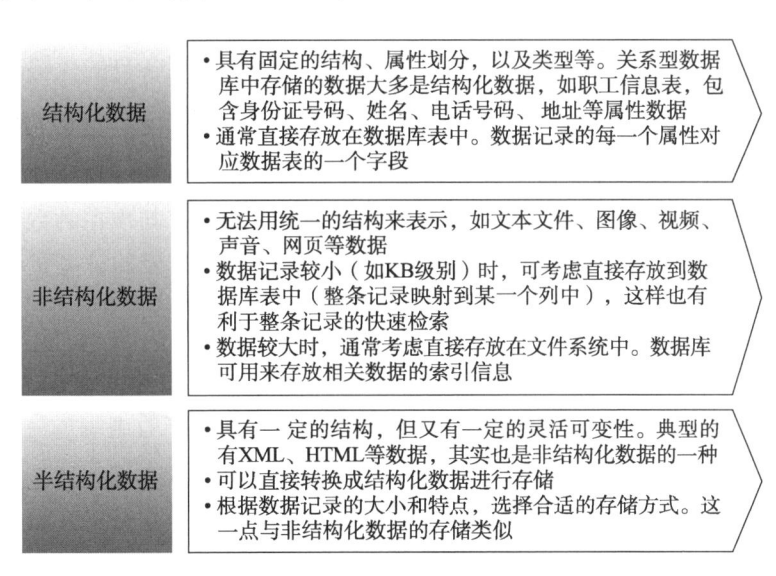

非结构化数据
- 无法用统一的结构来表示，如文本文件、图像、视频、声音、网页等数据
- 数据记录较小（如KB级别）时，可考虑直接存放到数据库表中（整条记录映射到某一个列中），这样也有利于整条记录的快速检索
- 数据较大时，通常考虑直接存放在文件系统中。数据库可用来存放相关数据的索引信息

半结构化数据
- 具有一定的结构，但又有一定的灵活可变性。典型的有XML、HTML等数据，其实也是非结构化数据的一种
- 可以直接转换成结构化数据进行存储
- 根据数据记录的大小和特点，选择合适的存储方式。这一点与非结构化数据的存储类似

图 2-1　大数据结构

1. 结构化数据

结构化数据是由二维表结构来表达逻辑和实现的，也称作行数据。它严格地遵循数据格式与长度规范，有固定的结构、属性划分和类型等信息，主要通过关系型数据库进行存储和管理，数据记录的每一个属性对应数据表的一个字段。

2. 非结构化数据

与结构化数据相对的是不适于由数据库二维表来表现的非结构化数据，包括所有格式的办公文档、各类报表、图片和音频、视频信息等。在数据较小的情况下，可以使用关系型数据库将其直接存储在数据库表的多值字段和变长字段中；若数据较大，则存放在文件系统中，数据库则用于存放相关文件的索引信息。这种方法广泛应用于全文检索和各种多媒体信息处理领域。

3. 半结构化数据

半结构化数据既具有一定的结构，又灵活多变，其实也是非结构化数据的一种。和普通纯文本、图片等相比，半结构化数据具有一定的结构性，但与具有严格理论模型的关系型数据库的数据相比，其结构又不固定。如员工简历，处理这类数据可以通过信息抽取、转换等步骤，将其转化为半结构化数据，采用 XML（Extensible Markup Language）、HTML（Hyper Text Markup Language）等形式表达；或者根据数据的大小，采用非结构化数据存储方式，结合关系数据存储。

随着大数据技术的发展，对非结构化数据的处理越来越重要。据 IDC 的一项调查报告显示，企业中 80%的数据都是非结构化数据，这些数据每年都按 60%的比例增长。在利用传统的关系型数据库技术存储、检索非结构化数据的技术上，近年来逐渐发展出多种数据库（Not Only SQL，NoSQL）来应对非结构化数据处理的需求，但 NoSQL 数据库无法替代关系型数据在结构化数据处理上的优势，可以预见关系型数据库和 NoSQL 数据库将在大数据处理领域共同存在，在各自擅长的领域继续发挥各自的优势。

（二）大数据处理流程

一般而言，大数据处理流程可分为四步：数据采集、数据清洗与预处理、数据统计分析和挖掘、结果可视化，如图 2-2 所示。这四个步骤看起来与现在的数据处理分析没有太大区别，但实际上数据集更大，相互之间的关联更多，需要的计算量也更大，通常需要在分布式系统上，利用分布式计算完成。

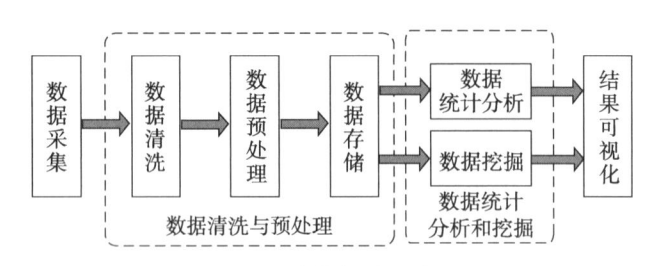

图 2-2 大数据处理流程

1. 数据采集

数据的采集一般采用 ETL（Extract-Transform-Load）工具将分布的、异构数据源中的数据（如关系数据、平面数据以及其他非结构化数据等）抽取到临时文件或数据库中。大数据的采集不是抽样调查，它强调数据尽可能完整和全面，尽量保证每一个数据准确有用。

2. 数据清洗与预处理

采集好的数据，肯定有不少是重复的或无用的，此时需要对数据进行简单的清洗和预处理，将不同来源的数据整合成一致的、适合数据分析算法和工具读取的数据，如数据去重、异常处理和数据归一化等，然后将这些数据存储到大型分布式数据库或者分布式存储集群中。

3. 数据统计分析和挖掘

统计分析需要使用工具（如 SPSS 工具、一些结构算法模型）来进行分类汇总。这个过程最大的特点是目的清晰，按照一定规则去分类汇总，才能得到有效的分析结果。这部分处理工作需要大量的系统资源。

分析数据的最终目的是通过数据来挖掘数据背后的联系，分析原因，找出规律，然后应用到实际业务中。与统计分析过程不同的是，数据挖掘一般没有预先设定好的主题，主要是在现有数据上面进行基于各种算法的计算，通过分析结果达到预测趋势的目的，以满足一些高级别数据分析的需求。比较典型的算法有用于聚类的 Kmeans、用于统计学习的 SVM 和用于分类的 Naive Bayes，主要使用的工具有 Hadoop 的 Mahout 等。

4. 结果可视化

大数据分析最基本的要求是结果可视化，因为可视化结果能够直观地呈现大数据的特点，非常容易被用户所接受，就如同看图说话一样简单明了。

大数据处理流程基本是这四个步骤，不过其中的处理细节、工具的使用、数据的完整性等需要结合业务和行业特点而不断变化更新。

（三）大数据应用面临的问题

目前大数据产业仍处于起步阶段，产业供给远小于市场需求，且已经出现的产品和服务在思路、内容、应用、效果等方面差异化程度不高，加之缺乏成熟的商业模式，导致大数据市场竞争不够充分。大数据发展还面临诸多问题，主要表现在如下几个方面。

1. 数据孤岛问题突出

当前，政府部门相互间信息不对称，制度法律不具体，缺乏公共平台、共享渠道等多重因素，导致大量政府数据存在"不愿开、不敢开、不能开、不会开"的问题，而已开放的数据也因格式标准缺失无法进行关联融合，成为"开放的孤岛"。

2. 大数据安全和隐私令人担忧

数据资源相关配套法律法规和监管机制尚不健全，多数企业对数据的管理能力不足。在各种数据与个人隐私信息"裸奔"的大数据时代，出台关于信息采集与信息安全保护的基本法规迫在眉睫。

3. 人才缺乏，大数据技术创新能力不足

截至 2023 年，中国大数据从业人员只有约 30 万人。此外，技术壁垒、产品和解决方案不成熟等也限制了大数据应用创新的成效。大数据领域的高端人才稀缺。高端人才

来源主要以海归人员和传统行业跨界人才为主,完全满足不了目前国内市场的大量需求。

大数据人才目前主要分布在移动互联网行业,其次是金融互联网、O2O、企业服务、游戏、教育、社交等领域,涉及 ETL 研发、Hadoop 开发、系统架构、数据仓库研究等偏软件的工作,以 IT 背景的人才居多。随着大数据往各垂直领域的延伸发展,未来大数据领域的人才需求会转向跨行跨界的综合型人才,以及商务模式专家、资源整合专家、大数据相关法律领域的专家等,对统计学、数学专业的人才,主要从事数据分析、数据挖掘、人工智能等偏算法和模型工作的人才需求同时加大。

(四)大数据技术发展趋势

随着大数据相关的基础设施、服务器、软件系统和理论体系的持续发展,目前大数据分析方面的解决方案已经逐渐成熟,并且越来越普及,而不像前几年那样还是少数科技极客眼中的新领域。随着技术的成熟,自助和自动化的信息服务也将越来越受到重视,大数据分析工具和相关的解决方案会变得越来越简单易用。

1. 数据分析成为大数据技术的核心

数据分析在数据处理过程中占据十分重要的位置,随着时代的发展,数据分析会逐渐成为大数据技术的核心。大数据的价值体现在通过对大规模数据集合的智能处理获取有用的信息。这就必须对数据进行分析和挖掘,而数据的采集、存储和管理都是数据分析的基础步骤。数据分析得到的结果将应用于大数据相关的各个领域,未来大数据技术的进一步发展,与数据分析技术是密切相关的。

2. 广泛采用实时性的数据处理方式

人们获取信息的速度越来越快,为了更好地满足人们的需求,大数据系统的处理方式也需要不断地与时俱进。大数据强调数据的实时性,因而对数据处理也要体现出实时性,如在线个性化推荐、股票交易处理、实时路况信息等数据处理时间要求在分钟甚至秒级。将来实时性的数据处理方式将会成为主流,不断推动大数据技术的发展和进步。

3. 基于云的数据分析平台将更加完善

近年来,云计算技术的发展越来越快,与此相应的应用范围也越来越广,云计算的发展为大数据技术的发展提供了一定的数据处理平台和技术支持。云计算为大数据提供了分布式的计算方法以及可以弹性扩展、相对便宜的存储空间和计算资源,这些都是大数据技术发展中十分重要的组成部分。此外,云计算具有十分丰富的 IT 资源,分布较为广泛,为大数据技术的发展提供了技术支持。随着云计算技术的不断发展和完善、平台的日趋成熟,大数据技术相应也会得到快速提升。

4. 开源将会成为推动大数据发展的新动力

开源软件是在大数据技术发展的过程中不断研发出来的,这些开源软件对大数据各个领域的发展具有十分重要的作用。开源软件的发展可以适当地促进商业软件的发展,推动商业软件更好地服务程序开发、应用、服务等。虽然商业化软件的发展也十分迅速,但是二者之间并不会产生矛盾，可以优势互补，从而共同进步。开源软件自身在发展的同时，也为大数据技术的发展贡献力量。

二、大数据与数字贸易的联系

计算机及网络技术为数字贸易予以了有力的支持，尤其是大数据时代的到来，计算机技术的应用比重越来越高，价值也得到了更加充分的体现。而且，随着数据流通更加顺畅，贸易模式愈加多元化，大数据可以更好地发挥优势，其可以通过整合贸易数据和信息多方面的资源，对数字贸易发展趋势形成深入的分析和解读，最终帮助经济主体做出正确的贸易决策，保证企业效益。所以，对于数字贸易的发展而言，大数据为多方利益主体创造了更多机遇。结合我国大数据研究现状来看，大数据的应用理论仍然不够完善，所以数字贸易工作者对大数据技术的理解也比较粗浅，应用效果比较一般。因此，为了提高我国数字贸易发展水平，需要明确大数据与数字贸易之间的关联，探索大数据技术的应用路径。

（一）大数据对数字贸易的影响

1. 大数据为数字贸易发展提供动力

基于贸易理论，结合经济贸易实践可以发现，一个贸易主体，自身的竞争力决定着其在贸易中的地位。所以，对于数字贸易主体而言，想要在经济贸易中获得更大的优势，必须持续提高自身的核心竞争力。在大数据时代，贸易主体的生产、经营情况都可以进行量化评估，所以能对企业经营的各个环节进行有针对性的优化，企业的核心竞争力也能实现实质性的突破。因此，大数据对数字贸易的发展至关重要，是数字贸易主体获得发展动力的主要渠道。

2. 大数据简化数字贸易流程

在大数据技术的支持下，数字贸易模式发生了转变，重点体现在物流方式上。相比传统的物流渠道，大数据背景下的物流会更加高效，也更加可靠。原本数字贸易往来需要经历多个环节，有了大数据，可以提前对商品进行成本评估，在此基础上结合销售地进行时间和空间层面的优化，让产品能更加顺利地完成销售。因此，在物流环节应用大数据予以优化，一方面能够更加高效，另一方面可以节约很多物流成本。

3. 大数据增加数字贸易风险

数字贸易活动会涉及很多信息，而大数据的使用，一方面可让信息得以整合，从而提高数据信息的使用效率，另一方面，可能导致在信息的传输过程中出现信息被窃取或数据丢失的现象。在市场经济中，贸易信息被窃取，不仅会对买卖双方造成严重的经济损失，若是这些信息落入竞争对手手中，甚至会威胁到企业的生存。值得一提的是除了经济层面的因素外，贸易活动中还包括很多国家层面的机密，所以大数据的风险也容易威胁到国家安全。因此，在当今时代的数字经济贸易中，贸易安全必须受到有力的保护，在开展贸易活动之前，必须对大数据的使用者进行安全培训，并建立安全防护的配套设施，为经济贸易活动的开展保驾护航。

（二）大数据背景下我国数字贸易发展的策略

1. 加强人才培养与引进

随着数字贸易活动开展的技术性越来越强，对于数字贸易主体而言，只有具备足够的优质人才，才能在激烈的市场竞争中获得更大的优势。尤其是在大数据及经济全球化的背景之下，我国必须重视新型人才的培养，要让新型人才既具备专业的技术水平，又拥有市场眼光。所以，在培养本土人才的同时，也不能忽视国外人才的引进，这就需要我国全面优化科研环境，完善人才培养机制，让人才吸引力得以提高，进而在激烈的市场竞争中占据不败之地。

2. 加强创业和创新的激励

在数字贸易活动中，企业需要面临的竞争对手更多更强，如果企业的规模不够或企业结构不健康，就会导致企业在数字贸易中丧失竞争力。所以，政府部门必须加强对国内企业的创新和创业激励，只有中国具有足量的优质企业，才能在激烈的国际市场竞争中立于不败之地。比如，可以通过完善政策的方式，对初创企业进行政策扶持，或对创新型企业进行投资，通过这样的方式，让我国企业在数字贸易中获得更多话语权。

3. 优化产业结构

当前，我国正处于产业转型的关键时期。在多年的发展过程中，我国企业大多处于产业链的下游位置，所以产业结构比较失衡，导致我国企业数字贸易竞争力有限。因此，政府部门必须发挥引领作用，带动各领域龙头企业推进产业结构升级，只有如此，才能让我国数字贸易的发展更加健康、更有持续性。

4. 基于大数据推进数字贸易信息化发展

在网络信息时代，各个领域的信息化建设都非常重要，只有信息足够完善，数字贸易活动的开展才能更加高效、更加稳定。大数据技术为数字贸易的信息建设提供了有利的基础，很多新的算法也发挥出了更大的价值。对于企业而言，有了充分的信息，所做出的贸易决策也就更加科学、更具针对性。

第三节　数字贸易的新技术路径：区块链

我国已进入产业数字化、数字产业化的数字经济时代，数字贸易作为数字经济的重要组成部分，发展前景广阔。数字贸易的发展依赖现代科技和信息技术的进步，区块链技术创新了数字贸易的发展模式，为数字贸易的监管与规则构建提供了新的方向。

一、区块链技术与数字贸易监管

（一）数字贸易监管现状

1. 数字贸易活动内部因素复杂

与传统贸易相比，数字贸易涉及的相关主体的类型和数量明显增加，贸易标的类型更加多样。数字贸易参与主体主要包括国内外生产商、国内外进出口商、第三方跨境电商平台、物流公司、保险公司、银行、海关（包括检验检疫部门）、税务以及消费者等。特别是在数字技术的推动下，国际贸易的门槛大大降低，大量的中小企业通过跨境电商参与进来。

互联网等技术的迅猛发展激发了新的消费需要，数字贸易交易标的的种类范围得以扩充，目前主要包括三大类：在电子商务平台进行交易的传统实体商品；利用数字技术生产的信息产品和服务，如音乐和电影的CD、DVD、存储软件等；数字化传递的商品和服务，如搜索引擎、视频、游戏等。其中数字化的数据信息这一类标的由于产品与服务本身的虚拟性成为目前最难攻克的监管领地。

2. 贸易交易网络复杂性增加

数字技术的出现改变了数字贸易在订购、生产或者运送等环节的方式和速度，交易信息和数据的传送路径和频率都明显增加。与传统贸易相比，参与数字贸易的企业更多是利用互联网发布产品和服务信息，交易的虚拟化、无纸化以及匿名性加大了辨认商流信息真伪的难度。另外，数字贸易包含的产品和服务比传统贸易更加复杂，运输申报、通关、征税等一系列烦琐的流程严重降低了贸易在物流环节的监管效率。因为数字贸易的虚拟性使得交易的真实性难以辨别，不法分子可能利用这一点在资金流环节进行洗钱、非法套利等犯罪活动。数字贸易中，商流、物流、资金流包含的产品信息、交易信息、保险信息、物流信息以及结汇和支付信息等信息流互相交错渗透的程度比以往任何时候都深，虚拟交易监管变得愈加困难。可以预测，随着数字化的产品和服务在数字贸易中占比的增加，物流在数字贸易的经营过程中所占比重将大大下降，虚拟产品和服务交易产生的资金流动将更为频繁，而物流正是政府部门对贸易的最主要监管环节，这一环节的弱化甚至缺失也是造成数字贸易监管难题的重要原因。

3. 数字贸易相关的规则和基础建设等还不完善

我国目前的相关政策和基础设施还不能与数字贸易的发展速度相匹配，关于数字贸易的治理规则还很不完善。我国在跨境电子商务的结汇等环节已具备了基本的规范性，但是法律法规的制定与业务实践的差异性导致仍存在秩序混乱的问题。同时，我国还没有出台贯穿数字贸易整个交易过程的一致性法律法规体系，参与数字贸易的各个部门各自发布相关法规，容易造成内容冲突，监管制度的不统一难免带来重复监管的问题。再者，我国还没有数字贸易数据统计方面相应的划分和追踪机制，缺乏体系化、跨时间的数据库，相关的监管部门和交易主体难以在微观上对数字贸易的发展进程进行判断和采取有效的防控措施。数字贸易的服务标准与法律规则体系缺失大大增加了我国数字贸易的监管难度，成为阻碍国家数字经济发展的一大因素。

（二）区块链技术监管数字贸易的优势

1. 以低成本实现高效监管

区块链最核心的价值就是可以在信息不对称的数字贸易中为交易网络的每一个节点

赋能，用算法和代码构建去除第三方机构信任背书并保证数据可信任，基于这种信任建立数据信息共享和可追溯的新模式。这种模式公开了参与主体的信息，交易信息更透明，数据源头可追踪，交易记录不可篡改，给数字贸易的监管问题提供了一种新的解决思路，增强了数字贸易相关职能部门的监管和协作能力。

2. 促进数字贸易协同运作

"区块链＋数字贸易"的模式将参与数字贸易的企业、个人、政府部门等纳入其中，实现了交易网络中信息的共享与联动，不仅有利于相关部门对数字贸易全过程进行实时监管，保证了交易的真实性和安全性，而且衔接了各个与贸易相关的部门，构建了使其高效协作的机制。比如，通过区块链技术的工作量证明机制（POW），构建贯穿数字贸易所有环节的节点协同维护的贸易联盟链，同时可在该区块链模式中建立数据维护的参与规则与激励机制，鼓励节点中的贸易主体参与和维护数据。

发展数字贸易是中国经济由高速增长阶段转向高质量发展阶段的迫切要求，是实现中国建设现代化经济的重要推动力。但是我国数字贸易的发展速度和现阶段我国数字贸易相关规则制定的完善程度不匹配。数字贸易参与主体的数量和类型较多，各参与主体的数据难以体系化统计，加大了政府部门的监管难度，也容易重复监管，造成资源浪费，急需一种与这种数字经济相匹配的模式支撑其发展。而区块链技术的核心优势正好可以有效缓解数字贸易发展中的监管难题，通过"区块链＋数字贸易"的模式可高效解决监管难题。但是采用区块链这种技术来搭建对数字贸易的监管平台只是一种探索性的研究，还需要大量的理论和实践来推进实施。区块链技术在数字贸易领域的应用还面临着严峻的挑战，比如，该技术成本昂贵、资源消耗大、数据库存储空间有限，推行过程需要各部门高度配合等，但是如果能逐一破解这些难题，区块链技术在数字贸易这一场景的应用将发挥重要作用，从而促进数字贸易这一新业态的长足发展。

（三）基于区块链技术的数字贸易监管

1. 区块链应用于数字贸易的契合度高

区块链是采取分布式数据存储、非对称加密算法、共识机制等新型互联网技术，通过去中心化和去信任化的方式，由多方参与者共同协作去记录和维护的一个可靠的分布式数据库。区块链如下的核心优势使得区块链技术成为解决数字贸易监管难度大、保障交易安全的最佳技术手段选择。

第一，共享账本。共享账本能让多个参与节点同时复制、共享和同步数据并达成共识，是一个去中心化、可共享的分布式交易记录系统。这一特点与数字贸易没有中心交易主体的现实相契合。分布式计算和存储去除了中心化的数字贸易监管平台，使得每一个参与者都能够平等地参与到开拓和维护数据系统中的任一节点中去。因此，如果将区块链技术应用到数字贸易，整个贸易过程涉及的相关政府部门、企业、个人等都可以参与数据库的建立和维护，减少单一记录的数据被控制或者被篡改的可能性。

第二，去信任化。在区块链中，信任是所有参与者的共识结果而不是由第三方背书产生的，改变了以往介入第三方机构权威的信任机制，因此价值交换的可信度大幅提升，这将有效减少契约中的失信行为，保证数字贸易中所有交易信息和数据的真实性。

第三，可追溯性。可追溯性是指区块链的交易网络是以时间轴为记录维度的，所有参与者都可以回溯之前任一区块的交易信息数据。监管部门通过回溯查询交易商品和服务的真假，也可以辨别交易主体身份的真伪等，这对于监管、关税统计、缉私、检验检疫等都具有重大意义。

与传统交易记录模式相比，区块链模式是交易与记账同步进行，这样一来能减少重复性工作、提高效率、减少错误以及避免人为造假。综上可见，区块链技术与数字贸易相结合的契合度较高，实施阻力较小。

2. 基于区块链技术的数字贸易监管架构和交易流程

目前存在的监管问题，一方面是贸易各部门各自拥有一套监管系统，形成了难以打通的数据"隔阂"，另一方面是我国现在的贸易审查、预警和追溯机制还很不成熟，加之数字贸易具有复杂性，无疑对尚未成熟的监管机制造成更大的工作压力。

基于区块链技术的多方共建数字贸易监管系统的主要架构包括数据收集层、基础网络层、核心共识层和应用层，通过该技术架构将大大完善贸易监管机制的运行体系。以跨境数字贸易出口为例，其基于区块链技术的数字贸易监管架构如图2-3所示。

1）数据收集层

数据收集层主要是通过连接各用户的业务操作平台来采集数据。从产品的制造商到最终的消费者，所有参与数字贸易的交易主体在平台注册并实名认证身份后可获得公钥和私钥，并被该区块链系统赋予在区块上记账的权限，同时其他交易主体则被赋予查询的权限。比如，出口商和物流商或者第三方综合服务商只需要在该业务操作平台上进行一次信息申报，关、检、税、汇、市场监管等职能部门就都可以同步获取数字贸易的产品和服务的原始信息。

2）核心共识层

区块链的分类包括私有链、公有链和联盟链。贸易链和联盟链的架构相较于公有链，能够灵活制定区块链规则，参与者身份更加透明，交易成本也更低，是政府参与区块链的首选模式。在"区块链+数字贸易"应用实践中，参与贸易的个人、企业和相关政府部门的不再是数据孤岛，区块链节点会根据参与者数量级别和监管系统的建设情况进行相应的部署，各个监管平台联动协作对数据信息进行梳理，再接入下一个数据资源的节点，建立数据查询目录。这一体系通过一个合理的共识机制实现信息和数据的真实性和有效性确认，数据库的建立、维护和信息真实性校对是同步完成的。同时政府职能部门可以成为联盟链的一个"监听"节点，既可以对数字贸易进行全流程监管，也可以对区块链模式进行监督。

3）应用层

应用层即全过程实时监管平台。海关监管、关税、统计、缉私、出入境检验检疫等职能通过该区块链平台得以高效实现，同时该平台能够打通各部门之间的操作系统，实现协同操作，有效提升监管成效。

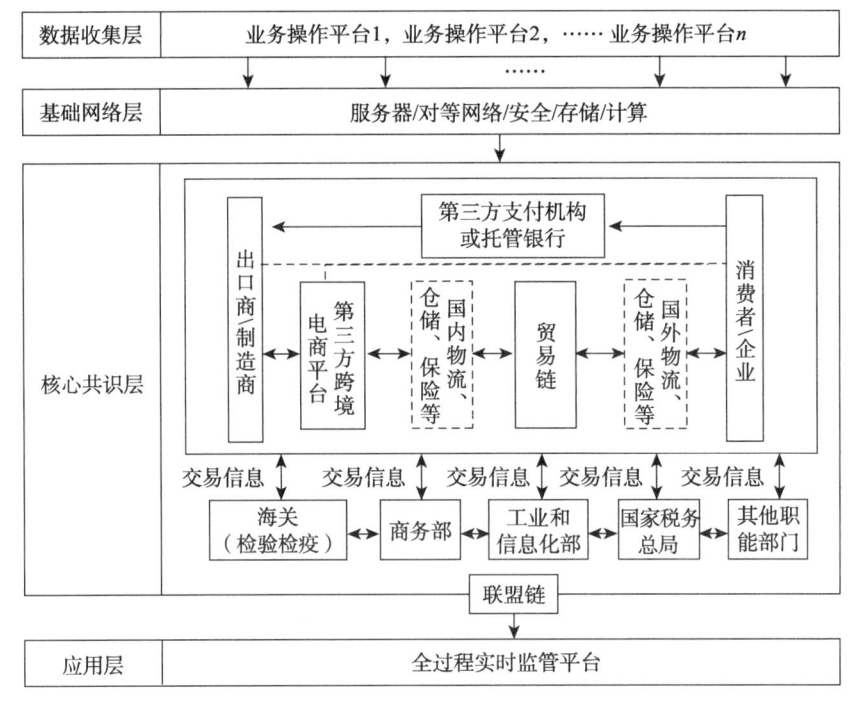

图 2-3 基于区块链技术的数字贸易监管架构

二、区块链背景下的数字贸易发展

（一）区块链技术应用对数字贸易规则构建的影响

1. 不同区块节点在不同国家的法律定义问题

区块链贸易模式，链上数据都相同，但链上的有些区块节点存于不同的国家，导致管辖范围的不同，涉及不同国家的法律。每个国家对设立在本国的区块节点定义，涉及国家主权及管辖权。因此，在国际贸易规则构建中，分歧较大的数据跨境流动、数据安全性、数据本地化及知识产权问题则变成相应的数据信息区块节点在本国的法律定义问题。

2. 智能合约代码标准内容问题

在区块链的运行中，链上用户是一体化的，只要用户发布的信息符合链上智能合约规定的代码标准内容则可以自动运行，否则不能生成区块储存在链上用户的终端。这就意味着，一旦智能合约代码化，并得以执行，其运行将不再受主管部门或者主权政府的控制。因而在未来的数字贸易规则构建中，制定不同主权国家接受的智能合约运行代码标准内容将成为谈判的主要内容之一。

3. 监管责任和权属问题

区块链的运行具有去中心化、难篡改、自运行、自激励的特性，因而产生监管责任和权属问题。第一，尽管去中心化的自运行是区块链的重要特性，但并非在区块链背景下的互联网运行不受法律法规的监管。由于每个区块又涉及国家主权和管辖权，因此对于数据的运算密码规则开放程度，链上数据所具有的法律约束内涵的定义成为焦点议题之一。第二，区块链的运行从技术角度来讲确实是去中心化的，因此既然没有一个中心负责人，对主体的监管责任也就变得分散，并且对于不同的国家，涉及国家主权和领地管辖，因此责任主体的划分与分担，在去中心化的同时达成可监管性也将是重要议题。第三，在区块链上运行的链上数据、数据的生产者（人或者非人）、本国的区块节点上的内容在不同国家之间达成监管协议及监管责任，以确保违法违规事件发生后能有相匹配的法律法规进行救济，因此适应的法律法规定义也将成为国际贸易规则制定中的重点议题。

（二）区块链下数字贸易的发展路径

1. 加大对区块链核心技术攻克的支持力度

在区块链背景下，全球的联系将更加紧密，可以认为是真正的全球化时代。因此，从全球价值链角度出发，拥有技术、资金和规模经济的优势有利于在全球价值链分工中居于优势地位。从目前的发展看，美国之所以能引领数字贸易规则的构建，关键是因为其打造了具有全球竞争力的龙头企业，且数量众多，从而形成了有利于本国企业参与国际规则制定的重要平台。因此，中国要在区块链背景下对国际贸易规则的构建拥有更多的话语权，培育一批具有全球领先地位的龙头企业势在必行。从 2019 年的区块链技术专利数量上看，中国在区块链的一些关键核心技术上的储备似乎比较充足。2019 年福布斯发布的全球区块链 50 强中，中国占 3 席。

此外，区块链主流开发平台是以太坊和 Hyperledge Fabric（开源区块链分布式账本），在 2019 年福布斯发布的全球 50 强中，有 60% 的企业使用这两项技术，而我国国家互联网信息办公室公布的 506 项区块链项目备案中，90% 属于应用层技术。由此可见，中国在区块链底层及中台的中间层技术的发展水平还有待加强。建议加大对区块链底层和中间层核心技术攻坚的支持力度，优化区块链发展的环境：一是依据区块链的发展特点制定、完善有关科研政策，加强底层和中台的中间层技术的原创性创新，提高市场竞争力；二是研究并制定促进创新研究区块链企业的优惠财税政策，以减轻企业负担，激励企业加大投入，提升企业的技术创新积极性和技术服务的能力；三是在自贸区先行先试，探索发展区块链背景下的国际数字贸易的路径和模式，争取成为新兴技术背景下的国际数字贸易模式、业态和整个生态的引领者，并获得可复制、可推广的经验。

2. 构建区块链背景下的国内数字贸易规则体系

由于数字贸易的发展速度快，对现有的数字产品和服务的数字贸易规则尚不健全。而区块链技术的特性与现有数字贸易又有很大差异，带来更多的新问题和新挑战。再者，区块链属于全新的赛道，其背景下的数字贸易模式经验尚处于尝试或萌芽阶段，可借鉴经验较少，需要不断地摸索和探索。因此，建议我国政府在深入研究基于区块链技术背景下的商业、政策、法律等各方面问题的基础上，积极推动各类标准的制定及相关法律法规的调整。因为从历史的发展中可知，标准制定有利于市场拓展，尤其对于一个全新的技术领域而言，标准将引领技术发展方向及产业落地。因此，建立健全区块链背景下的数字产品和服务——尤其是数据自身的生产、交付、使用等环节的国内数字贸易规则标准，完善国内的法律法规体系及监管体系将夯实我国参与构建数字贸易规则的基础。

3. 积极参与构建新的数字贸易国际规则体系

当前数字贸易的相关规则措施有TPP（跨太平洋伙伴关系协定）、TTIP（跨大西洋贸易与投资伙伴协定）、TISA（国际服务贸易协定）等。我国要积极参与目前的数字贸易规则构建的谈判并提出自身的诉求，同时要在区块链背景下构建数字贸易规则中积极、主动参与并推动数字贸易规则体系的建设。在构建的步骤上：一是以"一带一路"为依托，采取由国内相关数字贸易体系标准或法律法规为蓝本，在充分把握参与各国的利益前提下，从双边、多边及区域等贸易协定谈判中加入区块链基础上的数字贸易规则制定，发出中国声音，献出中国智慧。二是依托较为成熟的双边、多边和区域等贸易协定，在构建区块链背景下的数字贸易国际规则体系中提出中国方案、提案和主张，并努力在构建中起到引领作用。三是在构建数字贸易规则中，适当考虑不同国家尤其是较不发达国家与主要经济体国家之间存在的数字鸿沟，恰当地体现数字经济不发达国家的利益，从而得到更多国家的支持。

本章小结

在数字贸易不断发展的过程中，日新月异的数字技术从不同的角度焕发了新的活力，技术的差异也导致了不同国家间数字贸易发展水平的悬殊。数字技术的进步从贸易成本、贸易方式、贸易效率以及贸易规则等方面重塑了数字贸易。作为数字贸易的学习者，理解数字技术在数字贸易中的应用是理解数字贸易原理的重要一课，能够为之后的学习提供有力的理论工具。

关键术语

5G通信技术（5th Generation Mobile Communication Technology）

人工智能（Artificial Intelligence）

大数据（Big Data）

大数据分析（Big Data Analysis）

数字贸易监管（Digital Trade Regulation）

区块链（Block Chain）

课后习题

1. 当前有哪些主流数字技术？数字技术如何影响数字贸易的发展？

2. 试述不同数字技术的特征。
3. 区块链对数字贸易的规则构建有什么影响？
4. 举例说明大数据对数字贸易的哪些方面产生了影响？

本章案例分析

外贸企业转型数字贸易如何完成单量逆袭？

近年来，越来越多的传统外贸企业开始尝试向跨境电商领域转型，以谋求企业发展的新增量。其实从整个跨境贸易数字化的进程来看，跨境贸易已经从最初的在线展示信息，线下交易的 1.0 时代，升级为可以直接在线交易，并保存交易数据的 2.0 时代。而当前，跨境贸易又正在迈进 3.0 数字贸易时代。所谓的数字贸易，比在线交易又进阶一大步，是整个贸易链的在线化、平台化。

随着中国跨境电商的蓬勃发展，加之近年来国际贸易的严峻形势，越来越多的传统外贸企业尝试通过跨境电商的渠道出海。企业注入互联网血液，一方面，可以更直接地获取市场反馈的需求信息，以便调整经营策略适应市场生存环境；另一方面，则是借助中国跨境电商强劲的发展势头，期望能在跨境渠道上得到新的增长点。

但希望很丰满，现实却很骨感。传统外贸与跨境电商虽说面对的都是海外市场，但无论在模式还是渠道上，仍存在本质的差别。没有经验的传统外贸企业在转型之路上，还是会面对重重困难。

运营难。跨境电商的操作性比较强，没有运营经验的传统外贸企业，可能在开店、运营等电商实操方面起步较为困难。

选品备货难。传统外贸模式是下单生产，而跨境电商是多 SKU 地备货销售，需要占用大量的资金流，如在选品上出现差错，便可能造成大量的库存积压。

思维转变难。传统外贸企业由于长期的线下贸易形式，缺少互联网思维，在诸多项目的推进上传统思维可能难以转换，限制跨境生意的发展。

在 3.0 数字贸易时代的新形势下，传统外贸企业的转型更增添了未知数，既是机遇也是挑战。

数字贸易即运用数字技术等手段，以线上交易平台为依托，包含贸易流程中涉及的信息交流、营销、支付、仓储、物流、金融、关检税汇等相关服务的新型智能化贸易业态。区别于跨境贸易 2.0，数字贸易以交易数据和服务数据为核心，交易主体的供需关系双向匹配，多元的交易场景可随时随地产生贸易。

资料来源：雨果跨境。

问题思考

1. 如何用数字技术解决外贸企业向跨境电商转型面临的难题？
2. 试从数字技术角度分析外贸企业向跨境电商转型会面临的问题。

考核点

数字技术与数字贸易之间的关系。

自我评价

学 习 成 果	自 我 评 价
1. 通晓数字技术的演进脉络	□很好□较好□一般□较差□很差
2. 了解当前数字技术的应用情况	□很好□较好□一般□较差□很差
3. 掌握不同类型数字技术的特点	□很好□较好□一般□较差□很差
4. 知悉数字技术与数字贸易的关系	□很好□较好□一般□较差□很差
5. 理解数字技术背景下数字贸易的发展路径	□很好□较好□一般□较差□很差

即测即练

自学自测　　扫描此码

第三章

数字贸易的表现形式

学完这章，你应该能够：

1. 通晓数字贸易的主要形式；
2. 掌握产业数字化与数字产业化的区别；
3. 知晓不同类型数字贸易表现形式的特点。

数字贸易的兴起源于数字经济，其早期的表现形式主要为电子商务，是全球化和数字经济发展到一定阶段的产物，也可以将其视为一种对跨境电子商务的数字化拓展。尽管当下全球已经进入了数字贸易时代，但截至目前仍然没有一个针对"数字贸易形式"的统一定义。总体而言，不同的国家或国际组织对数字贸易的范围和定义各不相同。从产品角度出发，数字贸易形式的定义是数字化产品的贸易，而更广泛的数字贸易定义则是利用数字技术进行商业活动。通过本章学习，可以对数字贸易形式的发展嬗变过程有一个清晰的了解，并掌握不同数字贸易形式的具体表现。

第一节 数字贸易与跨境电子商务

当前，在世界各国经济发展中，数字贸易已经融入国家之间的贸易往来。毋庸置疑，数字贸易的迅速发展通常被视作衡量国家经济发展实力的主要基准，而目前跨境电商是数字贸易的一种重要表现，极大地推动了我国经济的发展。中国海关总署数据表明，2021年我国跨境电商进出口额（含B2B）为2.11万亿元人民币，同比增长9.8%。其中，出口1.55万亿元人民币，同比增长11.7%；进口0.56万亿元人民币，同比增长4.9%。由此可以发现，我国跨境电商规模相当大，发展速度也很快。但是当前数字贸易的飞速发展，势必会为跨境电商的创新发展带来新的机遇与挑战。

一、数字贸易与跨境电子商务的关系

（一）相辅相成与互利共赢

作为有机组成部分，跨境电子商务会助推数字贸易时代早日到来。电子商务特别是

跨境电子商务作为数字贸易的重要组成部分，已经逐渐展现其旺盛的生命力。未来，随着云计算、大数据等数字技术的广泛应用，跨境电子商务的分析、预测、运营能力将得到大幅提升。原来以货物交易活动为主的跨境电子商务，将不断拓展其商务活动半径，整合传统产业链，推动生产、贸易活动的数字化、智能化转型。

作为新型贸易活动，数字贸易是跨境电子商务未来发展的高级形态。现阶段的跨境电子商务仍然处于数字贸易的初级阶段，产业的垂直整合力度不够。而数字贸易并非只是简单的货物交易活动，它突出强调数字技术和传统产业的融合发展，将实现制造业的智能化升级作为最终目标。因而，数字贸易是跨境电子商务未来发展的更高目标。

（二）数字贸易推进跨境电商持续创新

1. 贸易的形式与对象趋向于数字化

由于数字贸易是以信息网络为载体的，所以贸易的发展必然依赖于网络的普及。当前我国开展数字贸易的方式主要指数字化的跨境电子商务，也包含线上支付、数字监管以及智慧物流等。这些都是通过数字化实现的，比如，智慧物流，就是利用智能化的科学技术，使传统意义上的人工物流通过智能化的技术设施尽可能地模仿人的智慧，具有思考、判断、辨认等人类所具有的一系列能力，从而独立解决物流过程中出现的一些基础性甚至具有科技含量的问题；当然，不仅贸易方式数字化，贸易对象也是数字化的，一般来说，贸易的对象主要是提供的数字服务，通常指的是数据，数据本身就是数字化的载体。这些贸易的数据可以让身处不同国家的人们接收到同样值得信赖的数据服务，就像在国际交易平台上，我们只需要一部手机便可以购买到来自不同国家的商品，这些数字化的产品和数字化的支付方式也加快了跨境电子商务的发展速度。

2. 跨境电商数字化平台的拓展

如今，我们已经开始进入了数字贸易时代，数字贸易的飞跃发展加速了各国数字贸易的发展。2019年，我国开始在上海筹建"数字贸易国际枢纽港"，其主要目的就是促进我国数字贸易与国际数字贸易发展接轨。与此同时，欧盟、韩国等也加快了推动数字贸易向智能化发展的步伐。欧洲七大银行在2017年合作开发了"数字贸易链"平台，该平台意在增加中小企业发展贸易的机会。数字贸易的进一步发展必然会使得越来越多的数字化平台得以建立，数字化平台的建立可以使原本以实体货物交易为主的跨境电商向数字化交易发展，数字化平台的发展为跨境电商创造了新的发展空间。

3. 完善数字化供应链

受新冠肺炎疫情的后续影响，许多企业都开始采用去人工化操作、智能化操作，这势必会导致每个国家都积极研究开发完善的数字化供应平台，以促使货物贸易数字化交付可以提早实现。除此之外，物流的数字化也会逐渐成为开展数字贸易的核心领域，而且如今世界人工智能和大数据的迅速发展，也为实现无人物流提供了有力保障，这些设施将有利于形成数字化供应链，以大大减少跨境电商过程中产生的交易成本。

二、数字贸易背景下跨境电商发展面临的问题

（一）数字贸易壁垒限制

数字贸易的发展不仅能大大降低经济成本，还能提高交易效率。各国为了发展本国跨境贸易，相继出台了一些措施以加快数字贸易的发展并设置了相应的数字贸易壁垒，这实际上不利于跨境电子商务的自由发展，限制了跨境电商的往来。

（二）数字贸易规则不统一

当前，数字贸易多边规则虽然为数字管制、数字贸易信息流动、数据本地化数字贸易规则的制定奠定了一定基础。然而，从国际上来说，专门针对数字贸易的相关规则制定还不统一；从国内来看，我国政府制定的《国家信息化发展战略纲要》《"十三五"国家信息化规则》等政策大多侧重数字领域涉及的方面和相关研究。而从国际来看，美欧等发达经济体作为数字贸易的领先者，已经在一定程度上形成了数字贸易"美式模板"和"欧式模板"，但无论是"美式模板"还是"欧式模板"，都是在美欧两个经济体具体情况以及在参与国际贸易的扮演者的基础上制定的，难免和其他国家的理想模板存在一定程度上的分歧，因为数字贸易规则的限制，一国向他国的出口额会在很大程度上受到影响。

（三）数字贸易监管难以实现

数字经济时代，一些数字服务既具有传统服务领域的某些特点，又具备互联网行业的某些特点，使得监管成了一个双向的问题，包括我们的数字内容监管、平台管理、数字归属权及流向权问题等。尤其是当前我国跨境电商领域的繁荣使得税收问题越来越烦琐，在跨境电商起初的实物贸易中，税收通常由进口国征收，而当下许多跨境电子商务开始有了数字贸易的特征，一部分的跨境交易由实物贸易变成了数字化产品的贸易，从而使得数字化的跨境交易产品有时被重复征税，也会致使逃税漏税。总之，因为跨境电商贸易交易流向的不确定，导致税收问题层出不穷。

三、数字贸易背景下中国跨境电商发展路径

（一）以数字贸易为基础升级跨境电子商务供应链

在数字贸易时代，全球在线消费的发展趋势成为可能。中国是世界制造业大国，越来越多的中国制造正借助跨境电商流向国外，跨境电商是我国货物走向全球的首要路径。但通关时间、成本、物流以及平台的建立仍然存在很大的问题，当前的跨境电商主要是针对来自同一地点的大量订货量，而私人订购的少量的物品就面临着高额的物流配送费，所以，我国目前应当合理利用数字贸易的发展，研发数字化的供应链平台，从而使得全国的消费者都可以同等无差别地在数字化平台上根据自己的消费偏好选择自己喜欢的商品，然后各自进行数字化的在线交易。随后就是流通环节，由于当前各国存在一定差异的数字贸易壁垒，所以，应当加强供应链平台的建立，使线上和线下能够具有同质无差别的产品，这样消费者在平台上购买后，商家就能就近发货，这不仅增加了可供人们选

择的机会，而且能很大程度上降低物流产生的费用，同时也能节约通关时间。伴随数字贸易的快速发展，数字化产品的创新将使国内市场的供应链模式走向全球供应链模式发展成为可能。

（二）探索并制定数字贸易的"中式模板"

当今世界，在对数字贸易规则的制定上，不仅发达国家和发展中国家意见不统一，发达国家之间的意见也天差地别。当前，我国还未形成完备的数字贸易规则，应当在参考发达国家数字贸易规则的基础上，探索制定一个能让国家经济利益最大化，也尽可能地和其他国家贸易规则异曲同工的贸易规则，能相互促进贸易的发生，而不是阻碍贸易的交集。当前，在我国数字贸易板块中，跨境电子商务发展之快使我国必须以跨境电子商务为基础，以我国的发展方向和基本国情为指导，探索并制定数字贸易的"中式模板"，努力发展双边和多边关系，尽可能在协调多国数字贸易规则的前提下，为跨境电子商务提供一个宽松的市场环境。

（三）规范我国跨境电商行业

营造公正诚信的跨境电子商务发展氛围，进一步提高我国跨境交易的工作效率，降低跨境电商结算的不确定性及结算的成本，应借鉴美欧等经济体在信用监管各个方面的成功经验，结合国内实际情况，对逃税者给予严厉惩罚，完善跨境电商领域的相关规章制度，对触犯信息安全保护条例、逃避税收、损害消费者权利的人给予相应的惩罚。实施各部门、各行业的联合监管，以规范我国跨境电商行业，确定贸易的流向问题，降低逃税的可能性。

第二节　数字贸易与产业数字化

产业数字化源于数字经济与实体经济的融合发展，两者之间相互影响、相互促进。从发展逻辑看，产业数字化倒逼数字产业化升级迭代，强调数字产业化的支撑作用，在数字贸易内形成了相互促进的内在逻辑。从产业数字化的发展来看，产业数字化的规模增速显著高于数字产业化，成为数字贸易的主要贡献力量。从实际发展看，产业数字化倾向于聚焦供给端，但受到核心技术、关键零部件和专业人才等短期刚性约束，进入发展的瓶颈期。

一、产业数字化

（一）产业数字化的定义

产业数字化以传统产业为基数，以数据为核心资源要素，赋能产业链全要素数字化转型升级，为传统产业带来产出增加和效率提升。产业数字化强调数字技术对传统产业的渗透及应用，数字技术与实体经济的融合发展实现第一、二、三产业的数字化转型升级，从而实现生产变革和组织变革，带来的生产数量增加和生产效率提高的过程。

（二）产业数字化的基本特征

1. 智能化

数字经济在 2015 年以后逐渐进入以智能化为核心的新发展阶段，智能化是指在互联网、人工智能、大数据等技术的支撑下，事物能动地满足人类需求的属性。未来，传统企业将依靠互联网、大数据等数字技术，应用数据化思维，建立数字平台，向数字化转型升级。

2. 共享化

首先，数字贸易发展的一个方向应该是数字技术资源和信息资源共享化，从而释放出数字资源更多新价值。其次，数字经济与各种产业融合发展，实现产业数字化，各产业之间的边界日益模糊，向着产业开放共享化发展。最后，在共享化时代，数字经济与服务业融合发展形成的服务型数字产业，如电子商务、智慧物流、数字金融等蓬勃发展。

3. 融合化

数字贸易发展的一个日益突出的特点就是跨界融合。首先，生产者和消费者的界限日益模糊，逐渐融合成"产销者"。生产者利用数据资源挖掘消费者的需求来有针对性地开发商品，而消费者利用数字平台使生产者改变原有的生产、推广和交易模式。其次，随着人工智能、大数据、物联网、AR 等技术的发展，人类社会、网络世界和物理世界的边界在逐渐消失，日益融合成一个相互连通的新世界。

（三）产业数字化的表现形式

1. 围绕消费需求的价值创造

数字企业可以运用大数据技术更好地了解消费者需求，从单一产品供应向"产品+服务"组合供应升级，从而满足消费者的多样化需求。数字企业可以通过智能制造技术实现柔性化生产，从而满足消费者的个性化需求。数字企业可以基于智能产品和数据分析，构建起全生命周期服务体系，从而挖掘消费者的潜在需求，提高企业服务附加值。数字企业还可以通过社区、社群、众创平台等形式，鼓励消费者直接参与产品设计。

2. 以技术为基础进行价值提升

数字企业充分运用数字技术，汇聚和挖掘企业内外的大数据资源，开发和释放大数据所蕴藏的巨大价值，转化提升员工、机器、设备、系统的智慧能力，赋能企业生产、经营和管理的全流程。首先是要建立企业的人与人、物与物和人与物的全面连接，连接员工、连接客户、连接设备。通过连接解决业务协同，在业务协同中产生和积累数据；通过对数据的处理、分析和洞察，进一步驱动业务和运营；随着数据持续积累，可以开展更高级别的自我学习，把实时决策融入业务流程，实现自动化，使运营更加简单、高效、智能，形成闭环，持续优化改进。

3. 重塑企业组织和文化

数字企业在创新产品、服务和商业模式的同时，调整、重塑其组织架构和企业文化，通过企业内部大规模网络协同和智慧决策中枢，构建敏捷型组织、学习型组织、生态型组织，激发每一个个体的潜能，实现自我组织、自我管理、自我驱动；通过多部门协同应对各种不确定性。

（四）中国产业数字化现状

随着第四次工业革命的兴起，我国的信息技术产业发展迅猛，数字技术逐渐渗透于产业生产和服务过程中，产业结构不断重组，我国经济社会也随之进入新的发展阶段。一方面，信息技术基础产业的蓬勃发展为其他产业的数字化转型提供数字技术、产品、服务等，为产业数字化的发展打下坚实基础；另一方面，数字技术与传统行业的融合应用也推动数字经济的进一步发展，成为助力我国经济高质量发展的新引擎。

产业数字化是数字技术与传统产业的融合发展，使传统产业运用数字技术带来生产数量的增加和生产效率的提高，但由于产业特性不同，数字技术在各产业中的渗透率存在明显差距。2016—2020年，中国数字技术在农业、工业和服务业中的渗透率均处于增长趋势，但是增长速度不同。较之2016年，2020年农业数字化渗透率增加了2.70%，工业数字化渗透率增加了4.2%，服务业数字化渗透率增加了21.60%。数字技术在工业中的渗透率将直接决定产业数字化的质量和进程，因此中国应注重技术更新迭代、加速数字技术与传统制造业的融合发展，提升数字技术在工业中的渗透率（表3-1）。

表3-1 中国产业数字化渗透率

指标	2016年	2017年	2018年	2019年	2020年
农业	6.20	6.50	7.30	8.20	8.90
工业	16.80	17.20	18.30	19.50	21.00
服务业	19.10	32.60	35.90	37.80	40.70

资料来源：2015—2022年中国信息通信研究院发布的《中国信息经济研究报告》《中国信息经济发展白皮书》《中国数字经济发展白皮书》《中国数字经济发展与就业白皮书》。

二、产业数字化下数字贸易的机遇

（一）数字化技术飞速发展

数字贸易的发展离不开人工智能、大数据、云计算等数字化技术的使用与推广。首先，数字化技术的应用会提高第三方服务企业提供的数字化工具与服务的质量，进而推动电子商务供应链服务的升级。其次，数字技术的创新发展与使用也会加快传统制造业的数字化转型，线上平台具有降低企业信息获取成本、高效匹配买卖双方需求等优势作用，能够通过线上交易、线下交付等形式提高货物贸易交易量以及企业利润，进一步推动数字贸易的发展。最后，数字技术能够挖掘大数据价值，使得线上贸易不再局限于现代信息网络，如使得企业能构建具备自我治理能力的数字化平台，实现电子商务向数字贸易的转型。

（二）个性化需求日益凸显

在人们生活水平普遍提高、消费观念持续转变和生产技术不断改进的背景下，消费者对产品和服务的个性化需求被进一步激发,这为数字贸易替代电子商务提供了契机,因为电子商务受自身局限性影响,主要聚焦于大宗货物的交易,无法满足消费者日益细化、个性化的需求,但数字贸易可以有效弥补这一不足之处。其能够运用大数据、云计算等数字技术搜集分析消费者个性化需求偏好并为其提供合适的产品与服务。对于消费者来说,他们一方面,能够直接在数字贸易平台上购买更多类型的产品,享受更多类型的数字化服务;另一方面,能够通过零单贸易使自身的个性化诉求得到满足。因此,会有更多的消费者选择数字贸易,这不仅为数字贸易的开展提供了巨大的需求市场,也有助于加快电子商务向数字贸易蜕变的进程。

(三)国内外政策支持力度日益提升

世界范围内数字化的快速发展,中国乃至世界各国对于数字贸易的重视程度逐渐提高,纷纷出台了一系列政策措施,为电子商务通过贸易数字化蜕变为数字贸易营造了良好的国内外政策环境。

就政策方面而言,相较于欧美等发达经济体,中国相关政策制度尚不完善,但中国在电子商务领域具有先行发展优势并且拥有成熟、完整的电子商务运营体系,当前国内制定的电子商务相关规则制度可以为后续数字贸易规则的制定提供参考与借鉴。除了一系列电子商务有关立法外,中国也开始重视数字贸易的发展,2017年10月,"数字经济"首次被写入党的十九大报告,报告还提出了"推动互联网、大数据、人工智能(AI)和实体经济深度融合"的发展理念。2019年政府工作报告中多次提出促进跨境电子商务(数字贸易)发展,并将跨境电商作为对外贸易发展新的增长点。

就国际政策而言,电子商务是国际经贸新规则谈判和世界贸易组织(WTO)现代化改革的热点议题。1998年《电子商务工作计划》通过后,WTO就开启了电子商务议题的规则谈判,其中也包含了数据跨境流动、数字关税、数字服务税等诸多数字贸易相关议题,此外,《美国−墨西哥−加拿大协定》(USMCA)、《日美贸易协定》以及《全面与进步跨太平洋伙伴关系协定》(CPTPP)等贸易规则中也包含了诸多数字贸易相关内容。2020年新冠肺炎疫情的暴发推动了数字技术在各领域的应用,凸显了数字贸易在应对全球公共安全危机中的优势与重要作用,引起了国际社会各方的重视。2020年3月底,国际商会秘书长丹顿公开呼吁要加快向数字贸易过渡,加速将世贸组织有关数字环境的规则引入21世纪;通过标准化实现数字贸易,与此同时制定开放的贸易标准以增强经济包容性。

三、产业数字化下数字贸易的挑战

(一)"数字鸿沟"逐渐加深

进入21世纪以来,国际"数字鸿沟"的加深逐渐引起国际社会的关注,"数字鸿沟"是指由于不同国家、地区、行业、企业或群体之间对信息技术的拥有量和应用程度存在差异所导致的信息落差,这种落差潜在反映了国家和人民之间贫富差距的形成原因。

"数字鸿沟"不仅存在于国际范围内，也存在于一国的不同地区间，"数字鸿沟"威胁到互联网的普及以及数字技术的传播，"接入鸿沟""使用鸿沟"的存在意味着一国部分人群无法接入互联网、数字技术或者使用水平存在差异，限制了数字贸易的开展与普及；"能力鸿沟"则会导致数字技术使用效率低下、传统制造业企业转型速度放缓、数据分析不到位等现象，降低电子商务向数字贸易转型效率，因此如何缩小并弥合"数字鸿沟"是实现贸易数字要回答的重要课题之一。

"数字鸿沟"的存在不利于数字化人才的供给。数字贸易的开展需要以数字技术、新型基础设施等为支撑，而数字技术的研发以及新型基础设施开展的过程都离不开数字化专业人才。清华大学经管学院发布的《2020年全球数字人才发展年度报告》显示，当前国际范围内数字化人才分布不均，主要集中在欧洲和亚太城市，且各地区间数字人才流动差异较大，可见"人才鸿沟"也是"数字鸿沟"的另一种表现，而分布不均衡、供给不充足的数字化人才将会阻碍贸易数字化的发展，不利于电子商务向数字贸易的进一步转型。

（二）数据安全缺乏保障

在数字经济快速兴起的今天，数据安全逐渐成为一项重要议题。激发创新力量、推动产业发展、提升经济运行活力离不开数据资源在地区间、产业间、用户间的流动与使用，而数据安全是保证数据有效使用、数字贸易有序开展、数字经济快速发展的重要前提。然而当前世界各国在享受数字经济所带来福利的同时也面临着数据过度采集、滥用、个人数据被盗取交易等数据安全隐患。

在数据资源开发和利用方面，存在诸如：公民个人信息频繁被盗用并形成相关灰色产业链，不法分子借助所盗用信息滥发广告甚至进行网络电信诈骗，侵害公民权益，不利于社会的稳定与发展；企业过度收集用户数据事件频发，侵害用户的隐私、降低用户体验等问题。网络数据安全标准化工作也存在缺陷，主要表现为：①缺乏完整性、统筹性的标准体系，标准制定流程也尚未完善，同时缺乏在专业术语内涵、种类等级划分等方面的标准；②缺乏数据安全评估、重要数据保护等关键性标准；③5G、云计算、区块链、人工智能、大数据、物联网等关键领域的国际网络安全标准尚待制定出台。

（三）国际规则尚待完善

当前国际范围内的贸易规则与统计方法无法满足数字贸易飞速发展过程中产生的各类需求。电子商务向数字贸易的转型缺乏统一完善的规则保证，是实现贸易数字化所面临的重要挑战之一，构建健全的数字贸易规则体系主要受到两个方面的阻力。

第一，与传统电子商务规则相比，数字贸易的贸易标的更加丰富、贸易环节逐渐增多，其规则要求也更为复杂多样。虽然21世纪以来世界各国在电子商务规则制定领域取得了一定进展，但这些规则的适用范围有限，支付、售后、消费者隐私、电子签名等方面的规则亟待进一步完善以满足数字贸易发展的需求。

第二，国际范围内各国就数字贸易规则制定存在较大的理念分歧与冲突，贸易规则制定呈现区域化、双边化、碎片化的趋势与特征，阻碍统一的国际数字贸易规则标准制定，不利于以全球数字贸易规则的溢出效应带动各国国内相关规则进一步制定与完善，从而影响电子商务的贸易数字化蜕变。截至 2019 年 6 月，84 项区域贸易协定（RTA）将电子商务条款作为独立章节或专用条款，其中 60%在 2014—2016 年之间生效。分析已有数字贸易相关规则可以发现，各国在关于数据跨境流动、数据储存本地化、数字知识产权保护等领域尚未达成共识甚至存在较大的矛盾，如美国倾向于将数据隐私当作市场利益并将其放置于市场当中，欧盟将其视为不容侵犯的基本权利和自由，而中国则更关注个人数据、信息的安全。

（四）数字壁垒有待破除

各国在文化、价值观念以及规章制度制定等方面的差异与分歧最终导致了在解决隐私保护和境外管辖权等问题方面的国际分歧，其中美国与欧洲凭借自身庞大的数字贸易国内市场，成为跨境数据流动治理的主导者，并在数据跨境流动、用户隐私权维护、数字服务税等问题上存在着诸多的分歧与矛盾。而其他一些国家对于数据流动的不同态度以及出于国家安全的考量设置的数据流动壁垒，致使目前世界范围内数字贸易的开展受到阻碍。

然而，陈寰琦（2020）研究发现：签订"跨境数据自由流动"协议对数字贸易产生了正向的促进作用，且随着缔约方经济发展水平差距的扩大，"跨境数据自由流动"的贸易促进作用将上升。可见数字壁垒的设置虽然一定程度上能够起到保护数据安全的作用，但在数字贸易时代，数据正逐渐成为重要生产要素。一方面，以实体货物贸易为主的电子商务、跨境电子商务的开展离不开对于数据的跨国传输以及对于国外消费者个人信息的获取；另一方面，随着电子商务向数字贸易转型，服务贸易比重逐渐上升，其对于数据的依赖程度更深，跨国数字服务的开展需要以各国消费者的数据信息为基础以提供个性化服务，受到数据壁垒的限制，国内外相关企业的业务开展也将受到阻碍，从长远来看将不利于数字贸易的开展以及电子商务向数字贸易的转型。

四、产业数字化对我国数字贸易的影响

（一）产业数字化提升传统产业效率

产业结构若想要实现层级的变迁，离不开总体生产效率的提高。经过之前的分析可以发现，数字化的发展能够从企业层面起到提升生产率的效果，对整体行业也能起到相应的效果，最终反映在产业结构层面便是对产业结构起到正面的推动效果。从瓦尔拉一般均衡理论出发，对整个市场进行分析，着重考察市场对市场造成的影响可以发现，数字信息技术的发展，可以有效地降低各个产业在生产方面的损耗，从而影响生产要素的供求关系，最终重新调整其价格。由于生产要素的价格存在变动，最终导致生产要素的配置也发生变化。具体表现为，生产要素将从高损耗、低效率的部门流出，最终转移到生产效率更高、生产损耗更低的部门，以此来实现对生产要素的有效配置。因此，产业部门也会由于要素的转移而产生不同程度的扩张或者收缩，高生产价值或者高生产率的

产业将占据更大的比例，产业的总体生产效率也将得到提升，最终实现产业结构的合理化。另外，数字经济背景下的传统产业部门想要增强自身的发展适应能力，离不开产业数字化的发展。数字技术的创新和发展，以及企业自身对数字技术的深度应用，能够有效地促进产业生产效率的提升。此外，原产业部门在模式创新方面，通过应用数字技术，将对企业原有的组织形式起到革新的效果，并且对于企业整合外部资源的模式也有一定的改善，从而能够有效地使用企业与企业之间的资源，使要素的配置水平得到很大的提高。因此，企业在生产成本方面能够实现降低生产损耗的目的，同时数字科技的应用也能够提高企业产品或服务的质量及其管理能力，最终令传统产业的生产效率、产品质量、服务效率和管理能力实现全方位的提升，以此来达到产业结构合理化的目的。

（二）产业数字化提升供需匹配度

中国目前产业结构不协调主要表现为产业的需求端和供给端呈现的不匹配，尤其在疫情影响下，国内外的消费强度受到了严重的影响，需求也将呈现一定的收缩趋势，供给侧不能适应需求的状况将变得更加明显，因此我国才有必要实施相应的政策措施，以实施对供给侧进行结构性的变革，通过对供给结构的调整，达到适配需求结构的目的。传统产业在应用数字技术的过程中，迎来了新的机遇，在时间和空间方面加强了产业内部的联系。与此同时，数字技术也为消费者提供了诸多好处，如线上平台可以在消费者之间架起直接的沟通桥梁，通过分享每一位消费者的评价使得商品的质量变得公开透明，加强了消费者在商家方面的议价能力，进而能反过来影响企业之间的竞争，促进产品的研发，提高产品的质量。在良性竞争的基础上，使得企业不得不投入更多的研发经费、提高自身的创新创造能力。

因此，信息技术的发展提高了消费者之间的沟通能力，降低了沟通的成本并使得消费者在市场中享受到买卖信息的对称，从而提高了消费者在交易当中的地位。通过网络平台，消费者们效仿商家的联盟方式进行结盟，能够促进企业服务体验和产品质量的提高，有效起到促进产业结构合理化的正面影响。在数字经济条件下，产品和市场不断被细分，根据用户需求，对产品进行个性化研发成为主流趋势，消费者新的需求也因此诞生。而企业方面为了满足消费者新的需求，以往的标准化的生产逐渐向个性化、差异化生产转变，有助于传统产业线向新业态和新模式方面发展，增加企业内在活力。

（三）推动新产品研发，促进高级化

摩尔定律表明新产品的研发速度在一定时期内将会不断地提高，同时其更新频率也会不断地加快。而信息技术作为数字经济必不可少的核心部分，代表了数字经济的一部分本质，意味着因数字技术发展而形成的新一代经济形态也符合信息技术的摩尔定律。

而产业数字化的发展过程中，数字技术的创新与应用，能够带来许多新的商品，意味着新产业的产生。随着产业数字化程度的加深，企业数字技术创新和应用进一步成熟，这些新产品可以满足人们的新需求，企业将主动提升新产品的生产率，并且依靠新产品所具备的更强的竞争力来拓展市场份额和销售所占的比例。在一段时期的竞争与淘汰之后，缺乏竞争优势的传统产业将会由于市场份额受到影响而降低传统产品的生产数量，

部分产业也会被具有竞争力的新产业所代替。新产业的诞生和扩大，有利于产业结构的高级化。与此同时，由于新的数字技术在产业数字化过程中得到了发展和应用，旧有的技术得到了一定程度的革新，将会提高同种产品的质量或者改善同种服务的体验，通过这种方式所得到的产品和服务在市场上更加具有竞争力，更加符合消费者的需求，也将在一定程度上对产业结构起到高级化的促进作用。此外，数字技术在产业内部的深度应用可以有效地回收闲置的碎片资源，同时为其提供了更多的使用方式。以数字技术中的平台技术为例，企业可以将自身闲置的资源让渡于其他企业，提高了资源的配置效率，同时丰富的共享途径可以为技术的创新提供优质的环境，产品的研发也将得到新的动力，主要表现为在服务业方面，服务模式和产品得到了创新发展，从而实现了结构高度化的正面效果。

（四）影响专业人才供需，促进高度化

改革开放以来，我国城镇化的迅速发展为消费方面提供了核心的动力，同时有效地促进了投资，对产业结构产生了积极正面的影响。这在创新创业和就业方面都具有重要的意义，以服务业举例，城镇化所释放的部分劳动力由服务业所吸纳，为解决剩余劳动力的问题贡献了一部分力量。但是，我国目前的消费服务业在具有巨大的消费市场和广阔的行业发展前景的同时，也要求从业人员具有与岗位相匹配的劳动技能和知识素养。而城镇化所释放的剩余劳动力并不能很好地匹配岗位的需求，因此只能通过一定的培养和实践，最终进入传统的服务业中，但高层次的服务业的岗位仍然少有吸纳这部分劳动力。这意味着从服务业的产业结构角度来看，以往并没有实现产业结构向正面方向调整的目的。传统产业通过应用数字技术，丰富沟通和传递信息的途径，提高沟通的效率。同时数字技术的发展显著地降低了信息在传递方面产生的损耗。以视听有关的平台为例，各种平台有效地降低了创作的门槛，对传播知识的效率起到了一定的提升作用。

一方面，产业数字化过程中对数字技术的应用能够提高知识搜寻的自由度，丰富其搜寻的途径，通过解锁搜寻知识限制能够降低搜索和学习所投入的时间成本和物质成本。人们可以利用互联网、物联网和人工智能等技术，更快也更准确地获取所需要的信息和知识，进而加快整个地区的人力资本积累。另一方面，产业数字化发展进程中衍生了许多的数字技术和模式，这些都与人才的培养存在一定的关系。传统的人才培养在时间和地点上存在一定的限制，成本也因此受到一定的影响。数字技术为人才培养提供了更多的方案，疫情期间就有诸如此类的表现，人们可以在任何时间和任何地点进行学习或者接受培训，既可以避免疫情的影响，又能够通过选择契合自己的培训模式来提高培训的效率。从整个地区来看，这种技术带来的创新影响，既能够提供更多的学习内容来扩大学习的广度，也能够让人根据各自情况选择更专业的内容进行学习，从而提升学习的深度，对整个地区在积累人力资源方面有着非同一般的正向影响。因此，技术创新所带来人力资源的影响，能够促进当地就业情况的改善，从而促进产业结构升级。

与此同时，数字经济的孪生技术如人工智能等技术，在第一产业的深化应用能够有

效地促进第一产业生产率的提升。但是第一产业产品的性质决定了其市场需求的稳定性，产业需求数量不变的同时降低了对劳动力要素有关数量方面的需求，将释放一定程度的劳动力。而被释放出来的劳动力经过了相应的人才培养后，又可以投入到其他产业的生产过程中，从而在就业结构上面得到改善，因此有利于产业结构的高级化。最后由于产业数字化导致产业链重组，相应的分工也会发生一定的变化，总体而言将使得分工更加细化、职责更加明确和清晰，新增的劳动力岗位也对劳动力提出了新的要求，同时这部分需求造成的劳动力要素的重新配置也将对产业结构产生一定的正面影响。

第三节　数字贸易与数字产业化

数字产业化是数字经济的基础。从发展逻辑看，数字产业化的快速发展促使传统产业开启了数字化进程，并引导全社会探索数字经济体系的组成和机理，关注数字治理和数字价值等问题。从实际发展看，数字产业化倾向于聚焦需求端，重点在于已有产品的市场价值实现。可见，数字产业化发展成为数字贸易高质量发展的主要推力，将有利于构建新发展格局。

一、数字产业化

（一）数字产业化的定义

2021年3月13日发布的《中华人民共和国国民经济和社会发展第十四个五年规划和2035年远景目标纲要》中强调"加快数字化发展，建设数字中国"，其中第十五章"打造数字经济新优势"的第二节指出要加快推动数字产业化，具体包括培育壮大人工智能、大数据、区块链、云计算、网络安全等新兴数字产业，提升通信设备、核心电子元器件、关键软件等产业水平；构建基于5G的应用场景和产业生态，在智能交通、智慧物流、智慧能源、智慧医疗等重点领域开展试点示范；鼓励企业开放搜索、电商、社交等数据，发展第三方大数据服务产业，促进共享经济、平台经济健康发展。

目前并没有数字产业化的官方定义，中国信息通信研究院认为数字产业化即信息通信产业，是数字经济发展的先导产业，为数字经济发展提供技术、产品、服务和解决方案等，具体包括电子信息制造业、电信业、软件和信息技术服务业及互联网行业等。数字产业化包括但不限于5G、集成电路、软件、人工智能、大数据、云计算、区块链等技术、产品及服务。基于当前的研究，我们对数字产业化做出以下定义：数字产业化是通过对数字技术的创新应用，将数字化的知识和信息转化为生产要素，创新数字产品生产和科技成果转化，推动形成数字产业和产生经济新业态的过程。

（二）数字产业化的分类

1. 经济合作与发展组织的相关统计分类

为了实现对数字产业化的准确测度，经济合作与发展组织提出了数字经济卫星账户的概念框架，对相关行业进行了概念上的区分。经济合作与发展组织建议按其核心经济活动将数字产业化划分为六个不同的类别，分别为数字驱动行业、数字中介平台、电子零售商、其他数字业务行业、依赖中介平台的行业及其他相关行业。其中，数字驱动行业类似于国际标准产业分类中的 ICT 产业，该产业生产的产品旨在通过传输和显示等电子方式实现信息处理和通信的功能，具体包括 ICT 制造业、ICT 服务业和 ICT 贸易行业。数字中介平台（如住宿数字中介平台、交通数字中介平台）可通过中介的服务性质来识别。其他数字业务行业包括基于网络的搜索引擎、社交网络和协作平台及提供订阅基础内容的数字业务企业。依赖中介平台的行业包括一些在很大程度上依赖中介平台开展活动的企业。其他相关行业包括前五个类别未涵盖的所有其他数字经济相关企业。

2. 应用基础结构软件公司的相关统计分类

应用基础结构软件公司将数字产业分为三个大类：数字化赋能基础设施、电子商务和数字媒体。其中，数字化赋能基础设施是指支撑计算机网络与数字经济存在及使用的基础物理材料和组织架构，具体包括计算机硬件、计算机软件、通信设备和服务、建筑物、物联网、支持服务六个类别。电子商务是指基于计算机网络进行的买卖交易活动，包括企业与企业之间的电子商务（Business-to-Business，B2B）、企业与消费者之间的电子商务（Business-to-Consumer，B2C）、消费者与消费者之间的电子商务（Customer-to-Customer，C2C）三个类别。数字媒体是指人们在数字设备上观看、创造、获取与存储的内容，区别于消费者购买或租赁的书籍、报纸、音乐及视频光盘等传统物理产品，数字媒体属于在线访问的数字产品，具体包括直接销售的数字媒体、免费数字媒体、大数据三个类别。

3. 我国的相关统计分类

为反映我国信息技术与应用的快速发展，国家统计局在 2004 年制定了《统计上划分信息相关产业暂行规定》，后又制定了《战略性新兴产业分类》《高技术产业（制造业）分类》《高技术产业（服务业）分类》《新产业、新业态、新商业模式统计分类》《国民经济行业分类（2017）》，上述分类中有许多与数字产业化紧密关联的行业。

关于数字产业化相关部分的分类，2021 年 6 月 3 日国家统计局发布的《数字经济及其核心产业统计分类（2021）》将数字经济产业范围确定为：01 数字产品制造业、02 数字产品服务业、03 数字技术应用业、04 数字要素驱动业、05 数字化效率提升业五个大类。其中，数字经济核心产业是指为产业数字化发展提供数字技术、产品、服务、基础设施和解决方案，以及完全依赖数字技术、数据要素的各类经济活动。数字经济核心产业对应的 01~04 大类即数字产业化部分，主要包括计算机通信和其他电子设备制造业、电信广播电视和卫星传输服务、互联网和相关服务、软件和信息技术服务业等，是数字经济发展的基础。

本书从产业的角度，对数字产业化相关部分进行分类，如表 3-2 所示。

表 3-2　数字产业化相关部分的分类

相关部分	分　类	行业构成	具 体 组 成
数字技术产业	传统信息技术产业	电子信息制造业	通信设备制造业、电子计算机制造业、雷达制造业、广播电视设备制造业、家用视听设备制造业、电子器件制造业、电子元件制造业、电子测量仪器制造业、电子专业设备制造业、电子信息机电制造业、其他电子信息行业
		基础电信业	电信、广播电视及卫星传输服务
		互联网行业	互联网接入和相关服务、互联网信息服务、互联网平台、互联网安全服务、互联网数据服务、其他互联网服务
		软件和信息技术服务业	软件开发、集成电路设计、信息系统集成和物联网技术服务、运行维护服务、信息处理和存储支持服务、信息技术咨询服务、数字内容服务、其他信息技术服务业
	新兴信息技术产业	物联网	\
		工业互联网	\
		大数据	\
		新兴信息技术产业	\
		云计算	\
		人工智能	\
		区块链	\
		虚拟现实和增强现实产业	\
数据要素产业	数字资产及相关服务业	数字资产	数据交易、数字孪生、数字内容等
		数字服务	数字权益类资产等

二、数字产业化的发展及问题

（一）数字产业化的演进过程

1. 数字技术实现突破，数字产业开始萌芽

发源于 1900 年的量子论揭示了微观物质世界的基本规律，为原子物理学、固体物理学、核物理学及现代信息技术奠定了理论基础。20 世纪中期，信息论、控制论和系统论快速发展，进一步为计算机技术、微电子技术、通信技术、网络技术的发展提供了理论原理。当科学理论出现重大突破时，一系列新技术随之产生。1946 年第一台电子计算机诞生，并经历了电子管计算机（1946—1958 年）、晶体管计算机（1959—1964 年）、中小规模集成电路计算机（1964—1970 年）到后来的大规模集成电路计算机（1970 年至今）等阶段，计算机运算速度、存储空间和服务功能不断提高。同时，数字技术开始应用于通信领域，20 世纪中期数字程控交换机、通信卫星等通信设备开始出现。此外，1969 年第一代互联网（又称为阿帕网）诞生；20 世纪 70 年代到 80 年代，电子邮件、TCP/IP 协议、计算机公告牌系统（Computer Bulletin Board System，CBBS）、调制解调器等为网络发展奠定基础的各种技术和设备应运而生。随着计算机、通信、网络技术的发展，生产计算机、手机及相关配套设备的企业快速崛起，并在产品的技术路线上进行了不同的探索和尝试，如 IBM、康柏、惠普、摩托罗拉等。该阶段的数字技术主要应用领域从军事、科学计算，拓展至事务管理、工业控制，再到文字处理、图形图像处理等，相关产业主要为电子信息制造业、基础软件产业、集成电路产业等。

2. 数字技术加快创新应用，数字相关产业快速发展

1990年，基于个人计算机的万维网诞生，网络开始逐步从学术研究走向产业化应用。2000年，移动通信和互联网技术相融合。但在2G和3G时代（1990—2012年），受限于信息传输速度，移动互联网普及较慢。2013年之后，随着4G等移动通信技术的发展，智能手机的不断普及，移动互联网时代也随之而来。各项衍生技术快速发展，云计算从2016年开始进入全面爆发期，云服务应用已经深入各行各业；大数据技术也渗透到多个领域；物联网从以碎片化、孤立化应用为主迈入规模化、融合化、集成化阶段；人工智能从感知、记忆和存储，进一步向认知、自主学习、决策与执行发展；5G将提供前所未有的用户消费体验和物联网连接能力。数字技术的广泛应用催生了众多的新兴业态。PC互联网阶段，微软、思科、英特尔等企业引领发展，亚马逊、雅虎等互联网企业出现，我国诞生了搜狐、新浪和网易等门户网站。在该时段，计算机硬件和软件产业、解决信息需求的综合信息服务业快速发展。移动互联网阶段，移动应用场景得到极大丰富，新兴业态不断涌现，尤其集中在智能终端、社交网络、共享经济、数字内容等领域。智能终端领域，苹果、华为等成为行业龙头；社交网络领域，脸书、Twitter、腾讯等将世界连接；共享经济领域，Airbnb、Uber、滴滴等快速崛起；数字内容领域，网络视频、网络直播、VR/AR等新业态频现。数字产业从解决信息需求向解决娱乐、商务和社交需求延伸。此外，数字技术也不断向物流、金融、汽车、装备制造及生物等其他行业渗透。

3. 数字技术发展成熟化，数字化产业系统形成

为了更契合数字化生产的要求，大数据、云计算、物联网、人工智能、区块链及不断创新衍生的数字新技术，融合承担了数据采集、存储传输、计算分析、安全保障等功能，为满足生产和生活的需求提供系统化、专业化服务，成为数字经济社会发展的技术基础。数字技术发展成熟化，并不断与制造、能源、材料和生物等领域的技术进行融合，形成相互连接的新主导技术群。数字技术在市场应用的过程中不断迭代创新，加速推进数字产业化。集成电路、大数据、人工智能、云计算等动力产业，智能终端、软件与信息服务、电子商务、社交网络、数字内容、智能制造等先导产业，未来智能网络、卫星网络、移动通信网络等关键基础设施产业，融入数字技术的生产生活中的各类引致型产业，构成了数字经济的完整产业体系。数字技术从根本上改变了经济系统的技术基础、运行效率、组织模式、生产和交易方式等。

（二）中国数字产业化面临的问题

1. 产生数字鸿沟和平台垄断现象

数字鸿沟现象。数字鸿沟（Digital Divide）是指在全球数字化进程中，不同国家、地区、行业、企业、社区之间，由于在信息和网络技术的拥有程度、应用程度与创新能力上存在差别而造成的信息落差及贫富进一步两极分化的趋势。

第一种表现为"接入鸿沟"。在数字经济背景下，由于部分人能够拥有最先进的信息技术，能够使用计算机、网络接入、电信设施，他们就会比缺乏这些条件的人拥有更多获得信息的机会，享受信息技术带来的便利。

第二种表现为"使用鸿沟"。方便的电子化、网络化服务给不擅长使用智能技术的人群造成了学习上的困难，如老年人和其他受教育程度低的人群等。具体表现在是否掌握使用数字技术的知识、数字技术的使用广度、数字技术的使用深度等，与公民受教育水平、数字技术培训服务等软件条件密切相关。

第三种表现为"能力鸿沟"。这个阶段的数字鸿沟不再局限于数字技术的发展和使用层面，而是体现为不同群体在获取、处理及创造数字资源等方面的差异。

不同国家和地区的人们之间的数字鸿沟不断扩大，最突出的是发达国家与发展中国家之间的数字鸿沟，以及城市和乡村之间的数字鸿沟不断扩大。数字鸿沟的产生加剧了个体机会的不均等、企业竞争的不平等、地区发展的不协调和全球发展的不平衡。

平台垄断现象。近年来，我国平台经济迅速发展，新业态、新模式层出不穷，对于推动经济高质量发展、满足人民日益增长的美好生活需要发挥了重要作用。在激烈的竞争中，平台经济领域诸如强制"二选一""大数据杀熟""自我优待""扼杀式并购"等损害竞争、创新和消费者利益的行为频发，引发了社会各方面的广泛关注。这些行为损害了市场公平竞争和消费者合法权益，不利于激发全社会创新创造活力、促进平台经济创新发展、构筑经济社会发展新优势和新动能。在网络外部性的作用下，数字贸易领域很容易形成"赢者通吃"的局面。市场结构趋于垄断，成为数字平台经济发展的普遍现象。垄断平台的横向无限拓展还严重影响到实体经济发展，它们利用自身的垄断优势扼杀创新能力、破坏市场秩序。垄断平台还会多方位挤压实体经济，提高实体经济成本。为了获取更多利润、打造"经济帝国"，平台企业通过进军消费、科技、医疗、交通、教育、金融等各个市场领域分割实体收益。

2. 数据权属划分存在现实困难

信息和经济全球化加速了信息资产的发展，而数据资产正是由信息资产、数字资产衍生出来的一种资产形式，并且随着大数据时代蓬勃发展。数据资产的应用场景极其丰富，并仍在不断扩大。例如，我国三大运营商会通过自有的大数据平台系统，根据用户的使用情况定期分析高价值用户的套餐状态、消费情况、使用异常等，从而制定相关会员制政策，为高价值客户提供适当的人文关怀，用续约优惠、充值减免等方式吸引用户续约，延长稳定收益时间；阿里巴巴旗下服务于品牌的消费者数据资产管理中心——品牌数据银行，就是将品牌消费者数据视为资产，像货币一样进行储蓄和增值，品牌商由此可以直观地看到相应的消费者资产，并用于帮助其制定营销决策。

但是，目前数据权属还没有得到确定，企业能否合法合理地使用用户数据，用户又如何拿到企业使用个人数据的收益，都是一个值得探讨的问题。数据资产具有非排他性、可无限复制、多主体参与处理等特性，这决定了数据权属界定比之前任何权利界定都更加复杂。例如，基于个人信息通信行为产生的通信来源、通信时长、通信设备等数据，由于与其他数据结合能够识别个人，因此很难完全界定为个人信息或企业信息。而且，数据权属界定还需平衡隐私保护和数据资源开发利用、私人利益与公共利益等多层利益关系，要在不同的数据主体之间做好数据收益分配，操作难度大。例如，对于收集、加工处理个人信息获得的数据，如果将数据产权完全界定给个人，则可能会因为界定程序烦琐、成本较高而影响数据资源的优化配置，导致社会福利受损；如果将其界定给收集数据的企业，则难免会侵犯个人信息权益、隐私权利等，给个人财产、人身等造成损害。

3. 数字资产交易监管面临挑战

在信息全球化的背景下，发展数字经济已经成为全球多数国家提升国际竞争力的重要途径。同时，随着以区块链、人工智能、大数据等为代表的数字技术的发展，数字资产行业也逐渐成为金融科技领域极具影响力的行业。面对这些新兴的数字技术，包括数字资产在内的金融科技企业为了带来新的业务模式、新的技术应用、新的产品服务。然而，现有的法律法规与监管办法难以跟上新潮流的发展，也就造成了数字资产交易监管已经成为全球数字资产领域发展的一大难题。2017年9月4日，中国人民银行等七部委联合发布《关于防范代币发行融资风险的公告》，全面禁止利用相关概念进行投机炒作，从事非法金融活动，扰乱经济金融秩序。此后，相关监管政策陆续出台，从首次币发行（ICO）融资项目、境外ICO机构、ICO项目推介渠道等多角度进行监管。此外，我国政府加大力度管控违规平台，在组织屏蔽"出海"虚拟货币交易平台及支付结算终端、持续加强清理整顿、打击ICO及各类变种形态、积极进行风险提示与舆论引导四个方面采取了一系列措施，防范化解可能形成的金融风险与道德风险，依法打击各种违法犯罪行为和活动。由此可见，我国在政策方面对以比特币等为代表的加密货币的交易上市是明确禁止的。

目前的数字资产交易都是以分布式存储的形式发展的一种分布式经济，而因为分布式经济的数字资产主体会出现难以认定责任人的问题，交易双方可能利用多数用户信息不对称的弊端从事非法活动，从而造成对投资者的保护及对境外交易方的法律定性监管的难题。例如，分布式经济的数字资产主体如果为身在国外的人士或相关组织，一旦上线交易后，交易的资产可能出现短时间内归零的情况，借此故意释放利好利空，从而进行相关的不法活动。

除了对国外数字资产交易的监管存在困难之外，对国内数字资产的交易监管也同样存在困难。例如，对于数字资产交易的门槛界定问题，什么样的数字资产交易才算是在监管范围内的交易，数字资产交易过程中的技术可行性，数字资产的交易对象及市场发展该如何抉择，都是目前数字资产交易方面的难点。

三、中国数字产业化与数字贸易协同发展的路径

（一）加强新型数字贸易基础设施建设

数字贸易基础设施是数字贸易发展的基石，也是数字产业化发展的重要组成部分。

我国应加强数字贸易关键基础设施领域的布局。首先，完善信息基础设施建设的布局，提高信息技术基础设施为数字贸易服务的能力，形成网络信息基础设施全面就绪的形态。其次，参考"一带一路"沿线国家信息共享走廊的建设，大力吸引国际社会对基础设施建设的投资，将基础设施建设发展为一项区域性的、国际性的措施。

（二）完善数字贸易的法规和监管体系

首先，我国应避免填补式的立法模式，尽快解决我国面向数字贸易专项法律存在空白的问题。批判性地学习发达国家数字贸易的治理经验，构建有中国特色的数字贸易法律法规框架和监管体系，从而确保对数字贸易活动的管理有法可循、有法可依。数字贸易灵活多变，针对各个环节，我们的法律制度和监管体系都应实现精准覆盖，及时更新和补充相关法律细则，体现出法律的适时性和实用性。尤其是与数字贸易有关的知识产权保护，更应成为相关法规的侧重点，保障源源不断的新活力注入。其次，应加快构建完备的网络数据安全保障体系，完善针对数据隐私的风险管控措施，提升数据安全的保障能力和水平。最后，我国海关应提高对数字贸易活动的监管能力和水平，充分利用数字技术构建智能化的行政系统，对数字贸易活动进行多元化、精准分类和严格监管，营造公平的对外数字贸易氛围。

（三）拓展数字贸易发展的新空间

第一，积极推动传统第一、二产业的数字化转型，利用优惠政策鼓励相关数字行业和第一、二产业融合发展，致力于提高传统产业的数字化水平，释放我国数字贸易更多的发展潜能。

第二，推动跨境金融支付、跨境物流网等方面的建设，积极构建跨境电子商务领域的资源共享机制，奠定跨境电子商务的合作基础。

第三，互联网是数字贸易发展的根基之一，通过互联网产品、服务、商业模式、组织形态的创新，培育互联网领域新的发展点；同时构建互联网领域的创新保障和激励机制，完善创新成果价值的转化机制，从而有效地激发数字贸易发展的新潜能。

第四，实现政府在治理过程中的数字化和智能化。推动相关数字技术与政府监管相融合，提高政务管理的水平和治理效能，打破信息孤岛，实现数据共享，为发展数字贸易营造优质的政务环境，为数字贸易发展保驾护航。

（四）构建开放共享、协商互利的数据跨境流通新规则

数字贸易的创新发展，为现有的数据跨境流通体系带来了新的挑战。我国应立足于当下的数字贸易形势，加快建立数据跨境流通的监管体制，提升数据流通的监管效率。在保障我国网络信息安全和数据主权的同时，强调国际数字贸易的开放包容性和自由发展，着重消除"数字鸿沟"，推动数据的跨境自由流动，积极构建跨境数据的分类管理体系，建立国际化的跨境数据流通规则和安全保障及风控机制，制定对数据服务供应商的监管体系，确保相关法规能对其形成约束，从而实现全球数据的有序共享和整合利用，构建一个数据生态圈。同时，我国应秉持"海纳百川"的气概，主动降低数字贸易壁垒，

充分保护各国的发展利益，凝聚多方共识，共同探索制定开放共享、协商互利的数据跨境流通新规则，共享数字贸易发展成果，让跨境数据流通更好地促进数字贸易的进步，服务于数字经济的发展。

本章小结

进入信息技术时代，数字技术逐渐与传统产业深度融合，渗透到产业发展的各个环节，衍生出新模式、新业态，但是同时也出现很多新问题、新挑战，如何更好地推进产业数字化、产业数字化进程，实现贸易企业的数字化转型，促进产业结构升级，推动经济高质量发展成为国家的重点。

关键术语

产业数字化（Industrial Digitization）

数字产业化（Digital Industrialization）

数字鸿沟（Digital Divide）

数字壁垒（Digital Barrier）

数据安全（Data Security）

数字资产（Digital Asset）

课后习题

1. 数字贸易与跨境电商之间有何异同？如何应对数字贸易对跨境电商带来的挑战？
2. 产业数字化与数字产业化之间的区别是什么？
3. 产业数字化与数字贸易之间有何关联？
4. 数字产业化背景下我国应如何构建数字贸易规则体系？

本章案例分析

TradeGO——大宗商品国际贸易单据数字化

TradeGo 平台自 2020 年开始筹备，2021 年在第四届进博会中央企业交易团签约活动上完成项目合作协议签署，是由中化能源、中国石油国际事业、麦格理大宗商品及全球市场、中远海运能源、中国银行、沙特阿美能源基金、建设银行、招商轮船、三井物产和万向区块链共同成立的大宗商品区块链平台，搭建基于区块链技术的大宗商品国际贸易数字化服务平台，助力能化、金属等大宗商品产业客户进行业务拓展和创新。

TradeGo 以区块链技术为底层，提供了整套的国际贸易数字单据解决方案，立足于中国大陆地区大宗商品（能源化工、铁矿、农产品等）进出口场景，辐射亚太大宗商品市场，在保证客户商业隐私的前提下，为用户提供国际贸易数字单据生成、流转、回收等全生命周期管理服务，能有效解决国际大宗商品交易中真实性和时效性问题，为大宗商品行业上下游产业客户提供更加高效、真实的交易服务。

在铁矿石进口区块链数字提单通关业务应用中，业务参与方包括厦门国贸、中国银行、厦门海关单一窗口和境外供应商、银行、船公司等。在安全可信的区块链环境中，从信用证开立，到装运港提单签发、流转，再到境内外银行审单、结算，直至海关通关货物申报、放行，从源头数据打通至终端提货，全部流程都在安全可信的区块链环境中运行，各方在单据传递、单据审核、报关通关等各环节中的协同效率得到明显提升。其中，提单传递时间大幅缩短，从传统纸质单据多次邮寄超过 7 天的时间，到在系统上不超过 2 天。

在原油进口贸易跟单信用证下的区块链数字保函交单业务应用中，交易参与方为弘润石化与中国银行。TradeGo 通过贸易信息电子化，有效替代单据的纸质物理属性，实现信息秒级传输，更快地在贸易商和金融机构的账户之间传递信息。同时，通过给信息加上"时间戳"等方法，有效保障每条电子记录的唯一性。该业务是我国石油石化行业首例基于区块链技术的进口原油贸易交单业务，也是我国商业银行在优化外贸业务真实性审核方式上的初次尝试，具有重要的里程碑意义。在这单业务中，交单周期由传统模式快递畅通情况下的 10 天，降低到 4 天，交单流程优化 60%。考虑到疫情下的国际快递受阻等因素，数字单据的瞬间转移将大幅提高流转效率，简化退改签流程，有效避免因单据流转慢而产生的不必要的成本和费用。

资料来源：全球产业数字经济大会。

问题思考

1. TradeGO 平台在数字贸易方面的应用场景有哪些？
2. TradeGO 平台通过单据数字化解决了哪些问题？

考核点

产业数字化与数字产业化之间的联系与区别；
数字贸易的表现形式。

自我评价

学 习 成 果	自 我 评 价
1. 通晓数字贸易的主要形式	□很好 □较好 □一般 □较差 □很差
2. 掌握产业数字化与数字产业化的区别	□很好 □较好 □一般 □较差 □很差
3. 知晓不同类型数字贸易表现形式的特点	□很好 □较好 □一般 □较差 □很差

即测即练

自学自测 扫描此码

第四章

数字贸易平台

学完这章，你应该能够：

1. 知晓当前主要数字贸易平台的基本情况；
2. 了解不同数字贸易平台的盈利模式；
3. 掌握不同数字贸易平台的功能与服务模式。

第一节　国际性数字贸易平台

一、Amazon

亚马逊是当前全球最大的跨境电商平台，由最初的网上书店发展成为现在的线上零售巨头，其发展历程可以分为以下三个阶段。

第一阶段为创建之初，也就是1995年至1997年，其发展目标是成为全球最大的线上书店。创始人贝佐斯从公司辞职以后，从当时互联网的盛行中得到了商机启示，并发现当时人们对于书籍的需求量较大。相比于线下书店，亚马逊的线上书店打破了时间和空间的限制，更具成本方面的优势，但是作为创业初期的项目，其销售市场仍有待拓展。亚马逊后续采取了大规模扩张的战略，通过压低利润赚取市场，在不到两年的时间内于1995年成功上市。亚马逊凭借其先进入者的优势，占据了线上书籍市场，所以在网络书籍零售行业遥遥领先其他竞争者。最终，亚马逊以绝对的市场占有率确定了其全球最大书店的地位。

第二阶段是1997—2001年，其发展目标又出现了转变，是成为全世界规模最大的综合网上零售店。而贝佐斯也发现了网上在线零售商模式相对于传统实体店零售方式最大的优点，就是能够给消费者提供更加广泛的商品进行挑选。因此，亚马逊在下一步的发展中决定将由仅经营图书的网上书城逐步转型为综合电商服务平台，通过售卖更多种类和数量的商品吸引更多的消费者，就能够获取更多的收益。而此后，亚马逊也开始积极拓展商品种类，涉及的业务范畴也逐渐扩大，在传统图书零售的基础上也推出了一些周边的相关企业文化商品类的业务，如音乐和电影等。同时，为了优化页面搜索功能，获得处理客户数据的数据库技术和强大的数据搜索功能，亚马逊还收购了网络技术公司和数据挖掘公司。在物流配送方面，亚马逊不但成功地建立起了属于自己的物流配送中心，从仓库自主发货配送，并且同时与第三方的物流公司进行合作，采用多种物流配送相结合的方式将货物送至顾客手中。伴随着亚马逊平台在国际市场中的不断发展与扩大，平台商品在国际市场的占有率也不断增高。到 2000 年，亚马逊已经成为全球最大的网络零售商。

第三阶段是从 2001 年开始一直到今天，亚马逊的发展目标逐步转变成为以客户为中心的企业。亚马逊在以下几个方面进行转型，一是进行人员整合，关闭闲置的配送中心和服务中心，人员有小幅度的减少，提高办公效率。二是将交易流程中物流配送服务更多地分配给第三方物流服务公司，用此办法来降低企业自身的运营成本。三是进行平台内部业务调整，亚马逊在这一阶段更加注重的是企业的核心竞争优势。亚马逊在 2005 年向平台用户推出了 Prime 会员服务，此后向平台商家提供 FBA 服务。后者是在不断完善与创新的交易流程中的各项配套服务，前者是以客户为中心的会员服务，亚马逊成功地将平台从一个网络零售商转型升级为综合服务平台。亚马逊还在不断地扩张自己的国际市场，在欧洲收购了许多的在线服务网站，还收购了中国的卓越网等电子商务网站，逐步打开了欧洲及日本、印度、中国的市场。目前亚马逊已经在包括美国、日本、中国等在内的 14 个国家建有 175 个运营中心，其建立的物流网络已经基本能够覆盖全球范围。最新数据显示，亚马逊经过将近 20 年时间的飞速发展，在 2021 年的市值高达 1.58 万亿美元。

二、eBay

1995 年 9 月，eBay 网在美国成立。这个网络平台与跳蚤市场极为相似，每个人都可以来这里进行网络购物交易。eBay 的电子商务模式决定了它只能起到中间人的作用，也就是撮合卖家与买家进行交易，它从中间收取交易费。eBay 自从成立后，开始不断向外扩张，分别在美洲、欧洲以及亚洲等的许多国家成立了 eBay 的网络代销售站点，因此成为全球最大的网络销售中心。它在全球 33 个国家和地区设有分支机构，拥有 1.93 亿注册用户。2002 年 3 月，它开始投资易趣网，最终将其纳为全资子公司。eBay 与中国的易趣结盟，并改名为 eBay 易趣，并快速地发展为中国最大的在线交易网络平台。该网站的宗旨是帮助任何人在任何地方买到任何东西，早期的 eBay 易趣为中小企业提供了势力利益、自我价值以及网上创业的平台，同时，各种各样的商品以及优惠的价格也为网上的顾客带来了很大的便利和全新的购物感受。2004 年，公司推出新品牌 eBay 易趣。据统计，截至 2006 年第一季度，其累计用户已达 2030 万，是国内唯一可提供国际贸易机会的 C2C 网站。2006 年末，eBay 易趣与 TOM 达成了在线合作，双方通过整合彼此的优势，决定依靠 eBay 易趣在中国市场的电子商务领域的管理经验以及中国巨大的、活跃的交易群体，以及 TOM 在线对中国本地市场的深入了解，强强联手合作。紧接着在 2007 年，eBay 易趣与 TOM 又联合推出了符合中国市场的在线交易网络平台。由这两家合作成立的新的网络交易平台，意在为中国的商家以及顾客带来更多的网络交易商机和便利，从而进一步扩大 eBay 易趣在中国市场的发展与完善。

eBay 易趣除国内业务之外，还拥有大量的国际业务。因为其自身没有物流公司，所以采用的是物流联盟的方式。也就是它依靠自身的网络购物信息这一平台，探索建立了和外部物流公司的合作联盟。与 eBay 易趣合作的主要物流公司有美国的联邦快递公司、美国的 UPS 公司、美国邮政公司以及美国 DHL 公司等多家物流公司，这些物流公司都是国际有名的大公司，在这些公司中，美国邮政公司与 UPS 公司为 eBay 易趣网站执行的发货量最多。它们为 eBay 提供了免费上门服务、运费打折服务以及跟踪、确认发货等服务。这几家公司可以在网上检查时自动计算运费的多少。2009 年，eBay 海外公司继续扩大，业务也日趋增多，因此，它选择了与德国的邮政 DHL 公司建立合作联盟。这主要是由于德国的 DHL 公司具有世界上 200 多个国家和地区的超级广泛网络覆盖面的优越性。

三、YouTube

YouTube 是全球第一大视频网站。它注册于 2005 年 2 月 15 日，为用户下载、观看及分享影片或短片提供平台服务。2006 年 11 月，谷歌以 16.5 亿美元收购了 YouTube，并把其当作一家子公司来经营。世界上所有上网的人群中有 1/3 的人每天在 YouTube 合计消费几亿个小时的时间观看视频。《2017 年 BrandZ 最具价值全球品牌 100 强》中，YouTube 名列第 65 位。

四、iTunes Store

iTunes Store 是一个由苹果公司运营的音乐、电视、电影商店平台。iTunes Store 是 iTunes 的一个服务平台，用来销售数字产品，可以理解成是个数字贸易超市，里面有如下购物分区（music、movies、TV shows、App store、books、podcasts、iTunes U）。其中 iTunes U 指网络公开课，诸多名校如哈佛大学、MIT、牛津大学等都把自己课堂的音频、视频、文档放在网上，用户可以通过 iTunes 软件下载。

五、Aptara Inc.

Aptara Inc. 是数字内容生产商。对数字内容进行设计、捕捉、转换和丰富。公司重新利用内容，管理内容，使其便于被发现，并构建了相关技术和工作流程，可将内容移动到整个组织并快速有效地推向市场；另外，还提供业务解决方案来支持整个内容制作，其内容采用多种形式，包括书籍、培训材料、合规性文件、产品信息、营销材料、证词、游戏应用程序和财务文档等。Aptara Inc. 平台还引入新技术，一方面，运用大数据技术对数字内容进行实时挖掘分析；另一方面，追求开放式的数字平台，将技术、人才、数字内容资源结合并进行服务扩展，提供良好优质的平台服务。

六、Cxense ASA

Cxense ASA 是从事数字贸易销售的平台，旨在改善在线客户的体验。企业使用

Cxense ASA 先进的实时分析、数据管理（DMP）、广告、搜索和个性化技术，以获得更多的用户参与，增加数字收入和更高的销售转化率。Cxense ASA 通过大数据和深刻的洞察力，提供数据管理服务、个性化内容推荐服务，实现数字贸易精准营销。

第二节　中国的数字贸易平台

一、敦煌网

敦煌网成立于 2004 年，专注小额 B2B 赛道，为跨境电商产业链上的中小企业提供"店铺运营、流量营销、仓储物流、支付金融、客服风控、关检汇税、业务培训"等环节全链路赋能，帮助中国制造对接全球采购。敦煌网是国内首家为中小企业提供 B2B 网上交易的网站，采用佣金制，免收注册费，仅在交易双方交易成功后收取费用。

目前，敦煌网已拥有 230 万以上累计注册供应商，年均在线产品数量超过 2500 万，累计注册买家超过 3640 万，覆盖全球 223 个国家及地区，拥有 100 多条物流线路和 10 多个海外仓、71 个币种支付能力，在北美、拉美、欧洲等地设有全球业务办事机构。

敦煌网是中国本土的 B2B 进出口跨境电商平台，是国内首个为中小企业提供 B2B 网上交易的网站。它采取佣金制，2019 年 2 月 20 日起对新注册卖家开始收取费用，然后只在买卖双方交易成功后收取费用。敦煌网致力于帮助中国中小企业通过跨境电子商务平台走向全球市场。

二、中国制造网

中国制造网（https://Made-in-China.com）创立于 1998 年，由焦点科技股份有限公司开发及运营。作为第三方 B2B 电子商务服务平台，中国制造网专注于服务全球贸易领域，致力于为国内中小企业开展国际营销构建展示平台和交流渠道，帮助供应商和海外采购商建立联系，挖掘全球市场商业机会。其商业模式一直是以口碑来获取市场。收费模式也与敦煌网的佣金制有很大区别。

中国制造网是一个中国产品信息网站，主要是网上信息黄页，海外买方和国内卖方在网页上发布信息，不涉及线上交易环节。平台盈利模式聚焦于信息展示。其面向全球提供中国产品的电子商务服务，旨在利用互联网平台将中国制造的产品介绍给全球采购商。中国制造网的域名为"Made-in-China"，十分直观形象，其信息平台以及所提供的高质量的商业服务能够有效促进中国对内对外的贸易。中国制造网尤其关注中小企业的发展。其商业信息数据库巨大而翔实，能够提供便捷和高效的服务。中国制造网通过提供一个信息交流的平台，帮助国内外众多采购商和供应商成功交易。

中国制造网最基本的服务是中国产品目录（Product Diretory）。产品目录是中国制造网专业的"Made in China"网上产品数据库，覆盖了 26 个大类、1600 个子类、高达 100 万种以上的中国产品数据，是全球采购商寻找中国产品的最佳途径。中国供应商可以在产品目录发布企业、产品信息，从而实实在在地在互联网上展示企业形象及推广产品，并获得商业机会。

三、eWTP

eWTP（Electronic World Trade Platform）世界电子贸易平台，是由非政府部门发起、各利益攸关方共同参与的开放、透明的世界电子贸易平台，旨在打造一个"数字自由贸易区"，促进公私对话，探讨全球数字贸易和电子商务的发展趋势、面临问题和政策建议，建立贸易相关新规则，为跨境电商的全球化发展营造切实有效的标准规则和商业环境，共同促进全球经济社会普惠和可持续发展。

就定位而言，eWTP是基于互联网技术的新型国际合作平台，是市场驱动多方参与的公私合作平台，各利益攸关方通过该平台进行公私对话与机制性合作，全球贸易不再是大公司一枝独秀，更多发展中经济体、中小企业和年轻人可以通过eWTP这个公平、开放、自由的平台参与到数字时代的经济贸易中，让商业作为原始驱动力，各利益攸关方在平台上讨论和研究数字时代经济发展和跨境电商的发展趋势、面临问题、商业实践、最佳范例、规则标准建议，形成一个不断发展的网络自贸区或网络经济共同体。

就目标而言，eWTP作为一个基于跨境电商的平台，根本目标是通过推动公私对话，孵化和创新数字时代的新型贸易规则，改善跨境电商基础设施，并进行务实合作，以快速商业实践来推动改革创新，营造有利于跨境电商和数字经济发展的政策和商业环境，切实解决当前贸易环境中企业交易、通关、物流、金融贸易成本等实际问题，便利国际贸易，促进发展普惠贸易，实现全球数字经济、电子商务和普惠贸易的快速迭代发展。

四、大龙网

大龙网的跨境数字贸易平台是龙工场。龙工场创新打造出M2M（Manufacturer 2 Market）跨境实业互联服务平台，通过"互联网+外贸+跨境大数据+金融+品牌"服务，以"中国跨境数字贸易港"为中枢，布局了分布全球各产业中心城市及贸易中心城市的国内"跨境离岸数字集采中心"与海外"数字贸易服务中心"，整合中国供应商市场（Manufacturer）和国外采购商市场（Market），令其互联互通，打破行业传统，构建数字贸易时代下商业新生态。大龙网以帮助全球中小企业采购商购买源头产地一手货为目标，以多维聚合生态服务体系助推跨境实业互联。

五、网易考拉

网易考拉是网易旗下以跨境业务为主的综合型电商，定位于品质电商数字贸易平台，网易考拉主打自营直采的理念，在美国、德国、意大利、日本、韩国、澳大利亚等国家及中国香港、中国台湾设有分公司或办事处，深入产品原产地直采高品质、适合中国市场的产品，从源头杜绝假货，在保障产品品质的同时省去诸多中间环节。产品直接从原产地运抵国内，在海关和国检的监控下，储存在保税区仓库。此外，网易考拉还与海关联合开发二维码溯源系统，严格把控产品质量。

六、全球速卖通

全球速卖通（AliExpress）是阿里巴巴集团旗下的为帮助全球中小企业将其产品销售给终端消费者而打造的集交易、支付、物流于一体的网络零售平台。2010年4月，全球速卖通正式成立，经过近10年时间的快速发展，全球速卖通已成为中国最大的跨境电商企业，其业务范围覆盖了全球230多个国家和地区并开通了18个语种站点，海外消费者数量累计达到1.5亿。在俄罗斯、西班牙、巴西、法国等国家，全球速卖通已成为当地市场具有领先地位的网络零售平台。除此以外，全球速卖通还广泛布局"一带一路"沿线国家和地区的电商业务。

全球速卖通在成立之初的战略定位是为中国中小型企业与海外消费者提供交易服务的第三方平台。平台上的商家可以借助全球速卖通这一平台将商品销售给海外消费者，以获得利润；海外消费者也可以从全球速卖通平台上购买来自中国的一些物美价廉的商品。随着全球速卖通的快速发展，有越来越多的商家入驻平台，由此也吸引了越来越多的消费者，全球速卖通的影响力迅速跃升，其战略目标也在不断演进。

2019年，全球速卖通宣布了其最新的战略目标，即以"用户增长"和"商家成长"两个层面作为其核心战略。在用户增长方面，全球速卖通主要从三方面入手促进其用户规模的持续增长：一是社交互动。全球速卖通将建立商家与消费者之间的社交平台，促进双方的沟通和交流。二是智能导购。智能导购能够帮助消费者对自身需求进行更为精准化地分析并提出购物建议，以提升消费者的购物体验。三是会员体系的建立。全球速卖通将利用会员服务对消费者进行分层，实现更为精准化的营销，以提升消费者的忠诚度。在商家成长方面，全球速卖通将从4种途径入手帮助商家更好地成长：一是提升用户运营能力。全球速卖通会帮助商家提升对其用户群体的运营能力，提升用户留存率。二是提升品牌塑造力。全球速卖通会帮助其平台上的商家打造、推广品牌。三是提升供应链能力。全球速卖通会利用阿里巴巴集团的资源，为商家提供更具有性价比的产品。四是对基础卖家产品升级。全球速卖通将为平台上的基础卖家在产品选控、产品升级等方面提供帮助。

第三节　数字贸易平台的发展

一、全球数字贸易平台发展趋势

（一）数字贸易的线上线下深度融合

全球数字贸易平台是一个实体经济与虚拟经济、线上与线下有机融合的平台。数字贸易通过线上线下的深层融合，可实现数字产品、交易、营销等数据的共融互通，加快商业运作的节奏，缩短企业与客户之间的距离。例如，敦煌网的DTC集线下展示、线上交易、售后服务、海外仓储、商务培训于一体，为海外买家提供全新的采购体验。线上线下的深层融合，将促进整个行业生态体系的重塑，利用物联网、大数据、普及云、海外仓、数字技术等先进网络技术和理念共筑企业的未来，推动市场产业聚集，融合与转型发展。

（二）数字贸易的交易与服务一体化

全球数字贸易平台将汇集交易和服务，促进交易和服务的一体化和平台化，形成交易服务一体化平台。例如，敦煌网交易服务一体化平台彻底打通了交易与服务，建立了国内外贸工厂和国外批发商/零售商之间的联系，使中国卖家能进一步拓展海外市场。交易的平台化带动了包括支付、金融、仓储、物流、关检税汇等在内的跨境贸易各项服务的平台化。以我国跨境电子商务发展为例，通过第三方交易平台（批发及零售平台），不但实现了"卖全球"即促进外贸企业实现出口的目的，而且达到了"买全球"即扩大进口、提振消费、平衡外汇的效果。全球数字贸易平台分为在线交易和外贸综合服务两部分，可为外贸企业提供产品展示、在线交易、关检、物流支付、金融等多方面服务，改变了传统跨境贸易中交易与外贸服务分别独立的运行方式。

（三）数字贸易生态圈的整合与变革

全球正在掀起一场数字贸易、产业互联的深远变革，数字化为传统企业转型升级、品牌出海提供了机遇和动力。传统企业的触网，互联网企业的下沉，新的行业被衍生和孕育，产业链条的版图正在被重构。例如，eWTP 简化了法规和海关流程方面孵化数字贸易的发展规则。Dhport 提供在线"一键退税"服务，客户将发票、邀请函、出口报关单、增值税专票传送到平台上，平台自动采集、自动审核。上海路径电子商务公共服务平台实现了"一次申报、一次查验、一次放行"，提高了口岸监管便利化程度。

（四）重塑全球价值链，优化资源配置

全球数字贸易平台能够为不同国家、不同规模、不同技术、不同所有制的企业特别是中小企业提供接入全球价值链公平而开放的通道，例如，大龙网利用"互联网+"构建线上贸易全流程，实现及建立贸易双方的联系，推动询单与报价对接撮合商机。全球数字贸易平台能够为中小企业扫除开展贸易和投资，进而升级到更高价值链环节的技术壁垒和各种障碍，营造公平竞争、信息畅通的价值链微观生态，并能够充分保障后起发展国家的企业获得合理分工收益。

（五）数字经济推动数字贸易规则的变革

数字贸易规则的制定已不再停留在国际贸易规则的范畴。从数字贸易到数字经济，数字技术产业化发展加速，丰富了服务贸易细分领域，数字游戏、数字音乐、数字电影等数字服务形态如今不断涌现，由数字化技术推动的数字贸易已成中国服务贸易发展新趋势。大数据、云计算、人工智能为服务贸易发展提供了新的技术手段，数字化、智能化、网络化已成发展方向。

二、数字贸易平台的建设目标

（一）充分利用数字技术拓展数字贸易形态

数字贸易和数字技术密切相关，数字技术塑造了全球贸易新型数字形态。数字贸易平台是一个集数字技术贸易、数字文化贸易、跨境电子商务等于一体的平台体系，能实现数字品牌展示、数字产品交易、数字贸易服务、数字贸易孵化等多种功能。同时平台要能够提供综合性的数字贸易监管服务，包括数字内容版权管理、跨境交易流程监控、商品质量追溯监管、数据传输安全便捷等，为企业创造一个安全、稳定、高效的数字贸易环境，拓展数字贸易新形态。

（二）基于贸易结构变化构建数字贸易优势

数字技术通过增加服务改变了比较优势模式，其全球价值链复杂性也在改变全球贸易构成，平台需要应对这些加速的结构变化，促进服务贸易出现新型服务。数字贸易的本质在于信息化，构建的全球数字贸易平台要能促进数字经济发展，推动消费互联网向产业互联网转移，助推数字经济向高质量转型，以提高品牌的国际市场竞争力，构筑数字贸易新优势。

（三）构建综合功能领先的全球数字贸易平台

依托大数据、物联网、人工智能等科学技术构建的全球数字贸易平台，应是一个综合功能领先的全球数字贸易平台体系，能够联通平台中数据资源的交换信息，实现全球数字贸易间互联互通，形成全球数据贸易数据中心数据库，围绕数字贸易业务进行分析、挖掘，完成合同交易的自动化。由于数字贸易的交易往往是在互联网平台上达成的，不需要任何实体材料，全部交易过程实现电子化，因此需要构建一个安全可控的全球数字贸易平台体系。

三、数字贸易平台建设策略

（一）推进构建数字贸易国际中心

按照国家对发展数字贸易的定位与要求，加快发展数字贸易等新型贸易业态，统筹利用我国现有的数字技术优势与贸易优势，推进国际数字贸易中心枢纽构建。推动数字技术贸易、数字文化贸易等创新发展，打造服务全国、面向国际、内外连接、期现联动的全球数字贸易平台，加快建设在全球投资与贸易网络中具有枢纽作用的国际数字贸易中心。

（二）通过数字贸易企业带动数字贸易平台整体发展

集聚一批全球领先的数字贸易企业，培育以技术、标准、品牌、质量、服务为核心的外贸竞争新优势，推动外贸高质量发展。建立更加开放透明的数字技术、数字文化、数字商务市场准入管理模式，引导资本进入数字贸易产业，切实优化营商环境，激发市场活力和社会创造力。鼓励积极引进数字贸易龙头企业落户，对设立技术贸易、文化贸易、跨境电子商务等数字贸易相关龙头企业的地区给予政策支持，为企业发展做好服务。

（三）贸易平台与数字化深度融合

要打造和持续优化产业平台生态，以平台为核心，让技术、数据与贸易深度融合，要利用数字平台汇聚多种资源优势，发挥数字技术与数据要素对传统产业的促进作用，破除传统贸易的信息孤岛，要以产业数字化为抓手推进工业贸易平台与相关应用场景的数字化建设，还要利用数字产业化的优势推动以数字形式交付贸易的发展。

（四）模糊数字贸易与实物贸易边界

要打造产品与服务的一体化推送，有效培育中国品牌价值，一方面，要鼓励数字平台在交易中介的基础上，增加品牌建设、数据库建设、目的地市场本地化营销方案设计等增值服务内容，助力国产品牌出海，增强国际市场竞争力；另一方面，要推动数字音影等数字载体商品的贸易发展，要利用平台节点优势，形成经济、文化的双重输出。

（五）要发挥大型数字平台带动作用

要鼓励独立站点在大平台上建立子站点，带动独立站点出海，逐步形成大生态中容纳小生态的包容型贸易生态结构，通过大平台赋能小平台，强化数据要素流通交换能力。要鼓励大型数字平台作为核心枢纽发挥带头作用，打通产业链中的数据壁垒，推动链中民族企业实现强强联合、优势互补，形成中国品牌产业集群。

（六）坚持发展与规范并举、开放和安全并重

通过对数字贸易标的商品进行统一的品类细分，针对不同商品特征制定相应的贸易监管办法，规范数字贸易市场大环境。市场监管总局可通过数据管理平台对数字贸易交易平台进行监管，加快构建统一开放、竞争有序、诚信守法、监管有力的数字贸易市场环境。完善版权综合服务体系，建立知识产权侵权查处快速反应机制，积极发挥知识产权法院作用，加大对产品版权、商标权、姓名权和名称权等的综合保护力度。此外，要加强跨境交易流程监管、商品质量监管、交易数据分析、企业资质认证等，通过监管系统的对接，整合数字贸易监管体系，提供综合性数字贸易监管服务，推动数字贸易高质量发展。

本章小结

数字贸易平台是以互联网为基础，以数字交换技术为手段，实现全球数字技术与内容产品、软件和信息服务贸易、跨境电子商务等高效交换的新型贸易活动平台，是数字经济时代的产物。当前国际性的数字贸易平台种类相对多元化，不仅有以货物贸易为主的数字贸易平台，还有数字产品的贸易平台，相比之下中国的数字贸易平台主要以货物贸易为主。此外，本章还对数字贸易平台的发展趋势、目标以及路径进行了分析。

关键术语

数字贸易平台（Digital Trade Platform）
世界电子贸易平台（Electronic World Trade Platform）
跨境电商（Cross-Border e-Commerce）
数字内容贸易（Trade in Digital Content）
海外仓（Overseas Warehouse）

课后习题

1. 国际性数字贸易平台的类型与中国的数字贸易平台的类型有什么区别？
2. 试述当前我国数字贸易平台的发展趋势。

本章案例分析

阿里巴巴 eWTP 与泰国共建首个数字自贸区

2022 年 12 月 8 日，阿里巴巴 eWTP（世界电子贸易平台）与泰国共建的首个数字自贸区正式开始试运营，这是自 2018 年 eWTP 与泰国签订合作备忘录以来的标志性进展，也是泰国第一个通过数字化方式建立的自贸区。据了解，eWTP 泰国数字化自贸区投入使用后，中国到泰国的跨境电商履约时效将从 10 天缩减到 3 天。

泰国数字自贸区坐落在交通便利的泰国东部经济走廊区域，毗邻泰国经济的主动脉线，占地 40000 平方米。eWTP 与泰国东部经济走廊办公室、泰国海关紧密合作，共同完成了数字化自贸区的创新模式。

"通过 eWTP 泰国公共服务平台可以实现自贸区全流程数字化的监管，从商品进入泰国境内到最终配送到消费者手中，数字技术可以实现货物的可追溯、可关联。"泰国海关工作人员表示，在转关的过程中，实时定位电子关锁的技术可以保证货物的完整和安全，确保泰国海关全流程的实时监管。

"泰国首个数字自贸区的建成，不仅标志着中国的数字监管和跨境电子商务创新模式在泰国成功地复制，更是为未来泰国的本土跨境电子商务发展输出了好的实践经验。"阿里巴巴集团 eWTP 相关人员表示，"在泰国项目中，公司用到的电子关锁、全流程无纸化等科技手段，很好地支持了泰国海关的数字化监管，让这第一个数字化自贸区能够顺利跑起来。"

据悉，eWTP 是由阿里巴巴发起，多方参与的世界电子贸易平台，旨在促进公私对话，推动新实践新模式，共同为跨境电子商务的健康发展营造切实有效的政策和商业环境，帮助全球发展中国家和最不发达国家、中小企业、年轻人更方便地进入全球市场、参与全球贸易。eWTP 泰国数字化自贸区具有公共性，面向所有中国企业和泰国的中小企业开放，为区域化的数字贸易开启了新空间。

资料来源：中国证券网。

问题思考

1. eWTP 平台在数字自贸区构建过程中发挥了哪些作用？

2. 该数字自贸区的落地为其他数字贸易平台提供了哪些可供借鉴的经验?

考核点

不同类型的数字贸易平台;
数字贸易平台的发展趋势。

自我评价

学 习 成 果	自 我 评 价
1. 知晓当前主要数字贸易平台的基本情况	□很好□较好□一般□较差□很差
2. 了解不同数字贸易平台的盈利模式	□很好□较好□一般□较差□很差
3. 掌握不同数字贸易平台的功能与服务模式	□很好□较好□一般□较差□很差

即测即练

自学自测　扫描此码

第五章

数字贸易测度

学完这章，你应该能够：

1. 了解数字贸易测度的重要作用；
2. 掌握数字贸易的主要测度方法；
3. 知晓中国数字贸易测度的发展现状。

信息通信技术的发展丰富了贸易内涵，转变了贸易方式，由此衍生出了数字贸易，并对传统的贸易统计提出了挑战。原有的统计核算体系虽然在某些方面已经体现了数字化的特征，却无法反映数字贸易的全貌。测度数字贸易需要清晰界定其概念内涵，科学构建具有国际可比性的测度方法，同时保障数据的可获得性。通过本章学习，可以了解数字贸易统计测度的重要意义，熟悉不同口径的数字贸易内涵、测度理念与测度方法，掌握国内数字贸易测度的概念框架与测度实践。

第一节 数字贸易测度的重要作用

对数字贸易的概念作出界定后，随之而来的工作就是数字贸易测度，这是数字贸易研究的重点问题之一，对相关理论研究和政策设计具有重要意义。

在规则制定方面，不同数字贸易概念框架下的统计测度数据是评估各国数字贸易国际竞争优势的重要指标，开展数字贸易测度有利于政策制定者以更积极主动的姿态参与全球数字贸易规则建设，提出有利于本国数字贸易发展的规则主张。

在政策支持方面，及时、准确地获取数字贸易统计数据是评估数字贸易经济影响的重要依据，也是把握数字贸易发展新特点新趋势、落实数字贸易领域各项支持政策、夯实数字贸易产业基础的前提和依据。

在信息需求方面，随着数字贸易规模与日俱增及其内涵的丰富发展，各国政府、企业和分析师对数字贸易统计信息的使用提出了更高要求。尽管目前已经能够采集货物、服务进出口总体数据，但是与数字贸易相关的数据和信息仍存在很大欠缺，数字贸易统计测度方法还需进一步完善。

在市场监管方面，由于数字中介平台（Digital Intermediary Platform，DIP）呈现动态性、跨界性、生态化特征，传统互联网监管规制体系与数字中介平台的新属性不能匹配适应，导致这些平台可能规避同等经营业务监管要求，识别这些颠覆性和变革性企业以及确定其对贸易的影响是数字贸易测度工作的重要方面。

在管理跨境数据流方面，由于数字经济离不开数据的跨境流动，国际社会已经认识到跨境数据流动能带来巨大收益，但也可能对安全、隐私及消费者保护造成威胁。在跨境数据流动、个人隐私保护和国家安全保障之间需要找到平衡点，这是当前数字治理的重要内容。数字贸易的测度数据可以为其提供见解。

第二节　数字贸易测度理念

尽管本书前面的章节已经对数字贸易概念做了大量介绍和讨论，但是有必要从测度视角对数字贸易的概念再次简要介绍，以便更好、更清晰地理解本章所要重点介绍的数字贸易概念框架、指标体系和测度方法。

由于数字技术仍在不断进步，数字贸易的应用场景和业态模式也一直处在演进的状态中，加之不同国家和机构对数字贸易的侧重和诉求不同，关于数字贸易的定义全球尚未形成一个统一的解释。综合来看，目前国际上对数字贸易的概念内涵的认识基本可以归类为"宽口径""窄口径"两种类型。持"窄口径"定义的主要是联合国贸发会议（UNCTAD）和美国国际贸易委员会（USITC），而持"宽口径"定义的主要是经济合作与发展组织（OECD）、世界贸易组织（WTO）、国际货币基金组织（IMF）。前者的交易标的仅指服务，后者的交易标的包括服务和货物。因此，两者对数字贸易的概念界定存在部分交叉重叠，即两者均认为以数字方式交付的服务贸易是数字贸易的重要组成部分。因此，从测度视角来看，数字贸易测度理念可以分为"单一的基于数字交付服务的数字贸易测度理念"和"多维的基于数字订购贸易和数字交付贸易的测度理念"。

一、单一的基于数字交付服务的数字贸易测度理念

（一）数字交付服务概念的提出

联合国贸发会议（UNCTAD）、美国国际贸易委员会（USITC）和美国商务部（USDOC）对数字贸易的定义限定在单一维度，指"通过互联网交付产品和服务的商务活动"[1]。从交易标的来看，数字贸易的主要标的是服务、信息和数据。从交易性质来看，数字贸易是通过数字化形式交付的服务贸易，实物贸易并未囊括其中。从交易范畴来看，数字贸易是服务贸易的一个分支。从交易对象来看，数字贸易仅涉及跨境贸易，不包括国内贸易。

根据该定义，数字贸易的实质是数字技术赋能于传统服务贸易从而实现数字化形式

---

[1] 2013年7月，美国国际贸易委员会（USITC）在《美国与全球经济中的数字贸易Ⅰ》中正式提出了"数字贸易"定义，即"通过互联网交付产品和服务的商务活动"。

交付，因此从测度视角看，数字贸易应由以数字化形式交付的全部服务贸易额组成。

从现有统计指标体系来看，数字贸易是由《2010年国际收支服务扩展分类》（EBOPS 2010）服务子项中使用数字手段交付的部分构成。但 EBOPS（2010）是按照服务类别进行分门别类的，并未给出各项服务的具体交付方式，因此，从现有统计指标体系统计到的数据仅代表数字可交付服务贸易额，这部分服务贸易额只是具备了使用数字技术在线交付的条件，这当中究竟有多大规模或比例是通过数字化形式实现在线交付的，还需要另行测度。因此衍生出了数字可交付服务（Digitally Deliverable Services）和实际数字交付服务（Digitally Delivered Services）。

（二）数字可交付服务和实际数字交付服务的提出

2012年，美国专家玛利亚·博尔加（Maria Borga）和简尼弗·孔兹-布伦纳尔（Jennifer Koncz-Bruner）认识到信息通信技术（Information and Communication Technology，ICT）对于推动跨国服务贸易发展具有重要性，其在《数字赋能服务贸易的趋势》文章中提出了两个较为宽泛的概念：数字赋能服务（Digitally-enabled Services）和 ICT 赋能服务（ICT-enabled Services），两者都可以视为"ICT 在推动其发展中起到重要作用的跨境服务贸易"。2016年，在此研究基础上，美国商务专家艾莱克西斯·N. 格立姆（Alexis N. Grimm）根据不同服务与数字技术的融合能力，将服务贸易区分为 ICT 服务、潜在 ICT 赋能服务（Potentially ICT-enabled Services）和非潜在 ICT 赋能服务。其中，ICT 服务是用于促进信息处理和通信的服务，如电信服务、计算机服务和信息服务；潜在 ICT 赋能服务是指主要而不是必须通过 ICT 网络远程交付的服务，包括了 ICT 服务。格立姆认为，服务的实际交付模式是未知的，潜在 ICT 赋能服务强调了服务贸易数字化转化的现实可能性而非必然性。

对外经济贸易大学贾怀勤教授在国内较早研究数字贸易测度，于2018年1月向有关部门提出开展数字贸易试测度建议，并且确立了"数字技术可融合服务"与"数字技术已融合服务"这一对概念。其中，数字技术已融合服务指的是数字技术可融合服务中已实现融合的部分，排除了尚未被数字技术融合的部分，因此是数字技术可融合服务的子集。

可以看出，国内外学者已经认识到服务业与数字技术融合的趋势对服务贸易已经产生影响并且必将产生更加深远的影响，因此，对数字服务贸易如何精确定义和准确测度也成为一项重要课题。尽管不同学者对相关概念的表述有所不同，但其内涵是一致的。本章对数字服务贸易相关表述作了统一梳理，将数字赋能服务、ICT 赋能服务、潜在 ICT 赋能服务、数字技术可融合服务，称为数字（ICT）可交付服务，与之相对应的是实际数字（ICT）交付服务。因此，根据服务贸易与数字技术融合的可能性，数字服务贸易可以分成数字（ICT）可交付服务和非数字（ICT）交付服务。在数字（ICT）可交付服务中，又可以分离出实际数字（ICT）交付服务，这部分代表了服务贸易与数字技术已经实现了深度融合（表5-1）。

表 5-1　有关窄概念数字贸易的三对不同表述

类型	一级模式	二级模式	监管代码	流向标识	主要统计方法
B2B	企业间进口		无	B-B	统计调查
	企业间出口		9710	B-B	行政记录
B2C	零售进出口	直邮出口	9610	B-C	行政记录
		网购保税出口	1210、1239	B-B-C	行政记录
		一般出口	9610	B-C	行政记录
		区域出口	1210、1239	B-B-C	行政记录
	"海外仓"出口		9810	B-B-C	行政记录
C2C	邮快件电商包裹进出境		8639	B-C-C	统计调查

二、基于"数字贸易方式"维度的数字贸易测度理念

2020年3月，OECD、WTO和IMF联合发布《数字贸易测度手册》（以下简称《手册》），基于统计测度的目的，将数字贸易定义为所有以数字方式订购和/或以数字方式交付的贸易，并提出了包含贸易范围、贸易方式、贸易产品和贸易主体4个维度的数字贸易概念框架（见图5-1）。

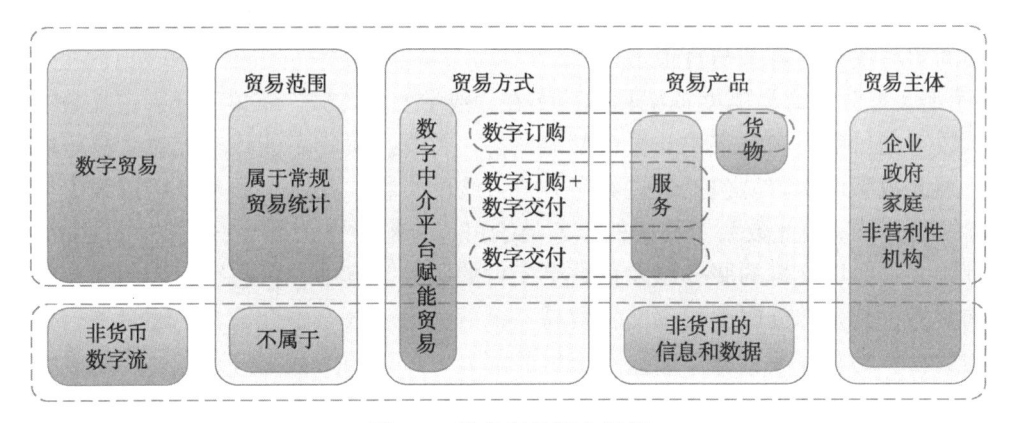

图 5-1　数字贸易概念框架

资料来源：2020年OECD、WTO和IMF发布的《数字贸易测度手册（第一版）》。

"数字贸易范围"维度，区分了可以通过货币反映的数字贸易和无法通过货币反映的跨境信息和数据流。数字贸易可以涵盖跨境信息和数据流动，但有跨境信息和数据流动不一定会产生数字贸易。在数字贸易项目中，出口方向进口方提供商品或服务并获得货币支付；在非货币数字流项目中，进口方无须支付任何费用即可获得某些数据、信息或服务，例如，中国向国外提供的社交媒体、搜索引擎等非商业化服务属于非货币数字流，不属于数字贸易涵盖的范畴。

"数字贸易方式"维度，是基于数字技术对国际贸易的影响，将数字贸易分为三类：一是数字订购贸易（Digitally Ordered Transactions），即通过专门用于收发订单的计算机网络所完成的商品或服务的国际贸易活动，通俗地说就是在网络上进行下单的国际买卖；二是数字交付贸易（Digitally Delivered Transactions），即通过专门设计的计算机网络完成

的远程交付的电子格式服务的国际贸易，但排除了通过电话、邮件和传真提供的服务；三是数字中介平台赋能贸易（Digital Intermediation Platform Enabled Transactions）。数字中介平台是指："有多个买家和多个卖家直接互动，其本身并不拥有商品，也不提供正在出售的服务的平台。"比如，淘宝、亚马逊等。大多数通过平台促成的国际贸易可以归为数字订购贸易，平台为非本国居民提供的中介服务则属于数字交付贸易。

"数字贸易产品"维度，包含了货物贸易、服务贸易，以及非货币的信息和数据流三类：一是货物。由于货物无法通过网络传输交付，只能出现在数字订购贸易中，因此，数字贸易包含了通过数字订购方式开展的货物贸易。二是服务。服务可以通过数字订购方式开展，如酒店、网约车预订等服务，也可以通过数字交付方式开展，如云计算、人工智能、在线教育等服务。因此，数字贸易包含了通过数字订购方式（但非数字交付）开展的服务贸易和通过数字交付方式开展的服务贸易。三是非货币的信息和数据流，如用户数据、开源软件、免费服务，具有非货币化、非商业化的特点。

"数字贸易主体"维度，参考国民经济核算体系（SNA），将贸易主体分为家庭、企业（包括金融和非金融）、政府和服务于家庭的非营利性机构。由于互联网等技术降低了国际市场进入门槛，让许多原本没有出口优势的中小企业、个体生产者以及个体消费者成为国际贸易的参与主体，增加了数字贸易统计工作的难度，与此同时社会各界对按用户分类的贸易统计的需求与日俱增。

《手册》把数字贸易测度框架具体落实在"数字贸易方式"维度，分别定义数字订购贸易、数字交付贸易和数字中介平台赋能贸易。首先，货物不能线上交付，只可能线上订购，因此数字订购贸易包括通过数字方式订购的货物。其次，服务既可以线上交付，也可以线上订购，因此数字贸易中的服务类别可以分解为三个部分：仅数字订购的服务、数字订购并且数字交付的服务以及仅数字交付的服务。其中，仅数字订购的服务属于数字订购贸易，其余部分属于数字交付贸易。最后，对于数字中介平台，通过平台订购而产生的货物贸易和服务贸易（非数字交付的部分）可以归为数字订购贸易；从平台的商业模式看，数字中介平台有收费和不收费之分，其中不收费而以广告和数据服务产生收入的数字中介平台属于非货币数字流，不在数字贸易的统计范围之内；收费平台为非本国居民提供的中介服务则属于数字交付贸易。与平台相关的数字订购贸易和数字交付贸易统称为数字中介平台赋能贸易（表5-2）。

因此，根据"数字贸易方式"维度，数字贸易由以数字方式订购的贸易和以数字方式交付的贸易两部分组成。其中，数字订购贸易包括通过数字订购的货物（包括通过数

表5-2 数字贸易指标体系

贸易类型	贸易标的	贸易性质	贸易方式
数字贸易	货物	数字订购	数字订购贸易
	服务	仅数字订购	
		数字订购+数字交付	数字交付贸易
		仅数字交付	

字中介平台订购的货物）和仅通过数字订购的服务（包括仅通过数字中介平台订购的服务）；数字交付贸易包括通过数字方式交付的服务以及收费平台的中介费。

根据该维度的概念框架，数字贸易计算公式为：数字贸易总额＝数字订购贸易额＋数字交付贸易额。

三、数字贸易概念内涵相关的一些问题

（一）数字硬件产品贸易是否应纳入数字贸易

一种观点认为，应该把数字硬件产品的贸易额纳入数字贸易测度，出发点是数字贸易既要考虑数字技术与传统交易标的的融合，也要考虑数字技术形态的实体货物。另一观点认为，数字硬件产品交易本身属于货物贸易，如果没有任何数字技术支撑货物的交易实现过程，就不应该列入数字贸易统计范畴。目前，依据OECD-WTO-IMF的统计框架，数字硬件产品中采用数字订购的，属于数字订购贸易，不是通过数字订购的，不计入数字贸易。

（二）数字技术有效赋能带动贸易效率和质量提升是否应纳入数字贸易

有研究调查指出，对数字贸易的统计关注是否应扩展到数字技术"有效赋能带动贸易效率和质量提升"。原因在于，数字技术和数字平台能够深度联结贸易的生产、流通、分配和消费各环节，深入推动全社会要素分工，从多方面改善生产环节的产品供给能力；在流通环节突破虚实壁垒、促进流通链扁平化；在消费环节重构供需双方关系，形成供需匹配的高质量动态平衡，有效带动贸易效率和质量提升。但是数字技术有效赋能贸易是一个非常宽泛的命题，技术层面或统计层面目前还无法达到完全确切判断的程度，具有很大的不确定性。

四、宽窄概念测度范畴的联系和对比

窄概念的测度仅针对服务，其范畴只包含数字交付服务。宽概念的测度包括货物和服务，对数字交付贸易的定义，借鉴了联合国贸发会议（UNCTAD）关于数字交付服务相关概念的现有定义，但强调了范围上的差异。其中，数字交付服务包括利用电话、传真、电子邮件等其他方式为境外远程提供的服务，且主要集中在跨境贸易，即模式1[①]交付的服务；而数字交付贸易仅指通过计算机网络交付的服务，且涵盖了4种交付模式。宽概念测度范畴除了包含数字交付贸易外，另一大块是数字订购贸易。数字订购贸易的交易标的可以是货物，也可以是服务。部分服务项目虽然不能以数字化形式交付，但是只要是通过数字订购，也属于数字贸易范畴。另外，数字中介平台在国际贸易中的影响

---

① 1994年达成的《服务贸易总协定》（General Agreementon Trade in Service, GATS），列举了4种服务交付模式。《服务贸易总协定》第1条第2款根据服务交付方式的不同，将服务贸易界定划分为a、b、c、d4种类型：a段，指自一成员国境内向其他成员国境内提供的服务，即"跨境供应"（Cross-border Supply）；b段，指在一成员国境内向其他成员国境内之消费者提供的服务，即"境外消费"（Consumption Abroad）；c段，指由一成员国之服务提供者，以设立商业据点方式在其他成员国境内提供的服务，即"商业存在"（Commercial Presence）；d段，指由一成员国之服务提供者，以自然人呈现方式在其他成员国境内提供的服务，即"自然人存在"（Presence of Natural Persons）。

力和关键作用日渐突显，已成为数字社会的基础设施。为了突出平台的作用，《手册》把数字中介平台赋能贸易单独作为第三块，它的服务费用实际上隐含在数字交付贸易额中（表 5-3）。

表 5-3 不同数字贸易概念内涵的比较

统计口径	数字交付贸易	数字订购贸易	数字中介平台赋能贸易	数字硬件贸易
窄口径（UNCTAD、USITC、USDOC）	纳入统计，统计范围有差异，仅模式 1 交付	不纳入统计	中介费纳入数字交付服务	不纳入统计
宽口径（OECD-WTO-IMF）	纳入统计，统计范围有差异，包括 4 种交付模式	纳入统计	通过平台订购的货物贸易和部分服务贸易纳入数字订购贸易；收费平台的中介费纳入数字交付贸易	以数字方式订购的部分纳入数字订购贸易

资料来源：笔者根据有关资料整理所得。

第三节 数字贸易测度方法

随着数字贸易内涵和外延的丰富，形成了与数字贸易内涵的宽窄口径相对应的两种数字贸易测度方法：一种是基于数字贸易"窄口径"概念，由联合国贸发会议（UNCTAD）提出、美国商务专家格立姆（Alexis N·Grimm）后续完善的"格立姆-UNCTAD 测度法"；另一种来自 OECD、WTO 和 IMF 共同发布的《数字贸易测度手册》，其中根据宽口径概念框架提出了目前比较可行的测度数字贸易的一般方法，被称为"OECD-WTO-IMF 测度法"。

一、"窄口径"数字交付服务统计测度分析

（一）数字可交付服务测度

1. "格立姆-UNCTAD 测度法"

《2010 国际收支服务扩展分类》（EBOPS 2010）是世界各国普遍接受的国际服务进出口统计依据。该扩展分类将服务贸易分为 12 大类，分别是：①对他人拥有的有形投入进行的制造服务；②别处未包括的保养和维修服务；③运输；④旅行；⑤建筑；⑥保险和养恤金服务；⑦金融服务；⑧别处未包括的知识产权使用费；⑨电信、计算机和信息服务；⑩其他商业服务；⑪个人、文化和娱乐服务；⑫别处未包括的政府货物和服务。

联合国贸发会议（UNCTAD）将主要以数字化方式交付的服务贸易——数字可交付服务作为数字服务贸易的统计标准，并明确了 EBOPS（2010）中可通过数字化方式交付的服务收支项目。具体分类见表 5-4。

EBOPS（2010）中第 9 类是电信、计算机和信息服务，简称 ICT 服务，是数字交付服务业务的重点推进对象。按照数字贸易业务分类，可以分为三类：第一类是通信服务，含电信服务、互联网服务、卫星定位导航服务和其他服务；第二类是计算机服务，含基础软件服务和应用软件服务；第三类是信息服务，含信息提供服务、信息技术服务和云

表 5-4　EBOPS（2010）中数字可交付与非数字交付服务的划分

服务贸易类别	是否可以数字交付
1. 对他人拥有的有形投入进行的制造服务（简称"加工服务"）	否
2. 别处未包括的保养和维修服务（简称"保养维修"）	否
3. 运输	否
4. 旅行	否
5. 建筑	否
6. 保险和养恤金服务（简称"保险服务"）	是
7. 金融服务	是
8. 别处未包括的知识产权使用费（简称"知识产权服务"）	是
9. 电信、计算机和信息服务（简称"ICT 服务"）	是
10. 其他商业服务	是
11. 个人、文化和娱乐服务（简称"个人文娱服务"）	是
12. 别处未包括的政府货物和服务	否

资料来源：笔者根据有关资料整理。

计算等。第 11 类是个人、文化和娱乐服务，在业务上指数字动漫、数字音像、数字游戏和数字出版所构成的数字内容。这两类是数据和以数据形式存在的服务贸易，对应数字服务贸易化。第 6、7、8、10 类体现了信息技术与传统服务贸易的各个环节深入融合渗透，对应贸易方式数字化。因此，第 6~11 类均属于数字可交付服务，将这些类别的服务贸易额数据汇总可用于测度数字可交付服务的规模。此外，第 1~5 类和第 12 类服务被视为不可数字交付[①]，不计入统计口径（表 5-5）。但要特别说明的是，所谓"非数字交付服务"，是指数字交付通常不是这些服务的主要交付方式，并不意味着这 6 类服务都不具有被数字技术赋能的可能。

表 5-5　数字化与 EBOPS（2010）中 6 个服务类别的关系

服务贸易类别	数字技术与服务贸易的关系	数字（ICT）赋能情况	
6. 保险和养恤金服务（简称"保险服务"）	贸易方式数字化	其他数字（ICT）可交付服务	数字（ICT）可交付服务
7. 金融服务	贸易方式数字化	其他数字（ICT）可交付服务	数字（ICT）可交付服务
8. 别处未包括的知识产权使用费（简称"知识产权服务"）	贸易方式数字化	其他数字（ICT）可交付服务	数字（ICT）可交付服务
9. 电信、计算机和信息服务（简称"ICT 服务"）	数字服务贸易化	ICT 服务	数字（ICT）可交付服务
10. 其他商业服务	贸易方式数字化	其他数字（ICT）可交付服务	数字（ICT）可交付服务
11. 个人、文化和娱乐服务（简称"个人文娱服务"）	数字服务贸易化	其他数字（ICT）可交付服务	数字（ICT）可交付服务

---

① 贾怀勤（2021）认为，EBOPS（2010）中第 1~5 类和第 12 类服务的数字赋能具有品类转移效应。以旅行为例，其下二级品类除观光之外还有教育旅行、医疗旅行和商务旅行等业务。新冠肺炎疫情发生后，许多旅行业务停滞，但是数字技术为教育赋能产生了"国际网课"，为医疗赋能产生了"越洋诊疗"，这些新业态的出现，部分代替了求学者和求医者的国际旅行。然而"国际网课"和"越洋诊疗"不能计入旅行服务，因为这些服务的买方没有出国，但可以计入个人、文化和娱乐服务。同理，以视频会议代替出国参加国际会议这样的服务也可以计入其他商业服务。还有加工贸易、修理和维护、建筑和运输等，如果服务的提供方在提供服务过程中使用了外方的软件和信息服务，就应该将这些"服务中的服务"计在通信、计算机和信息服务项下。

作为一种测度数字服务贸易的替代性方案,"格立姆-UNCTAD 测度法"的统计框架已经被许多国家的官方机构所采用,被大量应用于各国数字服务贸易统计和国别比较的研究中。

2. "格立姆-UNCTAD 测度法"的优点

"格立姆-UNCTAD 测度法"的优点是可以直接从各国的国际收支平衡表(Balance of Payment,BOP)中获取数据,且 UNCTAD 已经在其网站上公布了各国 ICT 服务贸易(EBOPS 2010 中第 9 类)和其他数字(ICT)可交付服务贸易(EBOPS 2010 中第 6~11 类,除第 9 类)的进出口额,以此作为数字可交付服务的数据,具有国际可比性。

3. "格立姆-UNCTAD 测度法"的问题

采用"格立姆-UNCTAD 测度法"统计数字可交付服务可能存在以下两个方面的问题:第一,"格立姆-UNCTAD 测度法"关于数字服务贸易的统计范围与联合国贸发会议(UNCTAD)限定的统计范围不一致。前者统计对象的范围包括跨境交付、境外消费、自然人流动三种模式[①],而后者将数字可交付服务限定在跨境交付范围内。因此,用"格立姆-UNCTAD 测度法"测算得到的数据无法真正反映通过 ICT 网络"跨境"交付的部分。第二,没有办法核算数字可交付服务中真正通过数字化交付的部分。UNCTAD 发布的数字交付服务贸易的数据包括实际通过数字交付的服务贸易和潜在可以通过数字交付的服务贸易,但没有办法确定其中实际以数字化交付部分的占比。此外,还有其他类型的服务可以通过数字方式进行交付,但需要采用现行统计制度之外的方式来获得数据。这方面统计核算工作还有进一步提升的空间。

(二)实际数字交付服务

UNCTAD 以数字可交付服务作为国际可比较的数据,但是数字可交付服务只是具备了使用数字技术在线交付的条件,其中究竟有多大规模是通过数字技术与产品生产和交付过程融合实现在线交付的,还需要另行测度。

1. UNCTAD 对实际数字交付服务的企业调查

国内外对实际数字交付服务贸易总额的测度问题的探索刚刚起步,相关领域研究较少。已开展的试测度都是在现有经济统计调查基础上进行附加的企业直接调查。最具有代表性的是 UNCTAD 在印度、泰国和哥斯达黎加进行的小样本企业调查。UNCTAD(2018)在问卷调查中采集了数字(ICT)交付服务企业中实际数字交付服务的贸易总额。结果显示,大部分数字(ICT)可交付服务贸易实际上是通过数字交付完成的(不涉及商业存在)。其中,哥斯达黎加 97%的数字(ICT)交付服务贸易是通过数字交付完成的;印度达到 81%;在泰国开展的试点调查仅限于电信部门,该部门几乎都是通过数字交付

[①] 在服务贸易统计实践中,通常将跨境交付、境外消费、自然人流动三种模式合并统计和发布,即国际收支统计口径(BOP)下的服务贸易统计;商业存在模式则单独统计,即国外分支机构统计口径(FATS)下的服务贸易统计。

方式出口（UNCTAD，2018）。

受此次调查启发，美国商务部经济分析局（Bureau of Economic Analysis，BEA）专家在服务贸易企业调查问卷中植入有关实际数字交付比（实交比）的问题，旨在采集实际数字交付贸易总额占数字可交付贸易总额的样本比率，再由此比率测算实际数字交付服务贸易总额。BEA企业调查问卷中与实交比有关的问题如下：

①企业向非居民单位提供的服务总值（不涉及商业存在）（单位：千国家货币）；

②通过ICT网络，如互联网、电子邮件、短信、电话或其他方式，向非居民单位远程提供服务的百分比（%）。

2. 国内开展实际数字交付服务试测度

对外经济贸易大学贾怀勤教授提出数字技术已融合服务（Digital Technology-integrated Services）和数字技术可融合服务（Digital Technology-integratable Services），分别对应UNCTAD的实际数字交付服务和数字可交付服务，并将两者比值称为融合比（Integration Ratio）。差不多与UNCTAD同时，贾怀勤提出开展数字贸易试测度，主张使用融合比法基于数字可交付服务测算实际数字交付服务。2020年，国家工信安全信息研究中心（以下简称"国家工信安全中心"）开展行业企业问卷调查，在问卷中设置了与"融合比"有关的4个问题，以此获得融合比数据，并首次在国内测得2018年、2019年中国实际数字交付服务的进出口贸易额。

二、"宽口径"数字贸易统计测度分析

《手册》给出了数字贸易测度的基本框架，目前该测度数字贸易的方法相对完善且较为权威。《手册》中的数字贸易涵盖了数字订购贸易、数字交付贸易与数字中介平台赋能贸易。

（一）数字订购贸易统计测度分析

《手册》将数字订购贸易定义为"通过专门用于收发订单的计算机网络所完成的商品或服务的国际贸易活动"，通俗地说就是在网络上下单的国际买卖。它有两点特别说明：一是数字订购贸易并不要求支付和交付环节通过网络进行；二是不包括电话、传真、手动录入邮件的订单。

数字订购贸易的途径多样，并不一定限定在数字中介平台上完成订购，可以是通过自有网站、外部网站或App、EDI等完成订购的，因此全面统计核算需要多种统计调查数据相互配合。《手册》描述了收集数字订购贸易数据的调查方式，如表5-6所示，包括企业调查，家庭调查，信用卡数据和其他支付处理公司数据调查，微量贸易调查，海关调查，数据链接和私有数据源调查六种调查方式，并针对性提出10条建议。

企业调查和海关调查是获得数字订购贸易统计数据的主要渠道和手段，其他几种调查方式还在探索和整合阶段，可以作为补充手段。本节仅介绍企业调查和海关调查及其优化建议。

表 5-6 数字贸易的调查方式

		出口（按机构类别划分）			进口（按机构类别划分）		
		企业（按行业）	政府	家庭/NPISHS	企业（按行业）	政府	家庭/NPISHS
数字订购	货物	ES	AR	HS/CC	ES/ITSS	AR	HS/CC
	服务*（非数字交付）	ES/ITSS					
数字交付（数字订购、非数字订购）		ES/ITSS/ITRS	AR	HS/CC	ES/ITSS/ITRS/VAT	AR	HS/CC/MOSS
数字中介平台赋能贸易	数字订购(货物、服务*)	ES+DIP		HS/CC+DIP	ES/ITSS+DIP		HS/CC+DIP
	其中:服务*（数字交付、非数字交付）	ES/ITSS/ITRS+DIP		HS/CC+DIP	ES/ITSS/ITRS/VAT+DIP		HS/CC/MOSS+DIP

注：*表示服务应按 EBOPS 类别显示。ES = 企业调查；ITRS = 国际交易报告系统；HS = 住户调查；MOSS = 迷你一站式商店；CC = 信用卡数据；AR = 行政记录；ITSS = 国际服务贸易统计调查；VAT = 增值税征收管理记录（特别是数字活动）；DIP = 直接从数字中介平台收集的数据（特别是调查、网页浏览等）。

资料来源：根据《数字贸易测度手册》整理所得。

1. 企业调查

《手册》提到，企业调查是一国汇编数字订购贸易数据尤其是电子商务统计数据的重要机制，通过在统计调查中加入相关问题，可以掌握企业通过数字订购开展的货物和服务贸易情况。目前，许多发达经济体已经开展或尝试开展企业电子商务统计调查，并获得了电子商务交易营业额（销售额）。例如，欧共体开展的关于 ICT 和电子商务使用的调查显示，2018 年在拥有 10 名及以上员工的企业中，营业额（销售额）中有 17% 来自数字订购。这类企业调查主要关注电子商务在整个经济中的规模，没有特别关注跨境层面电子商务的交易规模，对于捕捉完整的数字订购贸易进出口数据以及数字订购项下各类别具体销售情况有很大局限性。

《手册》针对数字订购贸易的企业调查提出以下几点建议。

建议一，在现有调查基础上，要求受访者细分以数字方式订购的出口产品中商品和服务的销售情况。

建议二，对于数字中介平台，由于平台通常并不拥有出口产品的所有权，由数字订购产生的营业额估计值应仅反映平台所提供的中介服务费，不包括产品的价值，否则会造成重复计算。

建议三，对于进口统计问题，参与者往往很难确定订购的服务是否来自非常住单位。为了获得企业数字订购服务的进口信息，各国应对伙伴国开放出口数据，这些数据可以构成其他国家进口统计的基础。

建议四，细分数字订购贸易中的消费者类型（家庭/企业/政府）。

建议五，单独估计通过电子数据交换（EDI）进行的交易，并细分交易对象是进口还是国产。

建议六，细分通过非本土和本土数字中介平台的销售，用于估算生产者进口环节支付的基础中介服务费。

建议七，细分通过不同方式（自有网站/第三方平台/EDI）实现数字订购的进出口份额信息。

2. 海关调查

海关调查统计对象仅限于货物标的，即跨境电子商务。海关针对跨境电商进出口包裹进行出入境统计，主要统计包件件数、重量、价值等信息。针对不同的进口商品，海关在入境统计时会进行不同的处理，例如食品、药品、化妆品等需要进行严格的监管和检验。针对出口商品，海关还会对目的国进行审核，确保跨境电商出口的商品符合目的国的进口要求和海关监管规定。

跨境电商作为新业态，本身具有创新性、开放性和模糊性，并且具有类型模式多样化、贸易批次碎片化、业务流程短链化的特点，与传统贸易业态存在很大差异。在国际上，跨境电商统计尚无公认的标准和口径。从国际海关统计实务看，目前除中国、韩国、荷兰等少数国家（地区）海关或统计部门外，绝大多数国家（地区）的海关或统计部门均尚未建立针对跨境电商的进出口管理和统计制度。尽管中国海关统计工作进展较快，但是仍然存在跨境电商数据清洁度较差，货物种类、贸易对象国和国内发/收货地等分类指标信息不完整等问题，尚不能像传统的贸易统计那样提供细分指标数据。

因此，针对海关调查，《手册》提出今后应努力的一个关键举措是推进世界海关组织（WCO）与大型电子商务企业的合作，改进对原产地/目的地和包裹内容的电子识别，以便更好地识别和监测海关记录中的数字订购贸易。

（二）数字交付贸易

《手册》将数字交付贸易定义为"通过专门设计的计算机网络完成的远程交付的电子格式商品的国际贸易"，排除了通过电话、邮件和传真提供的服务。

与数字订购贸易相比，数字交付贸易更为复杂。数字交付贸易属于服务贸易的范畴，贸易标的只能是服务，而服务是无形的，其价值较难估计，因此数字交付贸易数据更为欠缺。

《手册》描述了可以衡量数字交付贸易的调查方法，如表5-6所示，包括国际服务贸易统计调查、国际交易报告系统数据调查、行政税数据调查、家庭调查、非银行实体提供的数字金融服务调查5种方法，并提出了12条建议。

其中，国际服务贸易统计调查（ITSS）是估算数字交付服务贸易最主要的一种工具，本节就ITSS数据及其建议进行描述。

国际服务贸易统计调查（ITSS）的基本原则是，遵循《服务贸易总协定》关于国际服务贸易的定义，确定以四种供应模式，即跨境供应、境外消费、商业存在和自然人移动作为服务贸易统计的内容。在具体操作上，以居民与非居民间的服务贸易，即国际收支项下的服务贸易（BOP）和通过外国附属机构实现的服务贸易（FATS）为两条主线进行服务贸易统计。其中对于国际收支项下的服务贸易（BOP），按照《2010 国际收支服务扩展分类》（EBOPS 2010），将服务贸易分为12大类，并将各类服务贸易按不同供应模式进行分配。现阶段 ITSS 仅在国际收支（BOP）口径下测度数字交付贸易。

建议一：ITSS 数据很难捕捉到 C2C 交易，尤其是数字中介平台促成的 C2C 交易。《手册》明确指出，虽然 C2C、B2C 涉及非法人企业，产生的交易份额不大，但在现有调查中应涵盖与数字交付服务相关的收入总额和分类数据。

建议二，核算范围方面，需要进一步明确数字交付贸易的范围，可参考 UNCTAD 确定的数字可交付服务范围，再加上数字中介平台的中介服务费和 EBOPS（2010）项下可以通过数字方式交付的旅行服务（旅行服务中包含实际通过数字方式交付的服务，但主要通过境外消费，即模式 2 交付的服务，如旅游期间从当地运营商获得的电信服务，未涵盖在 UNCTAD 定义的数字可交付服务项目中）。

建议三，国际服务贸易统计数据（按 EBOPS 划分）的编制者应确保向编制国民供给使用表的会计人员提供数字中介平台（DIPs）的补充信息。这些信息应根据本国居民出口 DIPs 的行业分类以及进口中间产品的信息进行汇总，以便调整国民供给使用表中数字交付服务的等效估计值。

建议四，在调查中需要额外增加的问题：

（1）数字中介平台提供的中介服务出口数据按中介服务类型进行细分；

（2）数字中介平台提供的中介服务进口数据，应提供中介平台佣金估计值（考虑最终消费者支付的价格与生产者收取的基本价格，以及产品税收和补贴后的差额）。

建议五，需要进一步明确建议二中的数字交付服务范围，特别是保养和维修服务的范围，该项服务数字化转型空间越来越大。

建议六，现有的 ITS 调查应增加以下几个问题：

（1）在表 5-1 数字可交付贸易中，确定实际以数字方式交付的服务贸易份额；

（2）按产品（商品或服务）类型确定数字中介平台的进出口数据。

建议七，可以假设所有数字可交付服务都是跨境提供的，并假设所有跨境提供的服务都是以数字化方式交付的，利用这一假设，ITS 调查中的补充问题可以转而侧重于按供应模式衡量跨境提供的贸易（包括 DIPs 服务）。

建议八，对数字交付服务最好按照通过数字中介平台订购、其他数字方式订购和非数字订购细分。

建议九，对于无法估计数字实际交付服务贸易的国家，建议通过专家判断或依据类似国家的估计值进行估计。

（三）数字中介平台

数字中介平台在《手册》中被作为单独的一个环节进行描述。《手册》将数字中介平台定义为："有多个买家和多个卖家直接互动，其本身并不拥有商品，也不提供正在出售的服务的平台。"由数字中介平台促成的贸易在数字贸易中占据重要地位，几乎所有的数字订购贸易都有可能是在中介平台的促成下完成的（见图 5-1）；对于非潜在数字交付服务，如果是通过中介平台进行订购的，也属于数字订购贸易。

此外，数字中介平台可分为以中介费作为收入的收费数字中介平台以及以广告和（或）数据服务产生收入的免费数字中介平台两个部分。通过广告和（或）数据服务销售产生的收入、增值等在官方统计中很难估算，因此《手册》将其作为一个单独的附录——非货币数字流，希望随着测度方法的改进在未来版本中对这部分内容能有明确补充。收费的数字中介平台所收取的中介费可分为显性收费（明确收费）和隐性收费（没有直接标出中介服务费，而是隐藏在某些收费里）两种。对于显性收费，《手册》建议只将中介服务的价值计入数字贸易流量值，避免重复计入；对于隐性收费则建议将中介服务费包含在生产者的支出里。

这一部分的测度难点在于对数字中介平台的识别和对中介服务费的评估是一个特别复杂的问题。首先，在进口统计中，参与者往往很难确定通过数字中介平台订购的商品或服务是否来自非常住单位，因而各类统计调查难以判断由数字中介平台促成的业务及由此产生的中介服务费属于国内贸易还是跨境贸易。其次，借助数字中介平台的数字订购交易会出现以下几种情况（如图 5-2 所示），即难以确定交易中所使用的中介平台是国外的还是国内的，因而难以准确评估向国外数字中介平台的付款。最后，在识别数字中介平台上，目前很少有国家能够精准识别其经济中的数字中介平台。

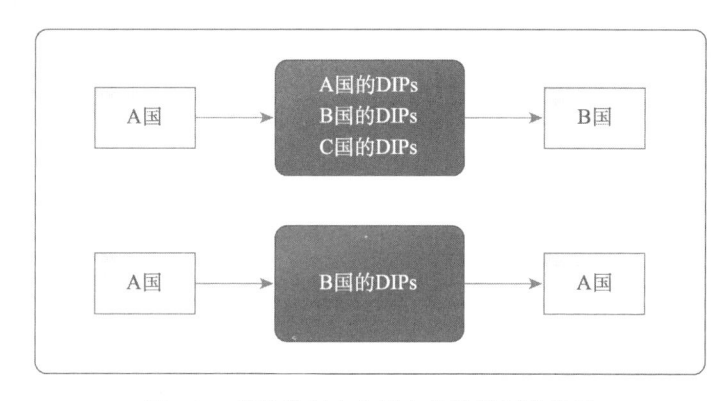

图 5-2　借助数字中介平台的数字订购类型

资料来源：杨晓娟，李兴绪：《数字贸易的概念框架与统计测度》，《统计与决策》2022 年第 1 期。

针对这些问题《手册》建议，一方面探索大幅度调查全局数字中介平台的可能性，并尽可能实现跨境数据共享；另一方面在家庭调查中加入最受欢迎的、最著名的国外数字平台销售、购买货物和服务的价值信息的问题，以此来估计相关中介服务费。

（四）"OECD-WTO-IMF 数字贸易测度法"的问题

第一，利用《手册》的指导和建议测度数字贸易只能作为经验参考。原因在于以下三个方面：首先，在实际调查中很难完全获取设定的全部指标数值，尤其是进口数据。由于每个国家、每个行业甚至每个企业的指标项目、指标内容、指标范围等方面的设置标准不一致，导致调查取得的数据内涵不同。其次，《手册》只提出了获取基础数据的调查方式，但是对于所获取数据的处理方式未做统一规定，在整理基础数据时，客观标准和主观认知的差异，会造成数据的内涵不同。最后，数字贸易中很多数据需要估计得出，比如，隐性的中介费，而估计比例确定标准、确定方式和确定过程等也会影响到最后的测度结果。因此，各个国家只能在国际规范性文件的指导下（暂且认为《手册》是一个不断更新的粗略的规范性文件），结合各国实际，在实际操作过程中对数据来源、处理及估计问题进行细化、补充和完善。

第二，无法通过货币反映的跨境数字流不包括在目前的测度框架里。跨境非货币数字流和数字交付贸易之间仅一线之隔。例如，在消费者数据问题上，随着数据确权、估值、交易和使用规则的完善，数据将变得真正有价和可贸易化。这时非货币数字流将转变为货币数字流，即成为数字交付贸易一部分。因此，非货币数字流的价值实现和有效衡量应作为数字交付贸易重点进行考虑。

数字中介平台的中介服务费不能在现有统计体系的服务贸易类别数据中识别出来，需要另外的测度途径和方法。收费的数字中介平台所收取的中介费分为显性收费（明确收费）和隐性收费。统计隐性中介服务费的难点在于，这部分中介服务费可能隐藏在商品价格之中，类似于关税，消费者可能在不知情的情况下承受了一部分费用，导致很难准确统计核算属于数字交付贸易的平台中介服务费。

按照数字贸易的测度原则，现阶段仅在国际收支（BOP）口径下测度数字交付贸易，不统计商业存在模式下的数字服务贸易。但是商业存在模式也有可能出现通过互联网交付的服务贸易，例如，国外数字服务企业在本国建立的分支机构为本国居民提供数字服务等。根据 WTO 预测，2017 年全球商业服务贸易中跨境交付、境外消费、商业存在、自然人流动的占比分别为 27.7%、10.4%、58.9%、2.9%，商业存在占比接近六成。未来版本期待将国外分支机构（FATS）口径下的数字交付贸易纳入测度范围。

第四节　数字贸易测度国内实践

结合我国数字贸易发展特点，对标 WTO、OECD 等主要国际组织的数字贸易测度指标体系，提升指标可比性，提出能够与国际接轨且能够真实、科学、准确反映我国数字贸易发展实际的测度方法，对于反映我国数字贸易发展规模、提升我国数字贸易测度的国际话语权和影响力具有重大意义。

国内数字贸易测度工作可以分为两个层次：首先，确定数字贸易的内涵概念；其次，确定数字贸易的测度架构。

一、数字贸易测度理念

关于第一个层次，如何构建数字贸易的内涵概念及指标体系需要考虑哪种方案更有利于我国发挥国际竞争优势。

无论是 UNCTAD 主张的数字贸易"窄口径"定义，还是 OECD、WTO 和 IMF 所持的数字贸易"宽口径"定义，均认为数字交付服务是数字贸易内涵的重要组成部分，两者主要区别在于交易形式是否包括数字订购，交易标的是否涵盖传统贸易中以数字方式订购的货物和服务。因此，是否将数字订购贸易全部或部分纳入数字贸易的内涵概念是首要考虑的问题。

结合现状来看，当前，以数字方式订购的货物贸易，即跨境电子商务已经成为我国经济发展一大亮点，发展极为迅速。商务部数据显示，在（货物）跨境电商方面，2022 年我国跨境电商进出口额（含 B2B）2.11 万亿元人民币，增长 9.8%。进出口结构方面，我国跨境电商的发展始终坚持以出口为主、进口为辅，出口比例长期高于进口比例。2022 年我国跨境电商出口额 1.55 万亿元人民币，增长 11.7%；进口额 0.56 万亿元人民币，增长 4.9%。跨境电商在对外贸易中的地位愈加重要，能为外贸发展与经济增长注入强大动能，提高我国在世界贸易中的竞争优势。因此，有必要将跨境电商纳入数字贸易的范畴。

目前，我国综合采用 OECD、WTO 和 IMF 对数字贸易的定义。具体为：以数字方式订购和数字方式交付的跨境贸易。国家商务部将数字交付贸易按照标的进一步细分为数字技术贸易、数字产品贸易、数字服务贸易和数据贸易四个类型[①]；将数字订购贸易分为跨境电商交易的货物和服务。

二、数字贸易统计测度分析

关于第二个层次，借鉴 UNCTAD 和 OECD-WTO-IMF 搭建的内涵概念和统计框架，国内对数字贸易中包含的各部分已经进行了不同程度的探索和实践（表 5-7）。

表 5-7　数字贸易内涵中各组成部分对应的调查方法或数据来源

数字贸易组成部分	调查方法和数据来源
数字可交付贸易	国际收支平衡表（BOP）
数字实际交付贸易	企业调查
数字订购贸易-货物	海关统计
数字订购贸易-服务	企业调查

（一）数字可交付贸易

中国商务部和中国信息通信研究院的数字贸易概念框架与 OECD-WTO-IMF 概念框架相衔接，但数字交付贸易的统计与 UNCTAD 的数字可交付服务口径保持一致。

中国商务部将数字可交付服务称为可数字化服务，将其界定为，"采用数字化技术进行研发、设计、生产，并通过互联网和现代信息技术手段为用户交付的产品和服务"。[②]基于该定义，中国商务部对可数字化服务的统计做了积极的尝试和创新：一是参考 UNCTAD 方法计算了可数字化服务贸易的进出口额，并结合我国产业发展特点对可数字化服务进一步细化（表 5-8）；二是对社交媒体、搜索引擎和云计算等典型数字服务产业的产值、销售额和出口等情况进行了分析。

---

① a. 数字技术贸易：指通过信息通信网络交付应用于智能生产的信息技术服务，包括计算机软件服务、通信技术服务、大数据服务、人工智能、云计算、区块链技术服务、工业互联网等数字技术的跨境贸易。b. 数字产品贸易：指以数字形式通过信息通信网络传播和收发的数字产品贸易，包括数字游戏、数字出版、数字影视、数字动漫、数字广告、数字音乐等数字内容产品的跨境贸易。c. 数字服务贸易：指以全部或部分通过数字形式交付的跨境服务贸易，包括跨境电商的平台服务及金融、保险、教育、医疗、知识产权、其他商业服务（如共享中心、客服中心、人力资源服务）等线上交付的服务。d. 数据贸易：主要包括数据跨境流动。目前跨境数据流动相关业务内嵌在数字产品贸易、数字服务贸易、数字技术贸易中。随着数据产权、数据确权、数字治理等相关法律法规的发展和完善，未来数据贸易或将分离，成立独立的贸易形态。

② 来源于商务部、中央网信办和工信部发布的《关于组织申报国家数字服务出口基地的通知》。

表 5-8　可数字化服务贸易的进出口额

类　　别	进出口贸易额（亿美元）	同比（%）	出口贸易额（亿美元）	同比（%）	进口贸易额（亿美元）	同比（%）
保险服务	155.6	−7.4	47.8	−2.9	107.8	−9.3
金融服务	63.8	13.8	39.1	12.3	24.7	16.4
电信、计算机和信息服务	807.6	14.0	538.6	14.5	269.0	13.2
知识产权使用费	410.3	−0.3	66.5	19.6	343.8	−3.4
个人、文化和娱乐服务	52.8	14.5	12.0	−1.3	40.8	20.2
其他商业服务	1232.0	5.1	733.5	4.9	498.5	5.4
总计	2722.0	6.3	1437.5	8.8	1284.5	3.6

资料来源：中华人民共和国商务部服务贸易和商贸服务业司。

中国信息通信研究院编纂的《数字贸易发展白皮书（2020 年）：驱动变革的数字服务贸易》根据 UNCTAD 报告[①]，遵循数字服务贸易的口径，直接从国际收支平衡表中摘取第 6~11 类的贸易额作为数字可交付服务贸易额。根据这个口径，对中国和其他主要经济体的数字贸易额进行对比（图 5-3）。

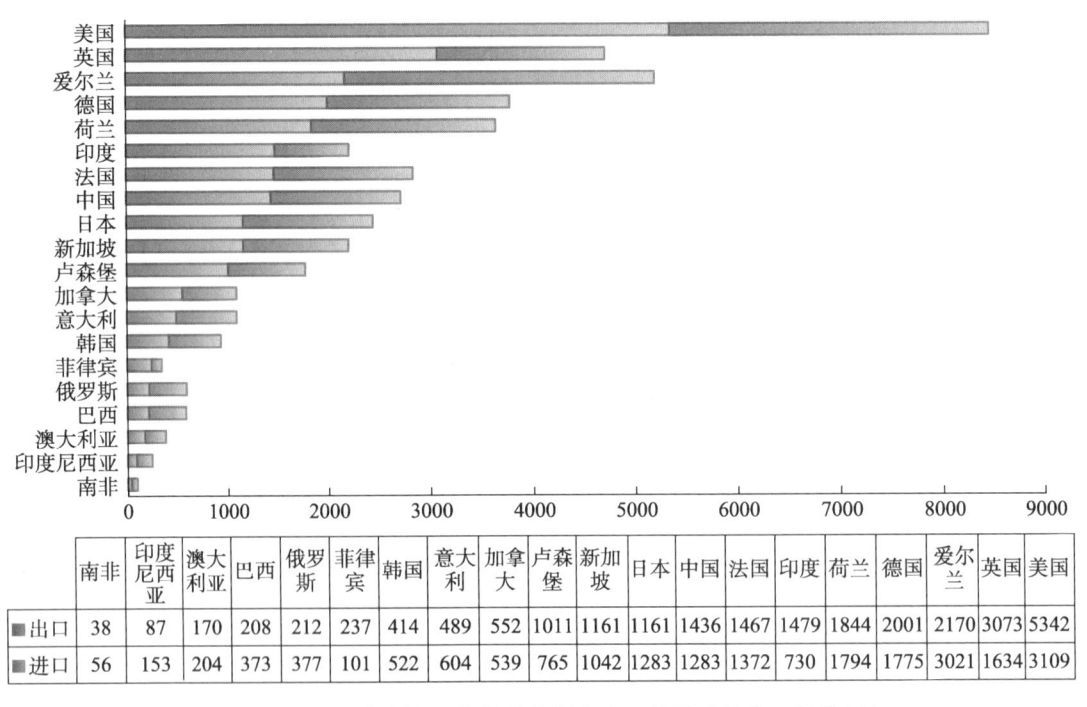

	南非	印度尼西亚	澳大利亚	巴西	俄罗斯	菲律宾	韩国	意大利	加拿大	卢森堡	新加坡	日本	中国	法国	印度	荷兰	德国	爱尔兰	英国	美国
出口	38	87	170	208	212	237	414	489	552	1011	1161	1161	1436	1467	1479	1844	2001	2170	3073	5342
进口	56	153	204	373	377	101	522	604	539	765	1042	1283	1283	1372	730	1794	1775	3021	1634	3109

图 5-3　2019 年代表性经济体数字服务出口情况（单位：亿美元）
资料来源：中国信息通信研究院，《数字贸易发展白皮书（2020 年）：驱动变革的数字服务贸易》，2020 年 12 月。

---

① 联合国贸发会议（UNCTAD）报告——《ICT 服务贸易和 ICT 赋能服务贸易》（2015）。

从 20 个代表性经济体数字服务进出口情况来看，发达经济体在数字服务贸易领域优势突出，美欧主导着全球数字服务贸易市场。2019 年中国数字服务进出口总额为 2718.1 亿美元，排名第七，其中数字服务出口达到 1435.5 亿美元，排名全球第八，在发展中经济体中仅次于印度，但与主要发达经济体间仍有不小差距；进口达 1282.6 亿美元，排名第六。

（二）实际数字交付服务

2018 年，国家工信安全中心基于工业化与信息化融合（简称"两化融合"）平台数据库，首次开展实际数字交付服务贸易额试测度。该平台开展了行业企业问卷调查，涵盖了第一、二、三产业，其中服务业调查表涵盖了 31 个省（区、市）的 1630 家服务类企业数据，包含了与实际数字交付比（实交比）有关的 4 个问题，分别是企业销售总额和企业在线销售额、企业购买总额和企业在线购买额。在测算实交比数据时，鉴于企业通常对销售和购买不区分境内与境外，调查对销售和购进未区别实物商品和服务，因此假定境外交易与境内交易比率相等，服务交易与货物交易比率相等。国家工信安全中心给出了测算实际数字交付服务的具体方式。

第一步，计算企业服务出口实交比的替代指标，企业在线境外销售率＝企业在线销售率＝企业在线销售额/企业销售总额；计算企业服务进口实交比的替代指标，企业在线境外购买率＝企业在线购买率＝企业在线购买额/企业购买总额。

第二步，基于 UNCTAD 的数字可交付服务贸易的统计范畴和我国 2012 年修订的《国际服务贸易统计制度》，选取 6 项可通过数字形式交付的服务进出口指标，类别包括电信、计算机和信息服务，个人、文化和娱乐服务，保险服务，金融服务，知识产权使用费，其他商业服务，指标分类与解释如表 5-9 所示。

表 5-9　数字贸易的 6 个细分领域对应指标

服务类别	指标解释
电信、计算机和信息服务	居民和非居民之间的通信服务以及与计算机数据和新闻有关的服务贸易，但不包括以电话、计算机和互联网为媒介交付的商业服务
个人、文化和娱乐服务	居民和非居民之间与个人、文化和娱乐有关的服务贸易，包括视听和相关服务（电影、收音机、电视节目和音乐录制品），其他个人、文化娱乐服务（健康、教育等）
保险服务	各种保险服务，以及同保险交易有关的代理商的佣金
金融服务	金融中介和辅助服务，但不包括保险和养老金服务项目所涉及的服务
知识产权使用费	居民和非居民之间经许可使用无形、非生产/非金融资产和专有权以及经特许安排使用已问世的原作或原型的行为
其他商业服务	包括技术、专业和管理咨询服务、研发成果转让费以及委托研发

第三步，从两化融合平台数据库里筛选出进出口服务贸易额较高的 200 多家头部企业，分别测算 6 个细分服务类别的进口贸易数字实交比和出口贸易数字实交比[①]。鉴于电信、

---

① $\overline{F_a^{Im}} = \dfrac{\sum_{i=1}^{n} Im_i^0}{\sum_{i=1}^{n} Im_i^p}$，$\overline{F_a^{Ex}} = \dfrac{\sum_{i=1}^{n} Ex_i^0}{\sum_{i=1}^{n} Ex_i^p}$，其中，$\overline{F_a^{Im}}$ 为单项服务进口数字融合比，Im_i^0 表示样本企业线上跨境购买额，Im_i^p 表示样本企业全部跨境购买额；$\overline{F_a^{Ex}}$ 为单项服务出口数字融合比，Ex_i^0 表示样本企业线上跨境销售额，Ex_i^p 表示样本企业全部跨境销售额；i 表示每家样本企业；a 表示数字贸易的 6 个细分类别。

计算机和信息服务是数字技术自身所提供的服务，属于数字密集型产业，UNCTAD 均将其归类于"已完全实现数字化交付"的服务类别，因此其进出口数字实交比可以设为 100%。

第四步，根据上述方法，在获得实交比数值后，再从现有经济核算体系（国际收支平衡表）中获得数字可交付服务贸易总额数据，以 6 个细分类别的出口数字融合比与进口数字融合比为权重，对各类别服务贸易进出口额进行加权汇总[①]，试测得 2019 年的实际数字交付贸易额（见表 5-10）。

表 5-10　2019 年度的实际数字交付贸易额

服务类别	出口 融合比（%）	出口 实交额（亿美元）	进口 融合比（%）	进口 实交额（亿美元）	进出口 实交额（亿美元）
电信、计算机和信息服务	100.0	538.6	100.0	269.0	807.6
个人、文化和娱乐服务	57.2	6.9	46.9	19.1	26.0
保险服务	48.1	23.0	49.3	53.1	76.1
金融服务	30.3	11.9	36.8	9.1	21.0
知识产权使用费	40.9	27.2	50.5	173.6	200.8
其他商业服务	47.4	347.5	32.0	159.5	507.0
合计		955.1		693.4	1638.5

资料来源：高晓雨、贾怀勤、方元欣、王梦梓，《数字贸易测度的融合比法：从构念到实测》，《今日科苑》，2021 年第 10 期。

然而，这一试测度结果具有一定的局限性，原因有两个方面：一是测算关键实交比的数据库样本量不足。中国两化融合平台数据库以货物贸易企业为主，服务贸易相关企业样本较少，且多以信息通信类企业为主。从数据库里筛选出进出口服务贸易额较高的 200 多家头部企业，以此测得的数字实交比可能存在偏差。二是关于对境内外销售/购买比率相同及实体商品和服务销售/购买比率相同的两条假定，很可能与实际业务脱节。

（三）数字订购贸易-货物

参考《中华人民共和国对外贸易法》《中华人民共和国电子商务法》《世界海关组织跨境电子商务标准框架》等定义，电子商务的表述为：通过互联网等信息网络销售商品或者提供服务的经营活动。该表述在理论上承认电子商务交易标的可以是货物，也可以是服务，但是在业务实践中，特别是我国海关对跨境电商的管理中，所指跨境电商仅限于以货物为交易标的。因此，跨境电商可进一步表述为：所有通过互联网等计算机网络数字化达成，由此产生了实际（有形）货物的移动，并需要办理海关手续的交易。数字订购贸易-货物在国内统计测度实践中对应于（货物）跨境电商。

在国际上，跨境电商统计是一门崭新课题，尚无公认的标准和口径。中国海关关于

---

① $DT = \sum \left(\overline{F_a^{Im}} * S_a^{Im} + \overline{F_a^{Ex}} * S_a^{Ex} \right) (* S_a^{Ex})$，DT 为数字贸易进出口额，$S_a^{Im}$ 为我国单个类别服务进口总额，S_a^{Ex} 为我国单个类别服务出口总额。

跨境电商统计的实践处在世界前列，相关做法得到 OECD、WTO 以及 IMF 的肯定。

中国海关对于跨境电商的统计，有窄口径和全口径的差别。窄口径为通过海关跨境电商管理平台进行通关的有形货物，统计覆盖不全，数值较小，采取行政记录式统计制度。全口径数值大且精确统计，采取的是"行政记录""平台调查"以及"资料补充"三者相结合的统计制度。

1. 跨境电商窄口径统计

2013 年，中国开展跨境电商试点以来，国家海关总署已经为（货物）跨境电商测度建立起一套较为系统的统计监测体系。跨境电商海关统计数据主要来源于跨境电商管理平台。从统计手段看，现已覆盖网购保税出口、直购进口、一般出口、特殊区域出口、B2B 直接出口、B2B 出口海外仓 6 种跨境电商监管模式，以及 9610、1210、1239、9710 和 9810 五种监管代码，并针对跨境电商业态比较集中的邮快件渠道（监管代码为 8639）进行了单列统计，但不包括游离于海关跨境电商管理平台之外的各类交易，并未全面覆盖跨境电商业态（表 5-11）。

表 5-11　我国跨境电商类型及监管模式

类型	一级模式	二级模式	监管代码	流向标识	主要统计方法
B2B	企业间进口		无	B-B	统计调查
	企业间出口		9710	B-B	行政记录
B2C	零售进出口	直邮出口	9610	B-C	行政记录
		网购保税出口	1210, 1239	B-B-C	行政记录
		一般出口	9610	B-C	行政记录
		区域出口	1210, 1239	B-B-C	行政记录
	"海外仓"出口		9810	B-B-C	行政记录
C2C	邮快件电商包裹进出境		8639	B-C-C	统计调查

资料来源：陆海生，方正，张建国，《跨境电商业态全口径统计的研究与应用》，《海关与经贸研究》，2021 年第 5 期。

关于跨境电商窄口径统计，有以下两点需要说明。

首先，在实践层面，海关部门为了便于开展具体的统计工作，对跨境电商的界定和统计往往强调以下三点：一是交易商品规定为物品，即有形产品，排除了服务等无形产品；二是在跨境电商平台交易环节上，强调完成线上支付达成交易，而非信息展示、撮合交易；三是这类海关统计口径相对较窄，数据采集范围仅为通过海关跨境电商管理平台进行通关的有形货物，属于狭义范围的统计口径。

其次，监测数据难以完整反映行业发展的真实水平。近年来跨境电商平台激增，部分平台数据未与管理部门联网，难以形成全覆盖、常态化的统计监测体系。从物流环节看，跨境电商货物进出口分散在 9610、1210、1239、9710、9810 等跨境电商零售进出口以及企业对企业出口模式、普通货物进出口、快件进出口、进出境邮递物品，以及旅客行李物品等诸多业务中，且异地通关、海外仓储现象较普遍，同时存在申报不规范或不申报等现象，指标设置、数据采集、统计监测极为困难。

2. 跨境电商业态全口径统计

为进一步改进和完善海关跨境电商统计，中国海关已经提出一个"跨境电商业态全口径"的统计方案。跨境电商业态全口径统计范围为：分属不同关境的贸易（交易）主体通过电子商务平台达成交易，在线生成订单，并实际跨境交付的有形货物。在物流通关渠道上，跨境电商业态全口径统计覆盖了通过海关跨境电商管理平台、邮快件渠道，以及通过一般贸易、加工贸易等方式办结海关手续后在网上销售的进出口货物。在业态模式上，跨境电商业态全口径统计覆盖了 C2C、B2C、B2B2C 等指向消费者的零售模式，以及跨境环节不直接指向消费者的 B2B 非零售模式。

跨境电商业态全口径统计方案设计为，以原有按监管方式分类进行跨境电商统计为基础，综合运用统计调查等统计方法和手段，通过大数据对业态涉及的支付、费用、物流等信息进行交叉验证，从而得出反映跨境电商业态发展的全口径统计数据。引入统计调查打破原有行政记录的单一统计资料来源，可通过"行政记录""平台调查"以及"资料补充"三者相结合的方法，全面统计跨境电商货物或物品的进出口规模，准确测算海关跨境电商通关平台、普通货物（包含进口备货仓和出口海外仓）、邮包、快件等各渠道进出境的规模比例。

跨境电商业态全口径统计测算使用的统计资料包括：海关行政记录，针对跨境电商企业的重点调查（跨境电商平台统计调查），运用大数据手段采集的部分境外平台公开发布的财报数据及部分跨境电商物流、支付企业的物流费用和平台费用数据，以及境外平台上的中国卖家和商品的销售数据等。

（四）数字订购贸易—服务

接轨《手册》中的数字订购贸易定义，尽管 EBOPS（2010）部分服务不能数字交付，但应该以其他方式涵盖在数字贸易中。

数字订购贸易—服务包含非数字交付服务中实际以数字订购的部分，具体是 EBOPS（2010）中第 1~5 类和第 12 类中以数字方式订购的服务。如运输服务和维修服务，无法数字交付，但可以通过数字订购的方式进行交易。获得数字订购服务贸易的关键是测算非数字交付服务中各品类的数字订购比率。

2021 年，继实际数字交付服务试测度之后，国家工信安全中心继续开展数字订购服务试测度。其两化融合平台数据库调查问卷对第 1~5 类和第 12 类的"企业在线销售/购买"提出问题，对这些服务中的"在线销售/购买"率进行测算，测得 2018 年、2019 年和 2020 年的数字订购服务数据。但未见发布各服务分项的数字订购贸易额或数字订购比率。

（五）数据的可获得性评价

在数字贸易各组成部分中，数字可交付贸易和以数字方式订购的货物贸易即跨境电商，已经建立起比较完善的统计体系，能够取得具有国际可比性的贸易基础数据。而实际数字交付服务和以数字方式订购的服务一般要通过样本企业调查，在现行统计体系下还难以完全落实《手册》的要求。

事实上，OECD 和 WTO 专家们构建的测度框架是较为理想的设计，发展中经济体远未能做到，即便是多数发达经济体也只是使用所列的某种方法采集到部分栏目所需数据而非全部数据。因此，探索研究与国际接轨并且兼具中国特色的数字贸易测度方案，对于提升我国数字贸易测度的国际话语权和影响力具有重大意义。

（六）"二元三环"的数字贸易架构和指标体系

鉴于数字贸易相关测度仍处于起步阶段，有学者提出应关注指标的可得性，把《手册》的要求进行降维处理，选择重要的、可量化的指标进行测度统计。为此，贾怀勤等学者开发了"二元三环"测度架构作为测度数字贸易一种替代性方案。

贾怀勤等学者（2021）提出的"二元三环"数字贸易的测度架构，强调了以子范畴 A+B+C 为核心的数字贸易框架。其中子范畴 A 代表数字技术自身所提供的服务，它是支撑由传统国际贸易向数字贸易发展的关键，可以称为核心数字服务，即计算机、通信和信息服务。子范畴 B 是数字可交付服务。这两类都是服务贸易，可以定位在服务贸易统计框架中，对应《手册》中的数字交付贸易。同时，考虑到我国跨境电商的现实优势，也将（货物）跨境电商纳入其中，因此子范畴 C 是（货物）跨境电商，定位在货物贸易统计框架内，对应《手册》的数字订购贸易。因此，所谓"二元"，即是指按服务贸易统计与货物贸易统计两个既有的贸易统计框架，搭建数字贸易的概念架构，包括数字可交付服务和（货物）跨境电商。

"二元三环"架构如图 5-4 所示，由深灰色实心填充圈定的第一环与上述子范畴 A 对应，由浅灰色实心填充圈定的第二环与子范畴 A+B 相对应，两者构成窄口径的数字贸易。由空白填充圈定的第三环与 A+B+C 相对应，共同构成宽口径的数字贸易。所谓"三环"即是指由子范畴 A、A+B 和 A+B+C 三个不同的数字贸易涵盖范畴。

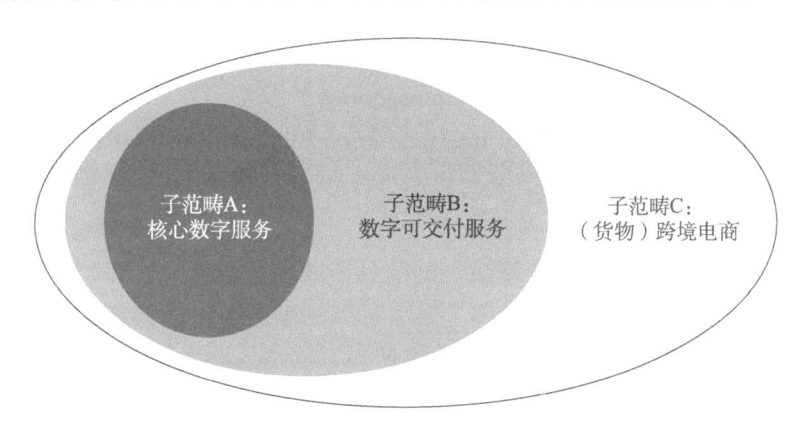

图 5-4 "二元三环"数字贸易指标架构示意图

资料来源：高晓雨，贾怀勤，方元欣，王梦梓，《数字贸易测度的概念架构、指标体系和测度方法初探》，《统计研究》，2021 年第 12 期。

在"二元三环"架构中，子范畴 A 是核心数字服务，仅包括 EBOPS（2010）第 9

类"通信、计算机和信息服务"。子范畴 B 是数字可交付服务，涵盖第 6～11 类（第 9 类除外）服务。关于子范畴 C，由于中国的优势集中体现在（货物）跨境电商上，理应将子范畴 C 纳入数字贸易的测度框架内。

将同期数字可交付服务贸易额与海关的（货物）跨境电商贸易额加总到一起，可以取得接轨《手册》的数字贸易额。采用"二元三环"架构可与国际通行的数字贸易概念和贸易统计指标体系衔接，在数据可得性有限的情况下，其可以作为测度数字贸易一种替代性方案。

本章小结

数字贸易统计测度直接影响相关贸易理论研究和贸易政策设计，具有重要理论与实践意义，已成为数字贸易研究的重点问题之一。目前，随着数字贸易内涵和外延的丰富，形成了与数字贸易内涵的宽窄口径相对应的两种数字贸易测度方法：一种是基于数字贸易"窄口径"概念由联合国贸发会议（UNCTAD）提出、美国商务专家格立姆（Alexis N Grimm）后续完善的"格立姆-UNCTAD 测度法"；另一种来自 OECD、WTO 和 IMF 共同发布的《数字贸易测度手册》，其中根据"宽口径"概念框架提出了目前比较可行的测度数字贸易的一般方法，被称为"OECD-WTO-IMF 测度法"。我国结合自身发展特点，对标 WTO、OECD 等主要国际组织的数字贸易测度指标体系，提升指标可比性，提出能够与国际接轨且能够真实、科学、准确反映我国数字贸易发展实际的测度方法，对于反映中国数字贸易发展规模、提升我国数字贸易测度的国际话语权和影响力具有重大意义。

关键术语

国际服务贸易统计调查（ITSS）
数字可交付服务（Digitally Deliverable Services）
实际数字交付服务（Digitally Delivered Services）
数字订购贸易（Digitally Ordered Transactions）
数字交付贸易（Digitally Delivered Transactions）
数字中介平台赋能贸易（Digital Intermediation Platform Enabled Transactions）

课后习题

1. 简述"格立姆-UNCTAD 测度法"的统计方式及优缺点。
2. OECD、WTO 和 IMF 联合发布《数字贸易测度手册》的特点是什么？
3. 我国数字贸易统计目前的发展情况如何？

本章案例分析

数字贸易统计工作有了新遵循

2023 年 8 月，世界贸易组织（WTO）、经济合作组织（OECD）、国际货币基金组织

（IMF）和联合国贸发会议（UNCTAD）共同发布了新版《数字贸易测度手册》。相较于2019年发布的第一版，新版手册旨在全面总结数字贸易统计中涉及的各方面问题，为如何衡量数字贸易提供了框架和实用指南。

9月16日，由中国对外经济贸易统计学会学术委员会主办、北京师范大学国民核算研究院承办的"数字贸易测度手册第二版精神及中国数字贸易统计展望研讨会"在北京师范大学召开。

来自中国对外经济贸易统计学会、商务部服贸司、商务部研究院、国家工业信息安全发展研究中心、中关村软件园、国际标准化组织行政商业领域数据流程单证技术委员会、鼎韬产业研究院、大连瀚闻资讯有限公司、大连市数字贸易协会、中国口岸协会、中国商务出版社以及北京师范大学、对外经贸大学、上海对外经贸大学等政府、智库和研究机构、高等院校的代表参加了会议。

会议开幕式上，北京师范大学国民核算研究院院长吕光明教授和中国对外经济贸易统计学会名誉会长王亚平先后致辞，之后，与会嘉宾就《数字贸易测度手册（第二版）》的修订情况、发展变化、中国案例入选手册等情况进行了研讨，并就中国近期和中远期数字贸易统计与测度的基本设想、理论进展、实践工作考虑、数字贸易数据整合与开发等重要问题展开了深入交流和讨论。

《数字贸易测度手册（第二版）》共分为六个章节，分别从概念、定义、核算框架、编制方法等角度进行核算指导，并讨论了核算实践中各个方面的影响。新版手册提出编制数字贸易数据应整合不同来源信息进行核算，定义了数字支付贸易，确定了数字支付贸易数据的编制步骤，同时还提供了一个报告模板，建议利用"信息和通信技术使用情况调查"以及对相关信息的全面收集来保证数字贸易总额估算的准确性。

与会专家认为，目前，我国的数字贸易统计工作还处于起步阶段，数字贸易统计体系的建设，需要完善顶层设计，其中涉及统计口径、数字交付测度、数据颗粒度等若干问题。同时，数字贸易统计工作也面临着挑战，包括数据跨境流动通道不畅、数字服务市场开放程度不高、数字治理体系需进一步完善、国际形势严峻等。

作为此次会议的重要内容之一，国内首部数字贸易统计测度专著《中国数字贸易测度的理论研究和实物探索》举行了新书发布仪式。

据中国商务出版社副总编辑赵桂茹介绍，该书由国家数字贸易专家咨询组成员、对外经济贸易大学贾怀勤教授主持研究和总纂，由国内多家智库、高校专家分工协作完成。该书以数字贸易测度为纲，用理论和方法引领，测度实物跟进，完整呈现了2018年以来中国数字贸易测度研究的动态脉络，总结了贾怀勤和其他学者在数字贸易测度方面的创新研究成果。

随后，江西财经大学教授邱东从贸易统计的历史沿革、发展脉络和贾怀勤教授对中国贸易统计所做贡献等角度对新书进行了精彩点评。

资料来源：国际商报，2023-09-19。

问题思考

1. 新版《数字贸易测度手册》在2019版的基础上主要进行了哪些调整与完善？
2. 我国首部数字贸易统计测度专著《中国数字贸易测度的理论研究和实物探索》的

作者、单位及主要内容是什么？

考核点

不同类型的数字贸易测度统计方法。

自我评价

学 习 成 果	自 我 评 价
1. 知晓中国数字贸易测度的发展现状	□很好□较好□一般□较差□很差
2. 了解数字贸易测度的重要作用	□很好□较好□一般□较差□很差
3. 掌握数字贸易的主要测度方法	□很好□较好□一般□较差□很差

即测即练

自学自测　　扫描此码

第六章

数字贸易规则概况

通过本章学习，你应该能够：

1. 了解数字贸易规则的发展历史；
2. 掌握各国数字贸易规则的主张及原因；
3. 知晓中国数字贸易规则的发展现状与特点。

随着全球数字贸易的迅速发展，数字贸易规则谈判已成为当前国际经济政策制定和贸易谈判领域展开的热点议题。通过本章学习，可以了解全球数字贸易规则发展的历史脉络，熟悉世界主要国家数字贸易规则体系、主张及其原因和特点，了解不同国家数字贸易规则中核心议题的异同。

第一节 数字贸易规则发展历史

数字贸易规则的演变是由数字贸易的发展现实、各国的利益诉求及治理需求所决定的。数字贸易规则的演进过程大致可以分为 4 个阶段。

1994 年以前，数字贸易规则处于缺失阶段。数字贸易早期的表现形式主要为电子商务和国际贸易，而 1994 年以前电子商务发展水平较低、发展速度缓慢，其经济影响并不显著，此时经济社会对数字贸易规则的诉求也尚未显现。

1995—2014 年，新兴电子化业务大量出现，电子商务快速崛起，此时数字贸易规则开始围绕电子商务而存在。主要有两个表现：一是 WTO 将电子商务纳入其管辖范围，并将重点聚焦于电子商务领域的关税政策。二是以美国为主的双边自由贸易协定（Free Trade Agreement，FTA）中开始涵盖电子商务的条款和专章。由于 WTO 成员在数字贸易规则上存在较大的立场差异，导致多边数字贸易规则谈判步履维艰，美国转而寻求在既有 WTO 框架下，通过双边谈判积极推动数字贸易规则的制定。整体上，这一阶段尚未形成数字贸易规则的基本框架。

2015 年，由美国主导的《跨太平洋伙伴关系协议》（Trans-Pacific Partnership Agreement，TPP）正式达成。TPP 中设立了电子商务专章来讨论电子商务和数据流动的规则问题，标志着数字贸易规则正式形成。2015—2018年，以TPP为模板的数字贸易规则不断演进，逐渐形成了数字贸易规则的基础框架和主要内容，其中数字贸易规则"美式模板"和"欧式模板"最具影响力。

TPP的主要内容包括减少数字贸易壁垒、保护消费者权益、促进电子商务发展、加强国际合作四个方面。其中，减少数字贸易壁垒主要包括电子传输免关税、数字产品非歧视待遇、禁止数字本地化、保护源代码等数字条款。这些关键数字条款旨在消除跨境数字贸易的障碍，便于美国在全球进行数字贸易扩张，这在一定程度上意味着"美式模板"的形成。虽然美国于2017年退出了TPP，而其他签署国则继续推进该协定，并形成了《全面与进步跨太平洋伙伴关系协定》（Comprehensive and Progressive Agreement for Trans-Pacific Partnership，CPTPP），其中的数字贸易条款完全保留了TPP中的相关规则。此外，在双边及诸边层面，美国努力谋求将美式数字贸易规则进行扩展适用，一些典型的美式数字贸易规则已经渗透在其与其他国家签订的自由贸易协定中。

在TPP的无形压力影响之下，欧盟在之后签订的贸易协定中，在原有规则的基础上沿用了众多TPP中数字贸易规则的核心条款，但在部分议题上与美国秉持了截然不同的数字贸易方案，实行有条件开放的数字贸易战略。由于欧盟对网络和安全的自主意识强烈，欧盟不仅通过双边、区域贸易协定的方式，还以统一立法的形式，设定了数据保护高标准规则，在数字贸易规则谈判中不断探索符合自身发展理念的"欧式规则"。

2019年以后，新冠肺炎疫情的冲击和数字技术的迭代更新推动了数字贸易增长，同时也给全球数字治理带来了新的危机与挑战。为应对这些问题，双边、多边和区域框架下的规则谈判日益增多，且关注议题逐渐细化，数字贸易规则也随之进入成长阶段。

2019年，在瑞士达沃斯举行的电子商务非正式部长级会议上，包括中国在内的76个WTO成员发表了第二份《电子商务联合声明》，确认启动与贸易有关的电子商务谈判，寻求在现有WTO协定和框架基础上建立高标准的电子商务国际规则。截至2020年7月，谈判方已增至86个世贸成员，涵盖主要经济体和不同发展水平的国家，贸易规模合计占全球90%以上。

这一阶段"美式规则"也进一步深化及扩展，在双边或诸边自由贸易谈判中，美国正式签署了《美墨加协定》（United States-Mexico-Canada Agreement，USMCA）和《美日数字贸易协定》（United States-Japan Digital Trade Agreement，UJDTA）。这两个高标准、高水平的数字贸易规则反映了美国在数字贸易领域的诸多利益诉求，且USMCA取代TPP成为美国数字贸易规则谈判的新模版，进一步提高了"美式规则"的地位。

与此同时，代表数字贸易规则新模板的"新式规则"也在迅速崛起。以新加坡为代表的亚太中小型经济体由于数字产业特征及数字贸易理念相近，更加容易形成共识。2020年6月，新加坡、新西兰和智利签署了《数字经济伙伴关系协定》（Digital Economy Partnership Agreement，DEPA）。这一协定文本的创新之处在于，在CPTPP规则条款的基础上增加了促进中小企业发展合作、提升数字贸易便利化水平、促进新兴交叉领域技术创新等方面的突破性规则，此外，还创新了区域内模块化的数字经贸合作形式，一定程度上有助于打破传统数字贸易大国的规则垄断。DEPA成为数字经济规则的新范本，展现了以新加坡、新西兰等为代表的亚太中小型经济体在数字经贸领域意图制定先进规则,进而影响区域合作框架下规则制定的雄心和实力。

随着全球数字贸易规则呈现多元化趋势,以及数字贸易在中国对外贸易增量中占比越来越大,中国也在积极参与全球数字贸易规则谈判,并以尊重数字主权为前提探索构建代表大多数发展中经济体立场的"中式规则"。2020年11月,中国正式加入《区域全面经济伙伴关系协定》(Regional Comprehensive Economic Partnership,RCEP),该协定反映了目前中国数字贸易规则的最高水平,是中国对接高标准数字贸易规则的一次重要尝试。下一步,中国将与DEPA成员国在中国加入DEPA工作组框架下深入开展加入谈判,全面推进中国加入DEPA进程,为构建"中式规则"积累更多有益探索和实践。

第二节　各国数字贸易规则典型特征

数字贸易规则是在数字经济与数字贸易的发展过程中逐步形成与完善的。由于各国数字经济发展水平和数字贸易竞争力不同,对构建数字贸易国际规则体系的目标诉求各异,因而,在全球范围内并没有形成统一的数字贸易规则体系。数字贸易规则的内涵和特点充分体现了相关主体的立场和博弈,而数字贸易主张则反映了各方的治理需求与规则诉求,是全球数字贸易规则共识与分歧的出发点,也决定着双边、多边和区域贸易协定中数字贸易条款的签署。

由于美国、欧盟、中国、日本、新加坡数字经济规模约占全球数字经济规模的80%,又是参与数字贸易规则制定的主体,目前在数字贸易领域已经或试图构建符合自身发展诉求的数字贸易规则体系并具备一定的国际影响力,因此,本节选择美、欧、中、日、新五个经济体的数字贸易协定作为研究对象,主要介绍这五个代表性经济体相对应的数字贸易规则体系、主张及其原因、特点。

一、美国数字贸易规则、主张及其原因、特点

(一)美国数字贸易规则体系

自数字贸易兴起以来,WTO各成员国陆续提交了包括数字贸易关税、知识产权、跨境数据流动和规则适用性等相关提案,但始终无法形成具有统一原则和国际约束力的多边数字贸易规则。在WTO谈判陷入僵局之后,全球数字经济的蓬勃发展形成了数字贸易规则方面的巨大真空,美国在数字贸易方面处于全球领先地位,自然而然地与其他国家的自由贸易协定中逐步加入了数字贸易相关规则条款,率先构建了一个相对完善、规范的数字贸易规则新体系。美国数字贸易规则的发展可以分为三个阶段。

2000年签订了美国—约旦FTA,2003年签订了美国—新加坡FTA,2007年签订了美国—韩国FTA。在此阶段,美国数字贸易规则的制定主要是围绕电子商务领域的议题谈判和条款设计,包括对电子传输免征关税、支持通过电子手段提供服务、电子传输不设障碍等议题,条款比较简单,数字贸易规则仍停留在倡议层面,鲜少具有强制约束力。

这一阶段的数字贸易协定可以认为是美国第一代数字贸易规则。

2012年正式签订美国—韩国FTA。在这个协定中，首次出现了跨境信息流动条款，开启了美国第二代数字贸易规则的时代。在双边贸易协定之外，美国为了促进其数字贸易发展，先后参加了《服务贸易协定》（TISA）、《跨大西洋贸易与投资伙伴关系协定》（TTIP）、《跨太平洋伙伴关系协定》（TPP）三个超大型自由贸易协定数字贸易规则的谈判与制定。

其中，TPP协定的内容在全球范围内影响力最大。TPP由美国、日本等12个国家于2015年10月达成。TPP中含有18条数字贸易规则相关内容，除制定了完整的电子商务章促进电子商务便利化之外，还提出了"跨境数据自由流动""数据存储非强制本地化""源代码保护"等数字贸易规则，这些规则几乎是为致力于维护美国在数字贸易的四大类别——内容服务、社交网站服务、搜索引擎服务和其他数字服务等领域的优势量身定制的，为今后美式数字贸易规则模板的构建奠定了一定的基础。尽管2017年美国的退出导致TPP流产，但同年，由剩余11国构成的CPTPP诞生，其数字贸易规则内容全面继承TPP条款。

2015年之后是"美式模板"的进一步发展阶段。2016年7月，美国在WTO提交了全面讨论电子商务议题的提案，首次将与数据相关的隐私保护、跨境数据流动等新议题引入WTO。此后，美国多次向WTO提交电子商务提案，包括在2018年4月向WTO提交《电子商务倡议联合声明》草案，2019年4月提交《数字贸易协定》草案等。在这些提议中，美国逐渐使用数字贸易代替电子商务概念，并且制定的数字贸易规则条款更加详尽细致，以此来突出数字贸易的重要性。

在双边和诸边贸易领域，2015—2019年间，美国先后签订了USMCA和UJDTA，这两者都是在TPP基础上的升级拓展。USMCA数字贸易规则最为严苛，限制效应最强，贸易自由度也最高，强制要求跨境数据自由流动、限制本地化要求、保护源代码，其中第十九章数字贸易以TPP规则作为基础，其他条款则对TPP中的数字贸易规则进行了一系列升级。UJDTA是全球首份专门针对数字贸易的协定，也是在解决数字贸易壁垒上有史以来最全面、最高标准的协定。该协定继承了一部分USMCA和TPP的核心条款，代表了"美式模板"3.0版本。

美式数字贸易规则在经过多次改进升级拓展之后，已经构建了一套相对完善、标准且成熟的数字贸易规则体系。美国数字贸易的发展水平领先全球，因此，在一定程度上会影响其他国家的数字贸易规则制定，例如，日本、加拿大在提交WTO电子商务多边谈判提案时，部分内容与美国数字贸易规则相似，这体现了美国数字贸易规则对其他国家乃至WTO数字贸易规则的影响与渗透。

（二）美国数字贸易规则主张及其原因

美国的主张主要有五个方面。

其一，跨境数据自由流动。美国把跨境数据自由流动认定为数字贸易规则中的核心条款，这一主张有三个要点：①确保商业目的的数据跨境流动不受阻碍。②禁止数据本地化，反对将计算设施和数据存储的本地化作为在缔约方领土内进行商业行为的条件。

③美国在国内制定了关键数据本地化存储的要求，通过立法的方式来加强涉及敏感信息领域的国家安全审查，比如，在国防、税务等敏感领域要求数据本地化存储，以阻止该类数据被特定国家或实体获取。

其二，数字产品的公平待遇。美国政府认为外国的数字产品和服务应享有非歧视待遇和免税待遇。其理由是许多数字产品和服务是由中小企业或个人创造的，这些群体抗击贸易壁垒的能力较弱，应确保这些创作者免受不公平待遇以促进数字产品和贸易发展。美国的这一主张有两个要点：①确保数字产品享受免税待遇。在美国与加拿大、墨西哥、澳大利亚、韩国等签订的FTA中，规定无论是数字产品还是电子商务都享受免关税待遇。②数字产品的非歧视待遇。主要体现在要求给予来自成员方的数字产品以最惠国待遇和国民待遇。美国认为非歧视原则是自由贸易体系的核心，它可以杜绝对数字产品贸易的歧视性保护措施。

其三，知识产权保护。数字经济的一大基础就是数据的开发、利用技术，包括程序源代码、算法、软件、工业设计等数字技术。美国在数字贸易规则的主张中希望加大数字技术的知识产权保护，包括两个要点：①保护源代码，即要求不以披露源代码、商业机密或算法等专有信息作为进入东道国市场的准入条件。②禁止强制性的技术转让，即要求不以技术转让作为市场准入的条件。

其四，数据安全政策。数据安全政策不仅要保护商业机密和技术信息，还要确保数字网络以及数字交易的安全。由于信息泄露和信息技术系统的破坏对数字贸易的危害更大，美国政府主张采用一定的数字技术和安全策略来提升数据安全，但在数字技术的选择和使用上应减少政府干预，由参与者自由选择。这一主张有两个要点：①推行加密技术的使用。加密技术是确保隐私和数据安全的重要工具。数字贸易规则应鼓励经济活动的参与者能够自由使用创新性和安全度高的加密技术。贸易缔约国政府不能强制限制加密技术的使用，也不能制定针对特定国家的加密标准。②加大网络安全策略与规则的应用。一定的网络安全规则可以确保互联网企业遵守运营规则，履行保护商业机密数据并保证有关数据仅用于相关服务的责任和义务。

其五，开放的互联网服务与电信市场。美国的这一主张有四个要点：①对外开放互联网服务和电信市场，允许外国服务供应商参与到东道国的互联网服务与电信服务的投资与竞争中。②降低政府对互联网服务和电信市场的管制，禁止贸易缔约国对本国的网络空间的封锁，确保政府和网络中介机构不会随意屏蔽或过滤有关在线内容。③降低互联网中介的责任，允许互联网中介对非IP（Non-IP）内容免责，即互联网中介不对第三方提供的互联网内容承担责任。④政府数据公开。

美国作出上述主张主要出于以下原因：

其一，通过主张数据跨境自由流动以获取更大范围内的数据资源及其利用价值，形成对全球数据的管辖权。在许多商业领域，由电子商务、社交网络或算法产生的"大数据"已经成为企业越来越有价值的战略资产。美国的数字企业在数字存储、数据收集、数据运算等方面占有绝对技术优势，主张数据的跨境自由流动能够使美国的数字企业通过海外业务从他国获取大量有价值的数据，并通过将其转为商业利用形成本国企业的有价值资产。但是对内方面，美国并没有执行其所倡导的数据自由跨境流动和非本地化存储规则，而是通过立法授权更为严格地审查涉及敏感信息的领域，以维护美国在尖端领域的全球优势。

其二，通过主张数字产品的公平待遇以挤压他国数字产品的生存空间。在 USMCA 规则制定中，美国多次强调开放数字产品所对应的非歧视性待遇，寻求获取国民待遇。结合美国、墨西哥、加拿大数字产业发展实际看，墨西哥和加拿大在数字产品制造方面能力本身有限，这一规则主张能为美国数字产品在两国的流通带来极大便利。另外，USMCA 还将广播内容纳入了非歧视性待遇范畴，反映了美国在数字贸易规则构造中推行美国文化的野心。

其三，通过主张知识产权保护以确保美国大型数字企业在数字技术开发与应用方面的领先优势。数字经济的一大特征就是从事商业活动的企业或个人希望将其专有信息（例如计算机源代码、算法和商业机密等）转化为有价值的资产或货币，并对这些资产的私有权予以保护。以亚马逊、苹果、谷歌为代表的大型数字企业掌握大量全球领先的专利技术，这些企业开展跨境业务依赖各国对数字知识产权的重视与保护。这一主张是为了确保美国的数字企业在数据开发、利用技术上保持独特地位和优势，使本国数字产业在全球数字产业发展中获得更高、更长久的垄断利润。

其四，通过主张数据安全政策以继续保持对数据的绝对控制。美国主张推行加密技术并加大网络安全规则的应用基于两点原因。一方面，保证本国数据尤其是敏感信息，比如，国防、税务等敏感领域的数据在流动过程中的安全性、完整性，降低供应链脆弱性带来的威胁，确保用户隐私和国家安全；另一方面，其他国家的数据只要为美国数据控制者持有，通过选择合适的加密技术，可以有效保护服务器上的数据，保证了数据的排他性控制权，能充分发挥其在数字存储、收集、运算等方面的技术优势，使数据成为美国数字企业的专有资产。

其五，通过主张开放他国的互联网与电信服务市场以突破网络空间中的国家壁垒，分享他国数字红利。目前美国的数字企业在多个产业领域中占据优势，例如，亚马逊在电子商务领域具有优势，IBM、亚马逊、微软、谷歌在云计算领域具有优势，谷歌和脸书在电子广告领域具有优势，亚马逊、谷歌在数字视频领域具有优势。一旦如美国所期待的全球数字市场开放，会大大便利具有技术领先优势的数字企业在全球市场急速扩张，以当前的竞争优势获取更大的市场份额，强化美国大型跨国企业的市场控制地位。

（三）美国数字贸易规则的主要特点

一是美国在数字贸易规则制定与主导权上存在聚集效应和制度先发优势。美国数字贸易规则构建相对较早，不仅率先划分了数字贸易的基本含义和内容范围，为数字贸易规则研究提供了大量理论支持，还在既有 WTO 的框架下，积极推动双边谈判以及数字贸易规则体系的构建。当前，以美国为主导的"美式模板"，相较于其他数字贸易规则模式，更加成熟、成体系，且立场鲜明。由于美国数字贸易的发展水平领先于全球，美国的立场和主张还会在一定程度上影响其他国家的数字贸易规则制定。

二是美国数字贸易规则本位主义意味强烈。作为全球数字经济和数字贸易大国，美国在现有的数字贸易规则制定中占据了绝对的领导权和话语权，能主导贸易谈判以使数字贸易规则的制定符合美国的切身利益。美国在"跨境数据流动""数据存储非强制本地化""源代码保护"等方面一贯主张高开放度与自由度，目的是方便美国大型跨国数字企业进军海外市场并获得垄断利益，其实质是尽量满足自己的核心利益诉求。

三是美国数字贸易规则具有显著排他性。中国对于"跨境数据流动""数据存储非强制本地化""源代码保护"等一直没有放开限制，而美国一贯主张数字贸易规则自由化、便利化，支持数据跨境流动、反对数据存储本地化、支持源代码保护，这是中美数字贸易规则的分歧所在。在美式数字贸易规则核心诉求的渗透下，国际数字贸易规则制定的一些重要平台受"美式模板"影响较大，中国难以加入。尤其是 USMCA 中引入了极具歧视性、排他性的"毒丸条款"，该条款对协定缔约国与非市场经济国家之间的自由贸易进行了一系列限制，意在孤立类似中国这样的"非市场经济国家"。

二、欧盟数字贸易规则、主张及其原因、特点

（一）欧盟数字贸易规则体系

为规范数字贸易行为、维护欧盟利益，欧盟制定和通过了一系列有关数字贸易的规则协定。根据调整领域不同，欧盟数字贸易规则分为对外和对内两个体系。

在对外规则领域，欧盟已经签署了数十个 FTA，涉及与数字贸易相关的章节主要包括"电信章""金融章""投资章"和"知识产权章"。阅读这些协定文本可以发现，欧盟在全球数字贸易规则中的立场经历了由防守到进攻的转变。在以欧盟—智利 FTA（2005）为代表的早期贸易协定中，欧盟常采用温和的建议性措辞来展开数字贸易合作，相关条款鲜少具有约束性。但由于 WTO 成员在数字贸易规则上存在较大的立场差异，在 WTO 框架下始终无法形成具有统一原则和国际约束力的多边数字贸易规则。欧盟为了顺利把自身诉求融入全球贸易规则，建立起符合自身发展的规则范本，其战略重心从多边逐渐转移到双边和诸边谈判，此前谨慎的"软性语言"也逐步过渡为"进攻性条款"。在 2015 年全面生效的欧盟—韩国 FTA 中，首次明确提出，"欧盟在跨境数据传输上以保护欧盟公民个人信息安全为主，促进数据跨境自由流动为辅"，措辞更加翔实和具有约束力。2016 年，欧盟与加拿大签署的《综合性经济贸易协议》（CETA）首次引入了专门的"电子商务章"，就贸易便利化、给予跨境服务贸易公平待遇等议题给出明确态度，以推进电子商务。2018 年，欧盟陆续与新加坡、墨西哥、日本等国签订自由贸易协定，其中，在与日本签订的《经济伙伴关系协定》（EPA）中，使用了明确条款以实现双方个人数据无缝自由传输、制定数据传输的全球标准以及维护数据保护基本权利。2023 年 2 月，欧盟与新加坡宣布启动数字伙伴关系，以加强欧盟和新加坡在数字技术领域，如数字商务便利化、可靠数据流、电子支付和标准，以及人工智能、数字身份和 5G/6G 通信网络等新兴领域的合作，双方用《数字贸易原则》的初步形式为数字战略提供了一个共同框架，以便在关于数字贸易规则制定的全球讨论中融入自身理念。

在对内规则领域，欧盟连续出台多项政策，着力破除成员国之间的壁垒，从而打造数字单一市场。2010年5月，欧盟发布《欧盟数字议程》，分析了七种影响欧盟数字技术发展的障碍并制订了七个方面的优先行动计划，其核心目标是建设数字单一市场，实现数字经济可持续、包容性增长。2015年5月，欧盟委员会公布《欧洲数字单一市场战略》，致力于破除欧盟成员国之间的"制度围墙"，实现货物、人员、服务、资金和数据的自由流动，为数字网络和服务的蓬勃发展创造合适的环境。2018年5月，欧盟《通用数据保护条例》（GDPR）正式生效。该条例强调严格的数据监管和隐私保护，对个人信息的保护达到了前所未有的高度。并且该条例对欧盟成员国具有直接法律效力，不需要通过成员国立法来进行转换，有效解决了各成员国在个人数据保护与数据流动过程中呈现的碎片化、法律不确定的情况。2019年，欧盟通过了《信息通信技术网络安全认证条例（EC）No.526/2013》。该条例为欧洲网络安全认证机制建立了一个框架，与GDPR和非个人数据自由流动条例一同构成了欧盟网络和数据安全方面的顶层方法设计，对欧盟各成员国构建统一的网络和信息通信安全体系具有重要意义。

以上分析表明，欧盟在数字贸易规则制定上具有突出特点，即对内制定多项政策以打破欧盟地域内的界限，促进数字要素与数字产品在成员国之间的流动；对外在与其他国家和地区的贸易谈判中积极表达自身诉求，特别是在个别传统的关键领域上始终保持坚定的立场，目前已经初步建立起对应的数字贸易"欧式规则"。

（二）欧盟数字贸易规则主张及其原因

欧盟关于数字贸易的主张与美国存在相似性，但也存在较大分歧。欧盟有五个方面的主张。

其一，单一数字市场战略。欧盟以破除数字贸易壁垒、构建数字化统一市场为目的，在欧盟内部发布了一系列政策措施，其规则主张主要有三个要点：①消除欧盟内部的数字贸易屏障，促进数字产品与服务在成员国之间的流动，大力推动电子商务企业的发展。例如，构建消费者和企业能够信任的跨境电子商务规则；防止不公平的地域性壁垒；构建良好的数字产品版权框架等。②构建统一的数据互通规则，促进数据在成员国之间的自由流动，保障内部数字经济无障碍发展。③加大对物联网、云计算、大数据等方面的投资力度和研发创新力度，为产业发展提供更高级的数字产品与服务，挖掘欧盟内部数字经济的潜力。

其二，数据安全。出于促进经济增长、保证就业率的考虑，欧盟对"跨境数据自由流动"有着强烈的诉求。同时，欧盟十分重视构建安全的数字贸易环境，但与美国主张行业自律不同，欧盟认为行业自律的约束性有限，主张构建严格的数据保护制度，在跨境数据流动与数据安全和隐私保护方面之间维持平衡。这一主张的要点有：①禁止欧盟成员国制定不合理的数据本地化规则，允许非个人数据在欧盟全境的自由流动，同时第三国只有获得欧盟的"充分认证"才能达成跨境数据的自由流动。②赋予数据主体更多的权利。GDPR增加了数字主体的"数据可携权""被遗忘权"和"删除权"，要求企业在向数据主体收集数据时应该获得主体自愿且明示的同意。③强化数据使用者和处理者的责任，并对违反 GDPR 规定的企业可能实施高额罚款①。

其三，知识产权保护。欧盟在自由贸易协定的谈判中大力推广《与贸易有关的知识产权协定》(TRIPS)来提升数字贸易中的知识产权保护的执法力度和保障程度。这一主张有三个要点：①保护企业或个体的关键性源代码，代码的拥有者不需要将源代码提交给政府监管者。②禁止技术强制转移要求，要求贸易缔约国不得以强制性的技术转让作为市场准入条件。但欧盟委员会也出于其经济利益考虑要求微软开放部分软件源代码。同时还强调为了公共利益的监管，将反不正当竞争调查、知识产权保护和执法、政府采购事项等排除在禁止强制披露范围之外。③数字内容的创作主体在拥有版权材料的前提下，可以向互联网平台公司收费，保障创作主体的利益。除部分例外情况，互联网平台对用户上传的数字内容可能导致的版权侵权行为要承担责任，即所谓的互联网中介责任条款。这与美国强调的如果侵权的内容是由中介方以外的另一方提供，那么中介方不需要承担相应的责任这一主张有所不同。

其四，坚持文化例外。"文化例外"一直以来是欧盟数字贸易规则制定的核心环节。所谓"例外"，是指文化不能屈从于商业，不适用贸易自由化原则。这一理念最早由法国于 1993 年在"关税及贸易总协定"(GATT)谈判中出于保持民族文化独立的动机引入，此后逐渐从一国的战略变成欧洲的共识。欧盟不仅在多边谈判 WTO 体制中多次提出"文化例外"，同时也在双边和诸边谈判中一直坚决否定传统贸易规则在文化部门的适用性。

其五，有效税收政策。欧盟关于税收的主张有两个要点：①在欧盟境内统一、简化各个成员国的电子商务税收制度，减少不合理的税费。2018 年欧盟批准了《电子商务增值税改革实施条例》，相关内容如表 6-1 所示。②重塑数字服务税规则，规制大型互联网公司在欧盟市场的跨境避税行为。2018 年 3 月，欧盟委员会率先提出"数字服务税"提案，主张数字产业的税收应根据收入、营业额、用户数和合同数等指标进行征收。但该方案在欧盟内部分歧严重，各成员国政府对如何定义数字服务内容无法达成一致，提案没有获得通过。利益诉求明确的国家开始寻求单边数字服务税方案。2019 年 7 月，法国议会率先通过征收数字服务税法案，根据这一法案，全球数字业务年营业收入超过 7.5

表 6-1　欧盟关于电子商务增值税改革的方案

实施时间	内　　容	预 期 效 果
2019 年	①修改有关电商发票的相关规定；②简化初创企业和中小企业通过网络向欧盟成员国销售商品的增值税缴税规则	该方案实施之后，大约会有数十万家欧盟的中小企业受益
2021 年	①一站式税收制度覆盖范围扩大，跨境电商的经营者只需在欧盟内部一个国家进行增值税申报和税费缴纳即可；②取消价值低于 22 欧元的电子商务进口商品的增值税征收；③由电子商务平台负责对非欧盟电商在该平台经营的商品和服务代缴纳增值税	一体化征税制度完善欧盟内部的征税平台，使得税收利益分配在成员间更加合理

资料来源：根据 2017 年《电子商务增值税改革实施条例》整理得出。

---

① 为了加强数据使用者的责任，GDPR 规定：a. 250 人以上的企业需设置数据保护官；b. 对存在特定风险的个人数据要进行相应的风险评估；c. 个人数据泄露事件在 72 小时内报告；d. 数据处理者与使用者同责。此外，对违反规定的企业可能实施高额罚款，最高可达全球年营业额的 4% 或 2000 万欧元，取其较高者。

亿欧元且在法国境内年营业收入超过2500万欧元的企业将被征收3%的数字税[①]。

欧盟作出上述主张主要出于以下原因：

其一，通过主张数字单一市场战略以使成员国共享数字经济发展的各种优势。欧洲各国过去在数字经济领域存在不同的法律和监管，这样的碎片化管理使数字企业难以扩大规模，降低了整个市场的竞争活力。打造数字单一市场不仅有利于企业进入市场和进行规模扩张，也能使消费者和供应商在欧盟区域内无缝对接，为个人和企业提供更好的数字产品和服务，同时还有利于创造更多的机遇和就业机会，最大化挖掘数字经济的增长潜力。

其二，通过主张加强数据保护以维护其成员国市场主体的权益，确保用户隐私和产业安全。欧盟本地缺乏大型数字公司，境内以中小企业为主，而美国数字平台是欧洲主要的数字服务供应商，许多中小企业使用亚马逊、Alphabet等数字云服务平台，导致大量数据存储于欧洲之外，因此欧盟希望通过设置高标准的数据保护体系，给予本地企业数据安全保障。此外，欧盟居民长期使用美国的脸书、推特等数字社交软件，大量数据面临回流美国的风险，加之"棱镜门"带来的政治乌云和群体心理阴影，欧盟希望通过严格的数据监管规范数字贸易主体的行为，防止个人数据被外国公司滥用，减少隐私泄露的风险，保护在线消费者权益。

其三，通过主张知识产权保护以维护知识创造者利益，激励数字内容创新。欧洲是现代意义上知识产权保护制度的发源地，在知识产权方面的观念、制度和探索一直走在世界前列。此外，知识产权集约型企业占欧盟经济体近四成，给欧洲提供了35%的就业机会，对欧盟经济具有重要影响。因此，欧盟极其重视对创新和知识产权的保护。欧盟认为公开软件源代码或技术强制转移要求会减少利用该核心技术的知识产权所获利益，降低企业的核心竞争力，因此主张禁止强制披露源代码并禁止强制性的技术转移。但欧盟内部缺乏像美国这么强大的数字产业，为了公共利益的监管，防范美国等数字大国利用技术优势威胁各成员国国家安全，欧盟也将特定事项排除在禁止条款之外。同时，为了刺激更多高价值内容的创作和传播，促进欧盟高质量文化产业的发展，欧盟通过一系列的措施确保数字内容的创作者能获得公平报酬。

其四，通过主张文化例外原则以确保本国文化体系免遭其他文化的侵蚀和破坏，维护文化安全。一方面，文化部门在欧盟GDP中占比达2.6%，给欧盟内部提供了数以百万计的高质量工作岗位，对维持欧盟经济发展和就业稳定极其重要；另一方面，文化部门中的视听部门对公民意识形态影响巨大。法国认为，一旦文化领域开放，主流文化将会受到美国等强文化的压制，更会挤垮资金薄弱或受众较少的地方文化、个性文化，引发文化冲突与文化认同危机，导致文化生态环境的破坏。因此，欧盟在数字贸易谈判中把文化部门排除在外，是为了应对他国文化渗透，阻拦强文化入侵，从而确保欧盟成员国文化安全，维护经济社会稳定。

其五，通过主张征收数字税来实现欧美之间公平利益分配。欧盟的这一政策主张主

[①] 该项数字税征收是一项暂时性的税法改革措施，直到欧盟能够证明其有能力发展单一的数字税法为止。

要源于欧美在数字产业实力的差异。欧盟在数字产业方面的竞争力要明显弱于美国，由于欧盟本土缺乏大型互联网公司，欧盟市场的网络搜索引擎服务、数字广告服务、社交媒体服务、云计算服务以及电子商务服务主要由美国的数字科技公司提供。这些大型数字科技公司已经在欧盟境内建立了强有力的市场地位，但是通过跨国运作仅承受9.5%的税率，远远低于传统企业承受的税率。因此，欧盟主张征收数字税主要是为了加强对苹果、谷歌、亚马逊等美国大型跨国数字科技公司的监管，避免税收收入的流失。而欧盟境内以中小数字企业为主，因此欧盟数字税不会给本土企业增加额外的税收负担。除此之外，另一原因就是欧盟希望通过颁布数字税法案，遏制美国互联网巨头，给本国数字企业提供发展的机会，维护欧盟的数字主权。

（三）欧盟数字贸易规则的主要特点

一是规则体系尚不成熟。"欧式模板"是目前全球数字贸易规则的引领力量，主要包括"跨境数据自由流动""知识产权保护""隐私保护""文化例外"等议题。但是欧盟签订的贸易协定中的数字贸易条款十分零散，与数字贸易相关的规则大都散落在不同的章节中，缺乏完整、系统的总结。此外，欧盟本身由多个国家构成，各国的诉求与利益不尽相同，在数字贸易规则的制定中还存在分歧，导致欧盟在制定规则时推进难度较大。相比"美式模板"，"欧式模板"体系还不完善，尚处于初级阶段。

二是注重打造欧洲数字单一市场。欧盟是欧洲一体化的产物，是欧洲国家的联合体。欧盟数字化的其中一个目标是破除欧盟境内的数字贸易壁垒，构建单一的数字市场。这一理念既凸显了欧盟重视域内数据自由流动，也突出了欧盟在隐私保护与竞争政策上的考虑，是一种经济与安全考虑并举的举措。

三是欧盟在数字贸易规则谈判上坚守"隐私保护"和"文化例外"两大底线。欧盟数字市场几乎被以美国企业为主的科技巨头所垄断，为了保持其在数据市场上的话语权，防范跨国数字巨头利用数据优势威胁其主权独立与国家安全，欧盟主张严格的个人信息和隐私保护，对数据跨境流动加以限制。另外，出于保护欧盟语言和文化的多样性，欧盟在多个层面的数字贸易谈判中坚持"文化例外"立场。由于在这两个核心问题上寸步不让，导致欧盟与其他主要贸易伙伴的谈判充满坎坷。如TTIP的推进缓慢，一个重要原因就是欧盟与美国在数据跨境流动和个人隐私保护方面有较大的分歧。

三、日本数字贸易规则、主张及其原因、特点

（一）日本数字贸易规则体系

日本早期签署的贸易协定基本上是经济伙伴关系协定（Economic Partnership Agreement, EPA），通称自由贸易协定。2002年11月，日本签署的首份贸易协定日本——新加坡EPA生效，协定文本中出现了"贸易交易文书的电子化"章，即无纸化贸易条款，可视为日本在自由贸易协定中构建数字贸易规则的开端。随后，日本在与菲律宾、泰国签订的EPA中也采用了无纸化贸易章节条款。但是，这一时期的无纸化贸易章节条款相对单一，侧重于推动贸易文件的电子化以及信息交流的数字化，算不上是严格意义上的

数字贸易相关规则，但能看出日本的自由贸易协定已经开始涉及一些简单的数字贸易相关议题。

2009年，日本的数字贸易规则制定出现重大转变，在与瑞士达成的 EPA 中首次形成了独立的电子商务章节。类似的，此后签订的日本—澳大利亚 EPA 的数字贸易条款主要集中于对电子传输免征关税、电子认证及电子签名等贸易促进条款和保护在线消费者、个人信息等隐私保护条款，重在维护信息安全，优化数字交易环境。这一阶段，日本已将数字贸易协议内容纳入自由贸易协定中，通过自由贸易协定谈判具体参与并实践数字贸易规则制定。

2013年前后，日本在推进自由贸易协定谈判方面进行了大的方向调整，将影响力巨大的 FTA 纳入视野并大力推动。日本自这一时期起参与的以 FTA 为代表的主要自由贸易协定中均有电子商务章节，而从规则水平来看，可将这些 FTA 大致分为两类。第一类是包含高水平数字贸易规则的 FTA，主要包括 TPP、CPTPP、日本—欧盟 EPA 和 UJDTA。其中，CPTPP 沿袭了 TPP 数字贸易条款的全部内容，引入跨境数据流动、数字知识产权等新型数字贸易条款，为数字产品和服务的跨境流动提供更详细的规制，成为日本数字贸易规则的新高地。在此基础上，日本又陆续签署日本—欧盟 EPA、UJDTA 和日本—英国 EPA，都将数字贸易规则作为重点议题进行探讨。特别是 UJDTA 形成了独立的数字贸易协定，专门针对数字贸易进行制度性安排，代表了日本数字贸易规则的最高水平。第二类是含有较高水平数字贸易规则的 FTA，主要指《区域全面经济伙伴关系协定》（RCEP）。出于照顾成员国经济发展水平不一等客观因素的考虑，RCEP 数字贸易条款的内容涵盖面以及法律约束力与第一类 FTA 尚有一定差距。但是从影响力来看，RCEP 整合了东盟和中、日、韩、澳、新等亚太地区的主要国家，能够进一步提升东亚区域经济合作水平，帮助日本融入东亚数字市场，深化与东亚国家的经贸合作。

（二）日本数字贸易规则主张及其原因

日本数字贸易规则致力于寻求与美欧兼容对接，其主张有四个方面。

一是跨境数据自由流动。日本在 CPTPP 中明确提出主张跨境数据自由流动，主要体现在两个方面：①允许企业信息通过电子手段实现跨境转移，防止缔约方以不当理由对信息转移实施限制；②禁止政府对数据存储与计算设施的位置施加强制本地化的要求。自由开放是数字贸易规则"日本模式"在数据流通上的核心主张之一，但鉴于有些内容在现阶段难以全面推广，日本并不反对在贸易协定中以设置特殊条款的形式对其进行缓冲，如 CPTPP 允许以实现合法公共政策目标为理由对于设置计算设施的相关规定采取不同措施。

二是数据安全。日本对数据和隐私有着严格的保护，2019年1月，日本提出了"可信赖的数据自由流动倡议"（DFFT）的概念，意在解决隐私、数据保护、知识产权和安全方面的问题，促进数据的跨境自由流动并增强消费者和企业的信心。这一主张有三个要点：①日本《个人信息保护法》数据法规规定，在非特殊情况下，日本境内的数据持有者向境外传输个人信息等数据时，必须获得信息所有者的许可。该规定使得日本在欧盟 GDPR 生效后，获得了欧盟委员会的首个充分性认定。②允许各国为实现个人数据合法保护的公共政策目标实施贸易有限制措施，同时各成员国应对政府访问个人隐私数据设置明确的正当行政程序。③制定并维护线上消费者保护制度，以实现个人信息保护和消费者保护的制度化，提升消费者参与数字经济的意愿。

三是知识产权保护。这一主张有三个要点：①禁止强制公开源代码和算法。除实现合法公共政策目标外，政府不应强制要求企业公开包括源代码、算法在内的重要商业秘密。在 CPTPP、日本—欧盟 EPA 和 UJDTA 的文本中，"源代码"均被作为单独的一项条款列出。由此可以看出，日本在保护源代码和算法上有着极为强硬的立场。②禁止政府对包括加密技术在内的特定技术的使用施加任何强制性要求，除实现合法公共政策目标外。③禁止政府通过不正当程序获取数字知识产权。在数字知识产权的保护上，政府应作为权利的保障者，实施一系列严厉措施打击破坏知识产权保护的行为，给企业的发展以足够信心。

四是公平开放的数字贸易环境。这一主张有两个要点：①公开政府数据。日本在向 WTO 递交的提案中提到，政府在公开数据时不应对企业的国别有所区分，即各国政府收集的数据应在非歧视的基础上对国内外企业公开。②改善电子商务或数字贸易相关服务中的市场准入承诺。在一些 ICT 产业竞争力较低的国家，出于保护本国相关产业的目的，政府会在数字贸易领域提高市场准入条件，例如，强制要求计算设施本地化，在电信服务行业的市场准入方面限制外资股权比例等，以阻碍他国企业进入。日本政府主张改善市场准入和国民待遇承诺以减少准入壁垒，鼓励国内外企业公平竞争。

日本作出的上述主张主要出于以下原因。

一是通过主张跨境数据自由流动以发挥本国制造业的核心优势。数据流动不仅对数字产业至关重要，对传统行业也有重要价值。据麦肯锡估计，互联网数据流动中有大约 75%的增加值会流向传统行业。而日本并未发展出超大型的互联网企业，因此日本大力主张数据自由流动并不是为了互联网产业利益，而是基于制造业优势所做的战略选择。日本具有优良的制造业基础，且工厂自动化全球领先，在制造业数字化转型过程中，通过物联网、机器人、云计算等数字技术的采用，可以累积大量从生产车间获得的实时数据，通过对分散的数据进行精细的整理，将其转化为有价值的数据资源，进而成为日本在数据时代独有的优势。

二是通过主张数据安全与保护以加强与美欧两大跨境数据流动监管框架的对接。数据安全不仅关乎日本企业和消费者的利益，也关乎日本的数字经济发展水平是否得到美国、欧盟等发达经济体认可。无论是在缔结的贸易协定还是 WTO 提案中，日本关于数据安全与保护的诉求基本与美欧协调一致，以此来推动日本、美国、欧盟三方建立数据安全联盟，促进具有相当水平的数据安全和隐私保护的国家之间的数据自由流动，以此谋取数据保护的全球主导权，提升在全球数字贸易规则制定中的话语权，并且通过这种方式来限制中国的竞争优势。

三是通过主张知识产权保护来维持本国电子和信息技术产业的全球优势地位。日本十分重视知识产权的国际保护，不仅在 EPA 中纳入了数字知识产权保护相关规则，在向

WTO递交的提案文本中也多次提及。原因在于，日本在电子和信息技术制造及服务方面具有竞争优势，这些行业又属于知识产权密集型行业，如果这些行业的知识产权无法得到有效保护，会导致行业创新者的创新动力不足，不利于电子信息业的技术创新与长期发展，严重危害社会进步与创造的根基。

四是通过主张公平开放的数字贸易环境以减少日本企业跨国发展的阻碍。日本主张公开政府数据主要出于两方面原因：首先，政府是数据的关键持有者，控制着大部分公共数据资源，如公共交通数据、农业数据等，这些数据蕴藏着巨大的经济和社会价值，是数字经济发展的载体。而日本由于人口、老龄化等因素限制了国内数字经济环境的培育，一旦无差别公开政府数据，对于日本企业来说，其他国家的各类数据将会成为新的资源，通过将数据转化为切实可用的信息及知识有利于帮助企业实现更高效的商业决策。其次，受美国影响，美国在USMCA中首次纳入"公开政府数据"条款，在随后签订的UJDTA中也要求日本同意在该协定文本中纳入此条款。日本这一主张说明在这个问题上向美国的立场靠拢。此外，数字经济的边际成本会随着规模增加而递减，而日本国内的数字市场规模有限，因此主张降低数字市场准入是为了减少日本企业进入国际市场的障碍，提高本国数字经济的利润空间。

（三）日本数字贸易规则的主要特点

一是充分汲取各类模板的有利因素，形成并完善自身数字贸易规则体系。日本在参与数字贸易规则制定时采用了两套模板：一是"美式模式"。借鉴"美式模板"中关于"跨境数据自由流动""公开政府数据"等规则主张，形成了CPTPP、UJDTA等高标准范本，推动日本跻身全球数字贸易规则水平的制高点。二是"欧式模式"。充分利用"欧式模板"关于"隐私保护和数据安全"的规则主张来谋取数据保护的主导权，在与欧盟"数据贸易圈"之外的国家谈判时取得数字贸易规则上的竞争优势。同时，日本非常重视利用以RCEP为代表的区域贸易协定传播日式数字贸易规则的核心理念，借此提升在东亚数字市场的规则话语权，形成具有自身特色的数字贸易规则模板。

二是日本在全球数字贸易治理中讨论的议题主要基于发达成员立场。日本身为发达经济体，其数字经济发展水平位居世界前列，因此日本对于数字贸易规则有着较高标准的期待。日本在全球数字贸易治理中所讨论的议题大部分是具有较高雄心水平的数字贸易规则，例如，"公开政府数据""隐私保护和数据安全"等，这些规则的主张体现了美欧在数字贸易上的核心诉求，但对于大多数发展中成员及最不发达成员而言较难接受。如在"公开政府数据"方面，包括中国、俄罗斯在内的大多数发展中成员并未在WTO提案中提出该诉求。

三是日本会根据缔约对象的核心立场灵活调整其在数字贸易规则上的要价水平。如在日本与蒙古签订的EPA中，面对数字经济发展水平较低的蒙古，日本在协定中主张纳入"源代码保护""计算设施禁止性要求"等较高标准的数字贸易规则。即便这些规则的纳入对于日本与蒙古是一种不对等的利益，日本在数字贸易规则的要价上仍然表现出强硬的立场。但是，当日本与欧盟缔结EPA时，由于欧盟在"跨境数据自由流动"上不肯作丝毫让步，日本最终调整其要价水平，同意暂时不在协定文本中就该条款作出实质性规定。同样，在 UJDTA 中，美国在"交互式计算机服务""公开政府数据"等核心关切议题上对日本施加压力，导致日本最终选择降低其要价水平。以上事实表明，面对具有不同核心立场的缔约对象，日本在数字贸易规则上的要价水平也会不同。

四、新加坡数字贸易规则、主张及其原因、特点

（一）新加坡数字贸易规则体系

新加坡是世界上较早开始并重视数字贸易发展的国家之一。根据瑞士洛桑管理学院（IMD）发布的全球数字竞争力排行榜，2018—2020 年，新加坡数字竞争力全球排名第二（美国排名第一）。新加坡强劲的数字竞争力一方面与其国内数字治理经验密切相关；另一方面，源于新加坡政府十分重视数字经济协定的签署工作。目前，新加坡通过数字经济协议（DEA）已经与多个国家和地区建立关于数字贸易合作的规则。

2020 年 6 月，新加坡作为主要发起国与新西兰、智利签署了第一份《数字经济伙伴关系协定》，简称 DEPA。DEPA 是全球首份数字经济区域协定。从规则设置来看，DEPA 包含了数字身份、无纸化贸易、电子发票以及备受关注的数据储存标准、电子传输关税等议题，其条款广泛性大于 CPTPP 和 RCEP。从组织结构来看，DEPA 采用了模块化的合作方式，参与方不需要就 DEPA 的 16 个模块全部达成共识，而是允许各国基于自身情况选择其中部分模块进行缔约，赋予了各国规则选择空间。相比于极具侵入性的"美式模板"和严苛保守的"欧式模板"，DEPA 文本具有灵活性、开放性和可操作性强等显著特点，更能满足全球大多数国家的利益需求，成为解决全球数字经济治理的一大模板。

新加坡在 DEPA 中发挥着核心引领作用，鉴于 DEPA 具有较强的灵活性和可操作性，多国已经纷纷提出加入 DEPA 或与新加坡单独签订 DEA。截至 2023 年 2 月，新加坡已和澳大利亚、英国和韩国达成《数字经济协定》并生效，分别是《新加坡—澳大利亚数字经济协定》（SADEA）、《英国—新加坡数字经济协定》（UKSDEA）和《韩国—新加坡数字经济协定》（KSDEA）。2023 年 2 月，欧盟与新加坡宣布启动数字伙伴关系，并签署了《数字贸易原则》。中国和加拿大均已提出加入 DEPA 的申请。

（二）新加坡数字贸易规则主张及其原因

新加坡通过推进数字经济领域的双边和诸边协议协调数字规则和标准，为本国数字贸易发展打造合作新规则，其主张有三个方面。

一是允许数据跨境流动。新加坡关于数据跨境流动的政策比欧盟宽松，但要求确保符合必要的法规。主要体现在两个方面：①在跨境数据自由流动方面，各缔约国原则上应允许数据（包括个人信息）跨境自由流动，禁止要求数据本地存储或处理。②对数据流动目的地国家或特定部门、地区进行充分性或等效性评估认证。除非数据接收国家和地区满足《个人数据保护法》法律要求，有能力对个人信息提供相同标准和力度的保护，否则不允许组织将个人数据转移到境外。但设定允许数据跨境流动的其他法定理由，包

括征得数据主体同意、证明为履行合同义务必要或关乎生命健康的重大情形、属于公开的个人数据、仅作为数据中转，非上述理由不得向境外流动。

二是促进数字贸易便利化与自由化。主要体现在两个方面：①在促进数字贸易便利化方面，要求缔约方提供电子版本的贸易管理文件来促进无纸化贸易；要求缔约方在电子发票系统内进行合作以促进 DEPA 协定地区跨境使用电子发票；要求各国及时公布电子支付的法规以促进透明度和形成公平的竞争环境。②在推动数字贸易自由化方面，要求电子传输和以电子传输的内容在协定缔约方免征关税，并承诺保障数字产品的非歧视待遇；消除对使用密码技术的 ICT 产品市场准入限制的要求。

三是完善数字经济领域的中小企业合作。DEPA 明确规定了中小企业合作的途径。DEPA 第 10 章聚焦数字经济领域的中小企业合作，对中小企业信息共享方式和渠道做了详细规定，并鼓励成员国利用数字工具和技术增加中小企业贸易和投资机会。例如，DEPA 鼓励使用应用程序编程接口帮助中小企业获得资金和信贷等。同时，DEPA 第 8 章金融科技与竞争政策合作、第 9 章数据开放与创新中的条款均提到，通过建立信息共享机制和促进跨境信息流动来驱动数据创新，以创新拉动区域内中小企业转型和发展。

新加坡作出的上述主张主要出于以下原因。

一是通过主张数据跨境流动与监管以推动本土电信业与数据中心的建设与投资。受市场规模和资源禀赋等制约，新加坡的数字经济产业规模和数字贸易总额体量较小，与全球排名前列的中国、美国和欧盟存在很大差距。因此，新加坡高度重视在双边或多边协议中加入数据跨境流动的相关协议，在严格保护个人隐私的前提下，对跨境数据流动秉持开放的态度，并在局部区域范围内试点数据跨境流动，旨在强化自身对全球各类数据的吸引力，打造全球数据集汇与流动的重要中心节点城市，吸引全球资本投资电信基础设施和发展数字贸易，弥补国内市场规模不足的限制。

二是通过促进数字贸易便利化与自由化为本国数字产业创造更多发展机会。新加坡经济外向型程度高，外贸进出口总额是国内生产总值（GDP）的 3 倍至 4 倍，经济增长主要依靠外贸来驱动。因此，新加坡一直是经济全球化、贸易投资自由化的参与者、推动者和主要受益者。同时，新加坡数字经济发展相对较快、数字创新能力比较突出。各项促进数字贸易便利化与自由化的举措能够使新加坡与其他经济体建立更加广泛的自由贸易并加强互联互通，简化贸易流程，使得企业进行跨境商业活动的程序更有效益，为本国数字经济发展和新兴业务开发创造更多机会。

三是通过促进中小企业合作为中小企业提供更多参与数字经济的机会。DEPA 协定虽然以"美式模板"为基础，但是新加坡结合自身数字经济产业特点进行了创新。新加坡缺少大型互联网科技企业，国内以中小数字企业为主，但发展潜力较大，是支撑国民经济和社会发展的重要力量。但是中小数字企业由于受到资金、技术、人才、信息等因素限制，存在难以突破的"数字化门槛"。因此，出于对中小企业的关照，DEPA 中设定了大量有关中小企业的条款，旨在为中小企业提供更多贸易和投资机会，帮助企业打破数据壁垒，实现企业之间的沟通协调和信息共享，加快推动数字创新，以期通过促进中小企业的发展带动本国数字经济水平提升。

（三）新加坡数字贸易规则的主要特点

第一，协议覆盖范围比其他数字贸易协议更加细致丰富。DEPA 针对数字贸易的关键核心领域以及目前制约数字经济发展的关键核心问题制定了一系列高效可行的制度规范。如在电子商务和贸易便利化等传统议题上方面，DEPA 做了清晰可行的界定及规范，如要求各国及时公布电子支付的法规，考虑国际公认的电子支付标准，从而促进透明度和形成公平的竞争环境。在个人信息保护、跨境数据流动、计算机设施的位置等复杂的数字问题上，DEPA 也作出了专门规定，如允许在新加坡、智利和新西兰开展业务的企业跨边界更无缝地传输信息，并确保其符合必要的法规。此外，新兴趋势及技术在数字经济国际化中的规范化发展在 DEPA 中也得到了比较充分的体现，DEPA 为此制定了可行性较高的相应规范。

第二，模块化结构大幅提升了国际数字贸易规则的灵活性和可操作性。DEPA 建立了一系列数字贸易不同方面的模块，各国可以根据自己的发展阶段选择不同的模块及相应的承诺水平，不必同意全部内容即可加入。此外，还可以将 DEPA 嵌入其他贸易协议中，实现多边参与。DEPA 模块化的做法使其与传统贸易协议相比，范围可调节，承诺更灵活，还可以涵盖 AI 等新技术的合作机制，可以为 WTO 成员提供其可以接受的选择，因此吸引了不少国家的申请和借鉴。

DEPA 与"美式模板""欧式模板"不同，代表了除美国和欧盟之外全球数字经济治理的"第三种"力量。DEPA 协定国家虽然在电子政务、智慧交通、智慧医疗等数字经济基础设施建设领域处于全球前列，但是这些国家缺乏具有全球影响力的大型 ICT 企业，因而在协议中对当地的数字初创企业和中小企业作出特别关照。DEPA 包含了"中小企业合作"和"数字包容性"模块，旨在推动个人和企业平等参与数字经济并从中获益。这是 DEPA 协定在数字经济领域区别于"美式模板"和"欧式模板"的典型特征。

五、中国数字贸易规则、主张及其原因、特点

（一）中国数字贸易规则体系

目前，中国的数字贸易发展还处于起步阶段，相应的数字贸易的规范体系建设也还不够成熟和完善。随着全球数字经济和数字贸易的蓬勃发展，中国政府加快了数字贸易领域的国内改革和对外开放，并在 WTO 框架下，积极参与全球数字贸易规则谈判和制定。截至 2023 年 8 月，中国已先后同 20 多个国家和地区达成 22 个 FTA。通过梳理这些 FTA 协定（或升级）文本中关于数字贸易相关的表述（详见表 6-2），不难发现，数字贸易规则在中国 FTA 文本中的出现和发展有明显的分界线：2015 年之前，签署的 FTA 文本中与数字贸易相关的条款呈现碎片化状态；2015 年之后，签署的 FTA 开始将电子商务独立建章阐述；2020 年以后，以签署 RCEP 为标志，中国开启对接高标准数字贸易规则之路。具体而言，中国 FTA 文本关于数字贸易相关规则的构建分为以下三个阶段。

2003—2014 年是数字贸易规则条款初级阶段，此时实质性条款尚未真正出现。为了提升双边贸易效率、降低贸易成本，中国 FTA 条款中开始出现与贸易方式数字化相关的

表 6-2 中国 FTA 协定与数字贸易相关的条款梳理

协　定	签署时间	与数字贸易相关的主要条款或文字表述
中国与东盟全面经济合作框架协议	2004.11	一般例外条款提及"保护与个人信息处理和传播有关的个人隐私及保护个人记录和账户的机密性"
中国—智利自由贸易协定	2005.11	合作、原产地核查、知识产权等条款提及"电子文件""电子数据""数字签名"等语言表述
中国—巴基斯坦自由贸易协定	2006.11	无涉及
中国—新西兰自由贸易协定	2008.4	原产地核查条款提及"开发电子核查系统",便利化、透明化等条款涉及"电子受理点""电子形式通知""电子文本",知识产权条款提及"新数字经济的重要性"
中国—新加坡自由贸易协定	2008.10	透明度条款提及"电子渠道",自然人移动条款提及"电子授权"
中国—秘鲁自由贸易协定	2009.4	原产地证书条款提及"电子发证及核查系统的开发",无纸贸易环境下自动化系统的应用条款,透明度条款提及"电子通报",信息技术合作条款
中国—哥斯达黎加自由贸易协定	2010.4	透明度条款提及"电子方式"
中国—冰岛自由贸易协定	2013.4	简化贸易便利化章提及"电子申报并做信息处理""无纸化贸易中,使用低成本、高效率的信息技术",磋商条款提及"计算机以及电子数据交换系统的使用",知识产权条款提及"新数字经济的重要性"
中国-瑞士自由贸易协定	2013.7	原产地证条款提及"建立电子信息交换系统",海关手续和贸易便利化章提及"电子申报并做信息处理""信息技术的最大应用"
中国—韩国自由贸易协定	2015.6	独立的电子商务章节,贸易便利化条款提及"应用低成本、高效率的信息技术",独立的电信章节,知识产权保护"电子商标的申请"
中国—澳大利亚自由贸易协定	2015.6	独立的电子商务章节,海关便利化"信息技术的应用",原产地规则提及"开发原产地电子数据交换系统"
中国—格鲁吉亚自由贸易协定	2017.5	合作章有笼统的电子商务条款,建立原产地电子数据交换系统
中国—智利升级	2017.11	贸易便利化条款提及"提供电子联系点",独立的电子商务章节,跨境支付监管合作条款
中国—马尔代夫自由贸易协定	2017.12	原产地规则中提及"电子数据交换"
中国—巴基斯坦第二阶段	2019.4	海关合作中提及电子数据交换条款
中国—毛里求斯自由贸易协定	2019.10	独立的电子商务章节,原产地规则中提及"建立原产地电子数据交换系统"
中国—东盟自贸区升级	2019.10	纳入"跨境电子商务"条款,提出加强合作,为电子商务发展创造有利的发展环境
RCEP	2020.11	独立且更完整的电子商务章节,海关便利化有"信息技术的应用",电信服务附件,知识产权章提及"数字环境下的执法"等
中国—柬埔寨自由贸易协定	2021.10	独立的电子商务章节,提及促进数字技术应用,鼓励新兴业态发展,提高贸易便利化水平,加强消费者权益保护
中国—新西兰升级	2022.4	新增电子商务章,提及共同促进两国企业尤其是中小企业通过电子商务开拓市场
中国—厄瓜多尔自由贸易协定	2023.5	独立的电子商务章节,鼓励两国企业尤其是中小企业通过电子商务开拓市场
中国—尼加拉瓜自由贸易协定	2023.8	独立的数字经济章,包括国内电子交易框架、电子签名、网络消费者保护、网络个人信息保护、无纸贸易、中小微企业、数字经济合作等内容

资料来源：根据中国签署的各类 FTA 协定文本整理得出。

语句表述。例如，中国—智利 FTA、中国—新西兰 FTA、中国—秘鲁 FTA 等协定文本的原产地核查条款中提到"电子文本""数字签名""电子核查系统"等，便于高效实施原产地核查程序。中国—冰岛 FTA 和中国—瑞士 FTA 的文本中提出，为加快通关速度，在满足一定条件的前提下，允许在货物实际进口前进行电子申报并做信息处理。

2015—2020 年，中国数字贸易规则条款中出现电子商务章节。2015 年签署的中国—韩国 FTA 是中国第一个包含电子商务专章的双边 FTA，关注的核心议题主要包括数字贸易关税、个人信息保护和跨境贸易便利化（包括电子认证与电子签名、无纸化贸易）等基本规则，为中国之后的电子商务谈判奠定了良好基础。此后，中国—澳大利亚 FTA 中数字贸易条款在包含中国—韩国 FTA 基本规则的基础上，增加了国内监管框架和透明度条款，以便提高监管力度和缔约方的执行效率。中国—智利 FTA 升级协定也增加了电子商务章节，并提出加强跨境支付监管合作，寻求建立信息共享机制和监管合作机制。

以 2020 年签署 RCEP 为重要标志，中国数字贸易条款谈判进入发展期。相比之前 FTA 中的电子商务章节，RCEP 增加了"非应邀商业电子信息""网络安全""通过电子方式跨境传输信息""电子商务对话"等条款，条款内容更具体，操作执行力更强。例如，对于"线上消费者保护"条款，以往的 FTA 文本（中国—智利 FTA 升级协定、中国-毛里求斯 FTA 等）仅提到"应尽可能以其认为合适的方式，为使用电子商务的消费者提供保护"，而 RCEP 则提出具体的措施，"采取或维持法律或者法规以保护使用电子商务的消费者免受欺诈和误导行为的损害或潜在损害"以及"应当发布其向电子商务用户提供消费者保护的相关信息，包括消费者如何寻求救济以及企业如何遵守任何法律要求"。虽然加入 RCEP 是中国对接高标准数字贸易规则的重要尝试，但是 RCEP 本质上仍然属于传统的区域贸易协定，在条款中回避了当前争议性比较大的规则，如源代码保护、数字贸易领域的非歧视性原则、数字税收问题，具有一定的保守性。

为加快对接高标准国际经贸规则的步伐，提高中国在国际数字贸易规则制定中的话语权，2021 年，中国正式申请加入 CPTPP 和 DEPA。2022 年 4 月，中国—新西兰升级议定书正式生效，使中新两国自贸关系在中国—新西兰 FTA 和 RCEP 的基础上实现了更大程度、更多领域的开放。

以上分析表明，中国数字贸易规则经历了从无到有、从单领域到多领域、从简单到复杂的演变过程。随着我国更加积极主动地参与全球数字贸易规则的谈判与制定，我国数字贸易规则也正逐步升级和完善。

（二）中国数字贸易规则主张及其原因

作为世界第二大数字经济体，中国一直致力于数字贸易国内与国际规则的探索。中国的主张有三个方面。

一是数据分级分类保护。根据《中华人民共和国数据安全法》的规定，我国数据可区分为国家核心数据、重要数据和一般数据，政府针对不同级别的数据采取不同的保护措施。①国家核心数据的跨境流动实行更加严格的安全审查规则。依据《中华人民共和国数据安全法》第二十五条的规定，对"与维护国家安全和利益、履行国际义务相关的属于管制物项的数据"，依法实施出口管制。②重要数据的跨境流动应遵循法律法规确立的出境安全审查规则。依据数据处理主体的不同，重要数据区分为关键信息基础设施运营者收集和产生的重要数据以及其他数据处理者收集和产生的重要数据。对于前者，《中华人民共和国数据安全法》规定要依据网络安全法相关规定进行安全审查。对于后者，《中华人民共和国数据安全法》第三十一条规定，"其他数据处理者在中华人民共和国境内运营中收集和产生的重要数据的出境安全管理办法，由国家网信部门会同国务院有关部门制定。"③一般数据在遵循平等互惠等原则基础上基本可实现自由流动，但可能受到某些方面的限制[①]。

二是关键领域源代码公开。目前我国暂时还未有法律直接规定要求外国企业强制披露源代码，但是出于保障公共安全的需要，一些法律的执行会涉及源代码披露问题，包括但不限于以下领域：关键信息基础设施的网络安全审查中或要求获取源代码；强制性认证中或要求获取源代码；强调信息技术的安全可控或隐含强制获取源代码要求；将促进自主创新和安全可控等目标与政府采购挂钩的做法可能暗含要求外方转让或提供源代码。概括地讲，中国对源代码的核心诉求是确保重要信息安全产品、使用于关键信息基础设施中的软件安全。

三是推动货物跨境电商的便利化程度。中国是跨境电子商务出口大国，因而一个重要利益诉求是在全球或区域范围内形成促进跨境电商发展的基本框架和准则。2016年，中国在向WTO提交的关于电子商务议案中提出四个方面的利益诉求：①在贸易政策环境方面，为B2C交易提供便利的边境措施（如出口退税、简化通关程序），设立跨境电商交易平台及其监管程序，推进无纸化贸易，促进融资创新并加强国际间合作；②在政策框架方面，保证电子商务信息的公开透明，及时公布有关法律法规和政策措施，并设立咨询点解决合理咨询；③在基础设施和技术条件方面，推进数字证书和电子签名互认；④努力提高消费者跨境消费的信心，保护消费者权益（见表6-3）。

表6-3 中国关于电子商务议题的提案（2016年）

诉 求	具 体 内 容
贸易政策环境	暂停电子传输关税、交易便利化、无纸贸易
政策框架	公布法律法规和政策措施
基础设施和技术条件	数字证书、电子签名互认
其他	消费者保护、知识产权保护、隐私保护

资料来源：国莎莎.《全球数字贸易规则形成中的分歧与中国的应对策略》，吉林大学，2020。

---

① 根据《中华人民共和国数据安全法》和《中华人民共和国网络安全法》的相关规定，一般数据的跨境流动可能受到三方面限制：一是对于自愿参与关键信息基础设施保护体系的一般数据，依据关键信息基础设施收集和产生数据的跨境流动规则进行审查。《中华人民共和国网络安全法》第三十一条第二款规定，"国家鼓励关键信息基础设施以外的网络运营者自愿参与关键信息基础设施保护体系。"二是一般数据的处理活动如果"影响或可能影响国家安全"也应进行国家安全审查。《中华人民共和国数据安全法》第二十四条第一款规定，"对影响或者可能影响国家安全的数据处理活动进行国家安全审查。"三是依据平等原则对一般数据的跨境流动进行限制。《中华人民共和国数据安全法》第二十六条规定，"任何国家或者地区在与数据和数据开发利用技术等有关的投资、贸易等方面对中华人民共和国采取歧视性的禁止、限制或者其他类似措施的，中华人民共和国可以根据实际情况对该国家或者地区对等采取措施。"

中国作出的上述主张主要出于以下原因。

一是通过主张数据分级分类保护以降低不同安全等级的数据的跨境流动风险。跨境数据和信息流动代表着数据流动范围和规模会呈现指数级扩大，而且跨境传输的数据可能包含大量核心重要信息。目前与发达国家和地区相比，我国的数据监管能力和安全技术还比较薄弱，数据跨境流动的法律制度也不完善，贸然接受以西方发达国家主导的高标准、高水平数字贸易规则，若监管不当，可能给数据安全、隐私保护和数据主权等带来潜在威胁。因此，我国确立了数据分级分类制度，便于根据数据的不同安全等级采取相匹配的保护措施，保障数据安全可信、集约高效地流通使用。

二是通过主张关键领域源代码公开以确保相关领域网络信息安全及促进网络信息安全供给能力提升。我国对保护数字主权和数字经济领域的国家安全一向给予高度重视，尤其是随着网络安全风险越来越突出，存在向政治、经济、文化、社会、国防等领域渗透的风险，网络信息安全越来越受重视。这一主张的目的在于加强对关键信息基础设施和重点行业领域的网络信息安全审查，确保关键信息基础设施供应链安全，强化国家关键数据资源保护能力。另外，这一主张在某种意义上标志着国家相关部门已经开始将软件安全纳入网络安全审查范围，在一定程度上有助于推动完善国内互联网技术、产业发展的政策措施，鼓励企业围绕安全可靠产业链供应链建设的重大需求，加大保障网络安全和数据安全的创新技术的研发及投入，促进网络信息安全技术供给能力有效提升。

三是通过主张推动贸易便利化以充分发挥我国跨境电商企业的竞争优势。与欧美发达国家相比，中国的比较优势在于货物跨境电商。目前，中国签订的有关数字贸易的自贸协定仅限于电子商务章节，可见中国当前参与数字贸易规则制定的重点仍在电子商务领域。提高货物跨境电商的便利化程度，有利于帮助中小企业克服使用电子商务的障碍，降低和简化贸易手续，提升通关效率和交易安全，为我国电子商务出口企业的发展提供保障，从而进一步提升我国跨境电商的国际竞争力，巩固自身在国际市场中的优势地位。

（三）中国数字贸易规则的主要特点

一是中国数字贸易条款内容在广度与深度上均有较大发展空间，尚未形成鲜明的"中式模板"。目前，中国 FTA 的电子商务章节只包括一些基本条款，内容并不全面。大部分 FTA 文本没有体现"数字产品的非歧视待遇""本地化要求"等条款。只有少数 FTA 文本提及知识产权的数字化领域"新数字经济的重要性"，或提到"电子商标的申请"，但尚未进化到真正的数字知识产权规则。在条款表述上，除了 RCEP 外，中国已签署 FTA 的电子商务章节中，"电子认证和电子签名"和"无纸贸易"这两项条款操作性强，而"个人信息保护""电子商务合作"条款表述停留在"应鼓励……""应促进……""应尽可能以其认为合适的方式……"此类模糊的语言层面，缺乏具体的执行措施。

二是中国在数字贸易国际治理中话语权较弱。一方面，中国的数字贸易起步较晚，很多数字产业尚在初期发展阶段，数字贸易竞争力还不够强；另一方面，中国国内缺少相关的法律规制，在数字贸易规则相关议题的谈判上也并未给出明确的方案，而美国和欧盟在数字贸易规则制定方面相对比较成熟，已经形成了较为完善的法律法规制度并积极在贸易协定中推广。与美国和欧盟相比，中国在参与国际数字贸易规则的博弈中并不占优势。

三是中国参与数字贸易规则构建的主张与国际主流趋势存在差异。根据经济合作与发展组织（OECD）公布的数字贸易限制性指标，目前中国的数字贸易限制程度在全球排名靠前。以美国为代表的数字贸易规则主流趋势主要体现在"跨境数据自由流动""数字服务贸易市场准入""源代码保护"等方面，而这些数字贸易规则恰恰是中国目前最不能接受的条款。尤其在"跨境数据自由流动""数据存储非强制本地化""源代码非强制本地化"方面，中美两国构建数字贸易规则的立场完全相悖，而"美式模板"主张的数字贸易条款更加趋于成为数字时代国际经贸规则的主流趋势，这将给我国未来参与数字贸易规则制定带来很大挑战。

第三节　全球数字贸易规则对比

各国数字经济发展水平和数字贸易竞争力不同，对构建数字贸易国际规则体系的目标诉求各异，因而不同国家的数字贸易规则的立场各不相同。根据各国的核心立场和数字贸易规则内容，可以将数字贸易协定归纳为四种模式：一是要求数字自由的"美式模板"，二是坚持数据监管的"欧式模板"；三是鼓励数字合作的"新式模板"；四是强调数字主权的"中式模板"。

一、数字贸易规则的四种模板

（一）以美国、日本为代表的"美式模板"

美国是数字服务贸易的大国和强国，以苹果、谷歌、亚马逊、微软等超大型跨国ICT企业为代表，2021年美国数字服务出口排名全球第一，达到6130.12亿美元，数字服务出口占美国服务出口的77%。这些大型数字科技企业有58%的收入来自海外业务，这些企业在数字贸易基础设施、全球数据资源占有，市场增量存量以及数字创新意识方面均处于超领先地位。

为方便大型跨国数字企业进军海外市场，扩张全球数字霸权带来的商业利益和安全利益，美国频繁地签订FTA并不断扩充和提升数字经济规则的内容与水平。"美式模板"数字贸易规则是美国数字贸易比较优势的集中体现。从"美式模板"的主要内容与演进路径分析来看，其主要具有以下特征：第一，所涉及涵盖电子商务或数字贸易专章的FTA开启时间最早、数量也最多。第二，包含的数字贸易规则最为全面，不仅涵盖电子商务时期的规则，还引领数字时代新一代数字贸易规则的制定。第三，在数字服务贸易方面的自由度最高，主要体现在极力倡导削减数字贸易壁垒、促进全球跨境数据自由流动和保护数字企业的核心知识产权。第四，强调保持美国在全球范围内数字贸易规则制定的影响力，致力于联合盟友主导跨大西洋、印太地区以及美洲的数字贸易治理，鼓吹将以USMCA的数字贸易专章作为模板，为全球数字规则制定新标准。此外，日本在数字贸易规则的构建中紧跟美国的步伐，倡导在数据和信息流动领域中追求开放和自由。

（二）以欧盟为代表的"欧式模板"

数字经济和数字贸易是欧盟国家经济的重要组成部分，但是欧盟的数字产业的竞争力要明显弱于美国，而且欧盟境内以中小数字企业为主，缺乏具有全球影响力的大型数据平台和数字高科技企业，其内部市场被大量美国企业垄断。因此，欧盟在大部分数字贸易议题上的立场更加审慎，根据自身发展需要建立了相对应的"欧式模板"并不断完善，试图与"美式模板"抗衡。

"欧式模板"在数字治理方面具有鲜明立场，签署的所有涉及数字贸易议题的FTA中一贯坚持两个核心立场毫不动摇。一是坚持数据监管。基于历史与文化传统，欧盟在数字政策上非常注重个人信息与隐私保护，不仅制定了一系列覆盖欧盟成员的区域性法案来实现维护公共利益的数据保护，同时在双边和诸边谈判中对隐私保护的要求不断升级。二是坚持"文化例外"。鉴于文化贸易的重要性以及欧盟在国际文化贸易规则构建中拥有重要话语权，欧盟坚持将数字化的视听、文化产品作为市场准入中的例外。这两点始终是欧盟在数字贸易规则领域不可逾越的红线，也是欧盟与美国利益的根本分歧所在。

（三）以新加坡为代表的"新式模板"

新加坡、新西兰和智利是DEPA发起国，但从全球数字经济竞争力排名和数字经济规模的绝对数值来看，新加坡显著优于新西兰和智利。2021年，新加坡在世界主要数字经济体中综合排名第二，在数字技术、数字基础设施、数字市场和数字治理上排名均靠前。从数字经济对国民经济的贡献来看，2021年新加坡约60%的GDP来自数字产品或服务，而在新加坡数字经济网络中，中小企业是最活跃的元素，占其企业总数的99%，支撑着数字经济的蓬勃发展。

DEPA成员国除了新加坡，另外两个都是南太平洋国家。南太平洋国家数字服务贸易额占本国服务贸易总额的比例不到40%，占世界服务贸易的比例为1%左右，数字经济竞争力较弱，在全球数字经济话语权方面处于劣势地位。

因此，DEPA尽管在理念上广泛吸纳了大量美式数字贸易规则，但体现出更多的灵活性和包容性，更为兼顾发展中国家以及中小企业的利益。DEPA在CPTPP基础上加强了缔约方在数字经济领域的广泛合作，增加了促进中小企业发展合作、提升数字贸易便利化水平、促进新兴交叉领域技术创新等方面的突破性规则，在许多议题的前瞻性与引领性方面走在世界前列。DEPA能被世界各国广泛认同，成为构建全球数字贸易规则的新兴模板，展现出了小经济体在努力抢占数字经济规则赛道的过程中"协作抱团"的力量。

（四）以中国为代表的"中式模板"

中国是全球数字贸易大国，主要优势在于以货物贸易为主的跨境电子商务方面。2021年，中国跨境电商进出口规模达到3053亿美元，占全国货物贸易进出口总值的比例为5%，其中出口占跨境电商进出口总额的比例超过70%。数字服务贸易增长迅速但竞争力不强，2021年中国数字服务贸易进出口总值为3597亿美元，占服务贸易总额的比例达到43%，在全球数字服务贸易额中的占比为9.3%，与数字经济发达国家相比，中国在新型数字服务产品、数据和信息产业、软件等领域还有较大的发展空间。

目前，中国签订的 FTA 中包括数字贸易规则的较少，且仅以"电子商务"为章节标题。RCEP 是目前中国在数字贸易领域签订的最高水平的 FTA，但 RCEP 更加关注传统经贸规则领域，在对外开放的深度和广度方面，与 CPTPP 与 DEPA 相比较存在一定差距。出于对数字贸易的现实基础以及政治、文化、社会制度等国情的综合考虑，中国在数字贸易规则构建中一方面注重促进跨境电子商务的便利化与数字营商环境的改善，另一方面强调维护国家安全、网络安全和数据主权的基本立场。

（五）数字贸易规则模板的比较

通过比较数字贸易规则的四大模板可以发现，"美式模板"是美国最先布局和谋划全球数字贸易规则构建的产物，并对新加坡等以开放和创新闻名的小国产生了很大的外溢影响。新加坡等国在深度借鉴"美式模板"的基础上结合自身数字经济发展特点进行了创新，推动了"新式模板"的形成，因此两者在诸如"跨境数据自由流动""数据存储本地化""数字产品非歧视待遇""电子传输关税"等核心理念上有相似之处。但 DEPA 还强调了要保护中小企业在数字经济贸易投资中的利益，更加注重数字经济发展的包容性。"欧式模板"在跨境数据流动与监管等方面与"美式模板"存在较大的分歧，欧盟重视构建安全的数字贸易环境，因此，设置了严格的数据监管和隐私保护制度以对"跨境数据自由流动"进行必要限制。由欧盟主导的数据保护规则在个人数据与敏感信息保护领域对全球数字治理产生了重要的影响。"中式模板"的议题集中于跨境电子商务的便利化，其核心利益在于促进大型数字平台的跨境电子商务以及重视对国家安全的保护。

二、数字贸易核心议题的比较分析

本节主要关注 CPTPP、DEPA 和 RCEP 这三项国际数字协议中的数字贸易规则内容，聚焦数据跨境流动、数字知识产权、数字产品非歧视待遇等核心议题开展分析，梳理出三项数字经济规则在某一议题上的异同点，由此探讨不同国家在数字贸易规则领域的分歧所在（表6-4）。

表 6-4　RCEP、DEPA 与 CPTPP 主要数字贸易规则比较

数字贸易规则	RCEP	DEPA	CPTPP
电子传输关税	第12.11条	第3.2条	第14.3条
数字服务税	×	第3.2条、第3.3条	第14.3条、第14.4条
数字产品非歧视待遇	×	第3.3条	第14.4条
跨境数据流动	第12.15条	第4.3条	第14.11条
本地化要求	第12.14条	第4.4条	第14.13条
数字知识产权	×	第3.4条	第14.17条
数字贸易便利化	第12.5条、第12.6条	第2.2条、第2.5条、第2.7条	第14.6条、第14.9条
在线消费者保护	第12.8条、第12.9条	第4.2条、第6.2条	第14.8条、第14.14条
促进中小企业发展	第14章	模块10	×

资料来源：①吴希贤，《亚太区域数字贸易规则的最新进展与发展趋向》，《国际商务研究》，2022年第4期；②李佳倩，叶前林，刘雨辰，陈伟，《DEPA关键数字贸易规则对中国的挑战与应对——基于RCEP、CPTPP的差异比较》，《国际贸易》，2022年第12期。

（一）电子传输关税

电子传输关税属于在边境上各经济体对跨境传输的数据流征收的关税。早在1998年，WTO框架下《全球电子商务宣言》就首次承诺免征电子传输关税，但并非强制执行，而是属于"临时性"免征关税，并每两年对该规定进行延续。因此，该条款的争议点在于是否应永久免征关税。在该方面，DEPA、RCEP和CPTPP均对电子传输关税做了有约束力的规定，其中，RCEP对电子传输免征关税与WTO一样同属"临时性"免征关税，并保留了缔约方根据WTO决议调整电子传输关税的权利。而DEPA、CPTPP的要求则更为严格，除了基于征收国内税、规费或其他费用的情形外，均对电子传输内容或产品"永久性"免征关税。从各国现行规则主张来看，美国一贯坚持"永久性"免征电子传输关税；欧盟和中国也主张免征电子传输关税，但在免征期限上与美国意见相左，不同意"永久性"免征，都主张保持已有做法，对电子传输免关税的规定实行定期延长。

（二）数字服务税

数字服务税属于在边境后各经济体针对数字服务（也称数字产品）征收的国内税。CPTPP与DEPA没有专门提及数字服务税方案，仅在关税和数字产品[①]的非歧视待遇等条款中作了较为笼统的阐述。CPTPP第14.3条规定，允许以符合CPTPP协定的方式对其缔约方征收数字服务税，但不能违反非歧视待遇。DEPA借鉴了CPTPP的相关条款，不限制缔约方征收数字税。RCEP则未涉及数字服务税条款。

由于各国数字经济的发展水平参差不齐，对数字服务征收国内税会影响数字贸易价值链上的利益分配，因此，各国在是否征收数字服务税这一议题上存在分歧。以英国、法国为代表的部分欧洲国家持积极支持态度，主张对大型互联网企业征收数字服务税，以规避大型跨国数字企业的逃税行为，减少跨国数字企业尤其是美国互联网巨头对本国数字市场的冲击。美国在实践中倾向于减免数字服务税，作为对欧盟数字税收政策的反击，美国贸易代表办公室已对多个国家展开了针对数字服务税的"301"调查[②]。美国在UJDTA中规定成员方针对数字服务和产品征收国内税需基于非歧视原则，即对于数字产品和服务的跨境交易，不能征收国内税。中国尚未建立起针对数字经济的间接税征管法规，一些与数字经济相关的税收政策法规集中在跨境电商增值税领域；对直接税而言，与数字经济相关的征管法规以企业所得税为主。目前来看，我国的税收协定滞后于数字经济发展需要。

（三）数字产品非歧视待遇

数字产品非歧视待遇是DEPA和CPTPP的独有条款，深化水平显著高于RCEP。DEPA基本沿袭了CPTPP有关数字产品非歧视待遇问题的所有条款内容，即要求缔约方给予另

---

① 数字产品指计算机程序、文本、视频、图像、录音，或其他数字编码的、用于商业销售或分销、可通过电子方式传输的产品。

② 根据美国《1974年贸易法》的"301条款"，如果一国的贸易行为被视作有失公允的"保护主义者"，那么该条款允许美国政府对该国施加报复性关税。

一缔约方的数字产品待遇不得低于其他同类数字产品的同等待遇,其中,"其他同类数字产品"也涵盖非缔约方的同类数字产品,但不适用于广播、政府支持的贷款、担保和保险等提供的补贴或赠款。但 CPTPP 非歧视待遇的例外条件相比 DEPA 更加苛刻,增加了不得与知识产权章节规定相冲突的例外情形。RCEP 中对于这方面内容没有作出明确规定,只是在电子商务对话条款中提到缔约方应考虑数字产品待遇的问题。

各国的数字贸易发展极不均衡,因此对该条款的态度并不一致。从各国现行规则主张来看,美国是该条款的主要推广者,USMCA 第 19.4 条要求给予其他缔约方数字产品和服务非歧视待遇,并剔除了广播例外与知识产权例外,扩大了 CPTPP 关于数字产品的非歧视待遇范围。但是在日本加入的 UJDTA 中,对该条款进行了回调,将广播例外与知识产权例外纳入非歧视待遇条款中,并对广播例外范围作了细化。欧洲国家基于文化保护的考虑,对文化领域对外开放较为谨慎,在贸易谈判中坚持"文化例外"原则,排除对视听服务的开放承诺。中国在非歧视待遇方面还没有明确方案。

(四)跨境数据流动

跨境数据流动意味着数据要素在国家间自由输入与输出,虽然对于推动全球数字贸易的发展具有重要意义,但为不同经济体带来的收益和风险存在很大差异,因此各国对此的主张存在较大分歧。

DEPA、RCEP 与 CPTPP 协定均明确规定不得限制数据跨境流动,允许通过电子方式跨境传输商业信息,同时许可基于监管或合法公共政策的例外情形。其中,DEPA、CPTPP 对实施合法公共政策目标而采取的措施增加了例外要求:一是措施不构成任意或不合理歧视或对贸易构成变相限制,二是施加的措施不能超出实现公共政策目标所需限度的限制。而 RCEP 的限制条件则相对宽松,仅规定了监管内容要求,是否基于公共政策目标而采取与跨境数据自由流动不符措施的权利交由缔约方自己决定。另外,RCEP 还允许基于保护基本安全利益而采取限制跨境数据流动的措施,扩大了缔约方自主规制的空间。

从各国现行规则主张来看,美国在该问题上持积极开放态度,极力倡导数据和信息跨境自由流动,希望尽量减少政府干预,给数据流动创造便利条件,如 CPTPP、USMCA 和 UJDTA 在措辞上均使用了"不得禁止或限制"跨境信息流动。欧盟主张考虑个人隐私安全、"文化例外"等情况,支持有限制的数据自由移动。日本的主张兼顾了美国和欧盟在数据方面的诉求,提出可信数据自由流动,既倡导数据流通的自由开放,又尽可能确保数据的安全。新西兰在 DEPA 中承诺跨境数据流动,但允许合理合法的公共政策例外。而中国出于网络安全和国家安全考虑,更注重监管主权,对数据和信息的跨境自由流动持谨慎态度,不赞同美国提倡的数据和信息在全球范围内的自由流动,对跨境数据和信息流动采取了相对严格的监管措施。

(五)本地化要求

本地化要求主要包括数据存储本地化和计算设施本地化,其中前者的标准更高,即数据存储本地化要求计算设施必须本地化,但计算设施本地化不包含数据本地化要求。

本地化要求也是在数字贸易谈判中争论的焦点之一。DEPA 与 RCEP、CPTPP 三项协定在一般规制方面均明确承诺缔约方不得将"计算设施本地化"作为在另一缔约方境内开展商业行为的条件，而关于"计算设施的位置"一般性规则层面的例外，涵盖范围从小到大依次是 CPTPP、DEPA 和 RCEP。

由于各经济体之间存在一定的数字鸿沟，在数字贸易发展水平、安全与发展的重要程度排序及数据开放背后的成本收益等方面都有很大不同，各国在本地化要求议题上持不同甚至对立观点。美国政府强烈反对数据本地化和计算设施本地化的要求，其在 USMCA 中严格禁止将本地化措施作为商业行为的条件，且没有规定任何的例外情形。欧盟在本地化要求议题中存在双重标准，即面对数字强国主张"数据存储强制本地化"，而面对欠发达国家则不接受对方提出的对欧盟企业实施"数据存储强制本地化"的要求。中国在 RCEP 中承诺不强制要求将数据计算设施放置在本地，但保留通信安全、保密和公共政策目标等例外；此外在《中华人民共和国网络安全法》中也设定了监管要求，即要求网站内容存储本地化，经批准方可转移。

（六）数字知识产权

数字资产的特点是可以通过网络技术实现大规模存储、传输、复制并以此获取商业利益，而源代码、专有算法等数字资产是企业重要的数字知识产权和商业机密，保护不当将会严重侵害产权人的合法权益。因此，对数字知识产权尤其是对源代码的保护问题是数字贸易谈判的重要议题，也是各国主要争议点之一。

CPTPP 是首次包含"源代码"条款的区域协定，其中第 14.17 条明确要求禁止缔约方强制要求厂商提供或者转让其所拥有的源代码作为进入该国市场进行销售、分销或直接使用该软件或包含该软件的前置条件，同时设置了"限于大众市场软件但不包含关键基础设施软件、允许商业谈判合同中包含源代码条款及允许修改源代码、不得影响专利申请"的三种例外情形。DEPA 第 3.4 条要求任何缔约方不得对使用密码术并设计商用的 ICT 产品强制实施或设立技术法规或合格评定程序，作为制造、出售、分销、进口或使用该产品的条件，同时规定了两类例外情形。RCEP 并未涉及"数字知识产权"条款，仅在第 12.16 条电子商务对话中提及缔约方应考虑在源代码领域开展对话。

从各国现行规则主张来看，美国和欧盟等发达经济体为了维护自身的技术领先地位，都高度重视数字知识产权的保护，普遍主张建立严格的数字知识产权保护体系。美国将禁止披露和转让源代码作为保护数字知识产权的必然要求，USMCA 和 UJDTA 中均包含该条款，认为各国不应该将转让或分享技术、源代码、专有算法等作为市场准入的条件，且对例外情形的容忍度很低。欧盟在该议题上与美国的立场基本一致，但欧盟委员会依据反垄断法要求微软开放部分软件源代码。中国就源代码问题并没有在相关多边或双边协定中明确表态，但基于在安全、侦查等角度的顾虑，要求对可能影响国家安全的密码产品和服务进行安全审查，因此在监管过程中可能存在要求相关的外国在华企业披露源代码的情况。

(七)在线消费者保护

就目前现存的数字贸易相关协定而言,加强消费者权益保护,包括线上消费者保护、个人信息和隐私保护、非应邀商业电子信息,基本已经达成了共识。RCEP、DEPA 和 CPTPP 都规定要采用相关法律保护在线消费者,以及构建个人信息保护法律框架并公开相关信息。RCEP 还额外规定缔约方应发布关于"消费者如何寻求救济"和"企业如何遵守任何法律要求"的信息,但同时将柬埔寨和老挝列为例外情况。CPTPP 的个人信息保护条款的细化程度与可执行性较高,强调缔约方应认识到"保护电子商务用户个人信息的经济和社会效益"非常重要,还明确采取了非歧视性做法和促进机制兼容的规定,比 RCEP 的规定更加明确具体。DEPA 除了直接重申 CPTPP 相应规则的条款以外,对很多数字经济规则做了更为深化和细化的规定。例如,DEPA 进一步列明了构建个人信息法律框架依据的原则应包括收集限制、数据质量、用途说明、使用限制、安全保障、透明度、个人参与以及责任原则。

关于这一议题,目前存在的争议点主要在于,当消费者权益与商业利益发生冲突时如何确定优先级,如何权衡消费者和隐私保护与跨境数据流动之间的利弊关系。在该问题上,各国的主张并不相同,甚至分歧较大。虽然美国和欧盟都比较看重个人信息和隐私保护,但当个人隐私保护与跨境数据流动发生冲突时,美国更看重后者,选择将跨境数据流动置于个人隐私保护的优先级之上。而欧盟极其看重个人隐私,对个人信息与隐私保护有着严格要求,将其置于数据跨境流动之上。因此,欧盟的个人信息和隐私保护标准远高于美国,在两者的权衡关系上与美国几乎完全相反。

中国对跨境数据流动持审慎态度的一个重要原因就是个人隐私数据保护具有重要意义。但是,目前就专门的个人信息保护或在线消费者保护的规制而言,相关体系尚待完备。已签署的 FTA 中,除了 RCEP,对个人信息保护条款表述仍停留在模糊的语言层面,缺乏具体的执行措施。

(八)数字贸易便利化

鉴于跨境电商规模的迅速扩大,以及数字贸易便利化在推动跨境贸易发展和增强市场包容性中的关键地位,数字贸易便利化议题成为各国,尤其是发展中国家在数字贸易规则谈判中的重点,主要包括无纸化贸易、电子支付、电子签名、电子认证、电子合同等。CPTPP 电子商务章节中包含电子认证和电子签名以及无纸化贸易条款。其中,第 14.6 条第 1 款要求缔约方不得否认电子签名的法律效力,法律另有规定的除外;第 14.6 条第 2 款要求缔约方不得禁止电子交易的当事方确定适当的认证方法。第 14.9 条规定,每一缔约方应努力:(a)以电子方式向公众提供贸易管理文件;(b)接受以电子方式提交的贸易管理文件作为与这些文件的纸质版具有同等法律效力的文件。RCEP 相关条款与此条款内容类似,但 RCEP 规定柬埔寨、老挝和缅甸在协议生效 5 年内可以不适用该条款,而 CPTPP 中并未出现此类规定,在规则内容上更加开放。DEPA 在"商业和贸易便利化"模块中不仅涵盖了无纸化贸易、国内电子交易框架等传统规则,还扩展了电子发票、电子支付、快递、物流等数字贸易规则,承诺对电子商务的支付、物流和跨境通关无缝衔接，进一步降低电子商务企业的贸易壁垒。

该项议题在各国间取得了普遍共识，各国都比较支持采取一定的措施，推动数字贸易的便利化发展，但在具体规则方面还没有一个国际通行的标准。如对于跨境电商领域中的零售交易，各国在监管规则、关税适用及通关手续办理等方面都各不相同。中国由于在数字贸易领域的比较优势主要集中于跨境电商产业，因此在参与全球数字贸易规则多边谈判时，其重点放在了跨境电商便利化议题上，积极推动跨境电商便利化和互联互通，建立规范便利、安全可靠的跨境电商交易环境。

（九）促进中小企业发展

由于 CPTPP 大量继承了 TPP 的规则，而 TPP 是全球最大数字经济体美国主导谈判制定的协定，因此大多数规则都以维护巨型数字企业的经济利益为导向。而 RCEP 和 DEPA 的大多数缔约成员都缺乏大型数字企业，在数字经济领域以中小企业为主，因而更加重视对中小企业的扶持，两者均在规则文本中对中小企业给予充分重视，目的是通过明确承诺促进中小企业发展与合作，增加中小企业参与数字经济的机会，提高数字贸易包容性，扩大缔约成员数字贸易规模。如 RCEP 的中小企业规则单独作为第 14 章纳入协定，并承诺促进中小企业使用电子商务。DEPA 设专门的"中小企业合作"章节（第 10 章），从开展中小企业相关合作、信息共享、中小企业对话三个方面作出相关规定。此外，创造性引入"人工智能""数据身份""金融科技合作"等议题促进创新技术发展和中小企业发展。

除了中国、美国，其他国家普遍缺乏具有全球影响力的大型数字企业。虽然欧盟和新加坡数字经济实力强劲，但在数字经济运行中仍以中小数字企业为主，因而在数字贸易规则制定中更加关注中小企业权益。如《欧盟—新加坡数字贸易原则》提到，支持中小企业数字化转型以及数字技能方面的交流与合作。中国处于数字化转型阶段，加入 DEPA 能为中小企业发展带来更多机会，而帮助中小企业进行数字化转型，是我国数字经济进一步发展的客观要求。

（十）总结

综上可知，世界主要国家和经济体基于自身利益诉求、产业比较优势、经济发展水平及数字贸易规模等，对数字贸易规则中核心议题的立场和关注点存在较大分歧。其中，美国是全球数字贸易最发达的国家，也是目前数字贸易规则制定的引领者，其核心立场从未改变，一直致力于消除数字贸易壁垒，建立高度自由和开放的规则体系。欧盟在全球数字贸易规则谈判中的重要地位也不容忽视，但相比"美式规则"较强的进攻性，"欧式规则"整体趋于保守，坚持"文化例外"和隐私保护这两项不能触及的底线。

日本身为发达经济体，其数字经济发展水平位居世界前列，因此日本在 EPA/FTA 中所讨论的议题大部分是高自由化水平的数字贸易规则，且主要基于发达成员立场。

以新加坡为代表的亚太中小型经济体由于数字产业特征及数字贸易理念相近，更加容易形成共识。这些国家缺乏具有全球影响力的大型 ICT 企业，因而在协定中对当地的数字初创企业和中小企业作出了特别关照。

中国在数字贸易规则核心议题中持谨慎和保守的态度。尽管中国已经成为全球电子商务大国，但在数字贸易规则的制定领域与国际高标准规则体系仍存在显著差距，与美国、欧盟等发达经济体在数据跨境流动、本地化要求及源代码议题上存在较大分歧。

本章小结

数字贸易规则是指规范数字贸易活动的相关公约、法律、法规、行政规章的总称，既包含一个国家内部的数字贸易相关规则，也包括国家之间的国际数字贸易规则。各国数字经济发展水平和数字贸易竞争力不同，对构建数字贸易国际规则体系的目标诉求各异，因而，在全球范围内并没有形成统一的数字贸易规则体系。根据各国的核心立场和数字贸易规则内容，可以归纳出数字贸易协定的四种模板：一是要求数字自由的"美式模板"；二是坚持数据监管的"欧式模板"；三是鼓励数字合作的"新式模板"；四是强调数字主权的"中式模板"。中国与美国、欧盟等发达经济体在数据跨境流动、本地化要求及源代码议题上存在较大分歧。

关键术语

双边自由贸易协定（Free Trade Agreement，FTA）

区域全面经济伙伴关系协定（Regional Comprehensive Economic Partnership，RCEP）

全面与进步跨太平洋伙伴关系协定（Comprehensive and Progressive Agreement for Trans-Pacific Partnership，CPTPP）

数字经济伙伴关系协定（Digital Economy Partnership Agreement，DEPA）

课后习题

1. 目前，国际数字贸易规则公认的四大模板是什么？做简要对比分析。
2. 简述中国数字贸易规则、主张及其原因、特点。
3. 简述美国数字贸易规则、主张及其原因、特点。
4. 简述欧盟数字贸易规则、主张及其原因、特点。
5. 简述新加坡数字贸易规则、主张及其原因、特点。
6. 简述日本数字贸易规则、主张及其原因、特点。

本章案例分析

商务部世贸司负责人解读世贸组织实质性结束部分全球数字贸易规则谈判成果

2023年12月20日，世贸组织电子商务谈判召集方新加坡、日本、澳大利亚发布三方部长声明，宣布包括中国、美国、欧盟在内的90个世贸组织成员实质性结束部分全球数字贸易规则谈判。近日，商务部世贸司负责人对有关谈判情况进行了解读。

一、谈判背景和过程

数字技术兴起带动全球数字经济蓬勃发展，为国际贸易创造了崭新机会。世贸组织在货物贸易、服务贸易、知识产权等领域形成了比较完备的规则体系，但在数字经济和数字贸易领域尚未建立专门规则。

为回应业界诉求，推动多边贸易体制与时俱进，帮助成员特别是发展中成员更好融入国际贸易体系，2019年1月，中国、美国、欧盟等76个世贸组织成员共同发布联合声明，启动与贸易有关的电子商务议题谈判。新加坡、日本、澳大利亚是谈判召集方。截至目前，谈判参加方已扩展至90个成员，涵盖全球90%以上的贸易规模，包括38个发达成员、47个发展中成员和5个最不发达成员。

二、中方积极参与规则制定

近年来，我国数字贸易快速发展，已成为全球重要的数字贸易大国。世贸组织数据显示，2022年我国可数字化交付的服务贸易规模达到2.5万亿元人民币，比5年前增长了78.6%，跨境电商进出口规模达到2.1万亿元人民币，比两年前增长30.2%。

世贸组织电子商务谈判强调开放、包容、透明原则，以成员提案为基础进行。中方是谈判的重要参加方和主要提案方，以积极建设性立场参与了所有议题磋商，先后提出9份提案，涉及20余个具体议题，且多数被纳入共识。谈判过程中，中方与其他参加方保持密切沟通，在关键阶段促谈促成，多次就焦点问题提出务实解决方案，主动弥合各方分歧。中方还发挥桥梁作用，呼吁解决发展中成员关注，推动谈判达成有利于发展中成员的成果。中方在谈判中发挥了重要建设性作用，得到各方一致高度评价。

三、现有成果主要内容

谈判以制定高标准数字贸易规则为目标。参加方已就13个议题达成基本共识，涵盖三大领域：一是促进数字贸易便利化。具体规则包括鼓励采用与联合国国际贸易法委员会《电子商务示范法》一致的原则制定电子交易法律框架，认同电子发票、电子合同等法律效力，推动无纸贸易和"单一窗口"系统建设，提升国际贸易效率和透明度，进一步促进数字化转型和发展等。二是开放数字环境。具体规则包括鼓励成员开放法律允许公开的政府数据，促进相关数据的开发和应用等。三是增强商业和消费者信任。具体规则包括通过建立相应法律框架和促进国际合作，加强个人信息和在线消费者权益保护、防止垃圾电子信息等，共同维护健康的数字化发展环境等。

下一步，参加方将继续推动电子传输免征关税、电子支付、电信服务、使用密码的信息通信技术产品、发展等议题尽快形成共识，力争达成高水平规则。本次召集方宣布实质性结束部分议题磋商，旨在锁定现有成果，为推动2024年解决剩余问题、全面结束谈判奠定基础。

资料来源：商务部网站。

问题思考

1. 世贸组织有关全球数字贸易规则的谈判进程及成果如何？
2. 如何理解中国在世贸组织关于全球数字贸易规则谈判中的地位？

考核点

全球数字贸易规则的区域差异与特点。

自我评价

学 习 成 果	自 我 评 价
1. 知晓中国数字贸易规则的发展现状与特点	□很好□较好□一般□较差□很差
2. 了解数字贸易规则的发展历史	□很好□较好□一般□较差□很差
3. 掌握各国数字贸易规则的主张及原因	□很好□较好□一般□较差□很差

即测即练

自学自测　　　扫描此码

第七章

数字贸易发展的评价

通过本章学习，你应该能够：

1. 了解信息网络基础设施对数字贸易的影响；
2. 掌握数字贸易中数字技术水平的评价指标；
3. 理解数字产业化与产业数字化的典型评价案例；
4. 知晓数字贸易潜力的衡量条件。

数字贸易发展评价指标体系包括信息网络基础设施、数字技术水平、数字产业化、产业数字化和贸易潜力 5 个一级指标和 22 个二级细化指标。通过本章学习，可以了解数字贸易发展评价指标体系的构成，熟悉 5 个一级指标的概念及其对数字贸易的影响，了解 22 个二级细化指标当前的发展情况。

第一节 信息网络基础设施

信息网络基础设施是指支持信息传播、处理和应用的一系列硬件、软件和网络设施，其范围非常广泛，包括但不限于光纤、电缆、以太网线及其管道资源、无线基站、中继设备、各类数据中心等。

一、对数字贸易的影响

信息网络基础设施建设是数字经济作用于国际贸易的重要基础，没有完备的基础设施，数字产业化、产业数字化和数字金融的发展将难以进行，更不用说促进数字贸易的发展。因此，信息网络基础设施是数字贸易发展的支撑载体，是进行数字贸易活动的前提条件。

（一）提升贸易效率

信息网络基础设施能加快信息传播速度，形成信息之间的高效互联互通，有利于形成对各类贸易数据的实时、深度获取与挖掘。国际贸易是卖家与买家之间互相搜寻匹配的过程，高速的网络传播速率让信息与数据在分秒之内便可实现共享，为交易双方提供了更加高效稳定的信息传播与更加丰富的信息渠道，使贸易信息流动更加通畅、线上沟通更加普及，极大地提升了贸易效率。

（二）打破地域约束

信息网络基础设施打破了传统贸易对交易对象和交易内容的空间束缚，拓展了贸易规模。参与数字贸易的进出口企业借助互联网所构建的贸易网络可将产品和服务提供给更广泛的用户和消费者，不再受时差或空间的限制，大幅降低了地理壁垒的负面效应，实现了消费者"买全球"，供应商"卖全球"。尤其对于那些地处于边远地区的企业，互联网有着改善贸易劣势、开辟新市场的作用。

（三）深化贸易产业链

信息网络基础设施降低了数字贸易的交易成本，提升了数字贸易竞争力。以互联网平台为核心的平台经济将数以万计的生产者、供应商、零售商和消费者联结在一起，形成了一个整体的网链结构，通过高效率匹配供需，有效解决了市场信息不对称问题，提高了资源配置效率和产业分工效率，进而提升了整个社会产业链各个环节的增加值，降低了社会交易成本。而交易成本的下降会进一步深化产业链和价值链分工，促成数字贸易产业链、供应链和价值链的融合发展，进而提升一国的数字贸易竞争力。

二、中国的评价指标

（一）光缆线路长度

2013年8月17日，国务院发布了"宽带中国"战略及实施方案，部署未来8年宽带发展目标及路径，大力支持城乡宽带网络基础设施优化升级投资。此举意味着宽带首次成为国家战略性公共基础设施。光缆线路是网络传输的主要载体，也是宽带基础设施建设的重要指标，其长度反映了网络覆盖的广度和深度。2013年以后，国内光缆线路长度呈现逐年上升趋势（图7-1）。工信部数据显示，截至2018年末，中国光缆线路长度为4317万千米，是2013年的2.5倍。全国接入网络基本实现光纤化，光缆线路总长度稳居

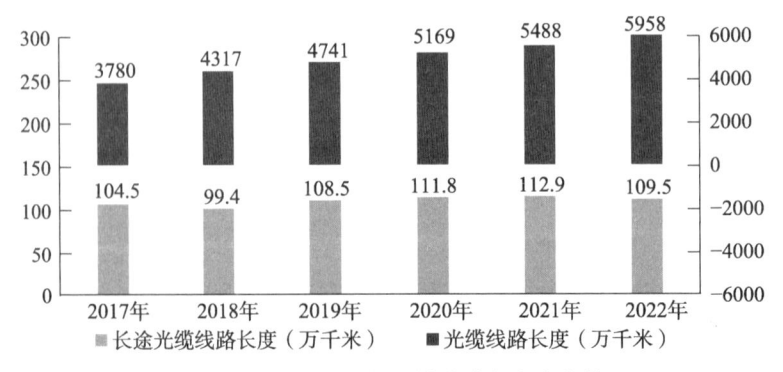

年份	长途光缆线路长度（万千米）	光缆线路长度（万千米）
2017年	104.5	3780
2018年	99.4	4317
2019年	108.5	4741
2020年	111.8	5169
2021年	112.9	5488
2022年	109.5	5958

图 7-1　2017—2022 年光缆线路长度变化情况

资料来源：华经情报网。

世界第一，反映了我国在通信基础设施方面的领先地位。2022年，新建光缆线路长度477.2万千米，全国光缆线路总长度达5958万千米，相当于10年前的3.4倍。在长途使用方面，中国长途光缆线路长度也呈现波动上升趋势。其中，在2018年因为进行光缆更新而有所下降，但是随后2019年继续保持稳定增长。

（二）互联网宽带接入端口

互联网宽带接入端口数指用于接入互联网用户的各类实际安装运行的接入端口的数量。互联网宽带接入端口数量反映了该地区固定接口的网络覆盖水平和网络通信能力，体现了该区域网络基础设施建设的部分情况。工信部发布的数据显示，截至2022年底，我国互联网宽带接入端口数达到10.71亿个，比2021年末净增5320万个（图7-2）。其中，光纤接入端口占据主导地位，达到10.25亿个，比2021年末净增6534万个，占互联网宽带接入端口数量的95.7%；具备千兆网络服务能力的10GPON端口数达1523万个，较2021年末接近翻了一番。从网络覆盖水平来看，我国已建成了全球规模最大的固定宽带网络，全国地级以上城市均已实现光纤网络全面覆盖，有110个城市截至2022年10月底达到千兆城市建设标准。

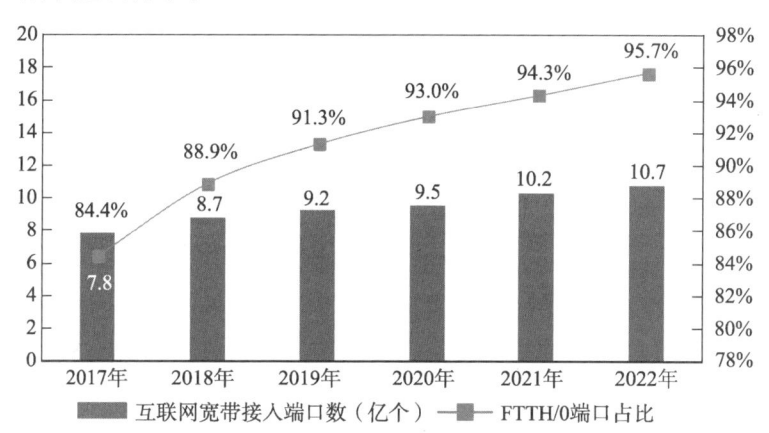

图7-2 2017—2022年互联网宽带接入端口变化情况

资料来源：工业和信息化部网站，《2022年通信业统计公报》，2023年。

（三）宽带业务用户

随着宽带不断普及，我国互联网宽带用户数量和宽带接入速率逐年攀升。2022年，互联网宽带接入用户总数为5.9亿户，同比增加5386万户，人口普及率达41.8部/百人，远高于全球平均的20.8部/百人（图7-3）。其中，100 M及以上接入速率的用户为5.54亿户，同比增加5513万户，在宽带用户中占比升至93.9%，远高于全球平均65%左右的水平；1000 M及以上接入速率的用户为9175万户，同比增加5716万户，规模是2021年末的2.7倍，占比升至15.6%。固定宽带用户总接入带宽达19933万Gbps,同比增长43%，家庭户均签约带宽已达到367.6 Mbps。从固定宽带用户平均下载速率和4G网络平均下载速率来看，中国已进入网速较快国家行列。随着5G时代的到来，VR、云游戏、家庭物联网等垂直应用对固定宽带速率提出了更高的要求，100 M以上用户占比仍有较大提升空间。

图 7-3　2017—2022 年互联网宽带接入用户变化情况

资料来源：国家统计局。

（四）固定资产投资

电信业固定资产投资是指电信业企业所进行的固定资产投资，它是缩小城乡数字鸿沟、建设网络强国的重要指标之一。2015 年以前，电信业固定资产投资呈波动上升态势，其中 2015 年全行业固定资产投资规模完成 4539.1 亿元，投资完成额比上年增加 546.5 亿元，同比增长 13.7%。2016 年后电信业开始着重发展移动数据和电信增值业务，因此电信业固定资产投资持续下滑。2019 年为 5G 元年，运营商陆续披露 5G 投资计划，大力推动 5G 建设发展。2019 年全行业固定资产投资规模完成 3668 亿元（图 7-4），投资完成额比 2018 年增加 164 亿元，同比增长 4.7%，自 2016 年以来首次出现正增长。2022 年，电信业完成固定资产投资总额为 4193 亿元，在 2021 年高基数的基础上增长 3.3%。其中完成 5G 投资超 1803 亿元，占比达 43%，反映了投资进一步向新基建倾斜。

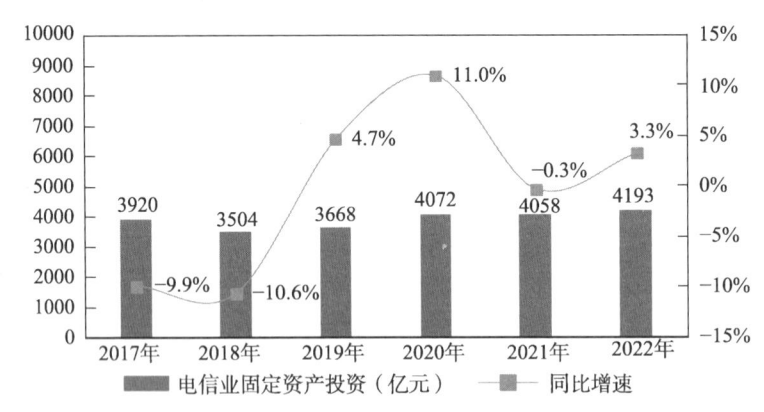

图 7-4　2017—2022 年电信业固定资产投资情况

资料来源：工业和信息化部 前瞻产业研究院。

（五）5G 基站建设

5G 是数字经济时代的战略性基础设施。2018 年 12 月召开的中央经济工作会议首次提出，将 5G 等新一代信息基础设施定义为"新型基础设施建设"。2019 年 6 月 6 日，工信部正式向中国电信、中国移动、中国联通和中国广电发放 5G 商用牌照，意味着中国正式进入 5G 商用元年。牌照发放后，产业链企业开始了紧锣密鼓的研发进程，使得 5G 产业发展取得了不小的进展，具备了商用的基础。10 月 31 日，中国宣布 5G 正式商用。随后，中国电信、中国移动、中国联通公布了首批 50 个 5G 商用城市名单。截至 2019 年底，全国开通超过 13 万个 5G 基站，超额完成预期。2020 年政府工作报告指出，要加强新型基础设施建设，发展新一代信息网络，拓展 5G 应用。这一决定，为我国未来 5G 建设指明了道路。截至 2021 年底，中国累计建成并开通 5G 基站 142.5 万个，建成全球最大 5G 网，实现覆盖所有地级市城区、超过 98%的县城城区和 80%的乡镇镇区。中国 5G 基站总量占全球 60%以上，每万人拥有 5G 基站数达到 10.1 个，比 2020 年末提高近 1 倍。2022 年，5G 基站已达到 231.2 万个，同比增长 61.5%；全年新建 5G 基站 88.7 万个，占国内移动基站总数的 21.3%，同比提高 7.0%，成为全球首个基于独立组网模式规模建设 5G 网络的国家（图 7-5）。

	2017年	2018年	2019年	2020年	2021年	2022年
移动电话基站数（万个）	619	667	841	931	996	1083
4G基站数（万个）	328	372	544	575	590	603
5G基站数（万个）	0	0	13	77	143	231

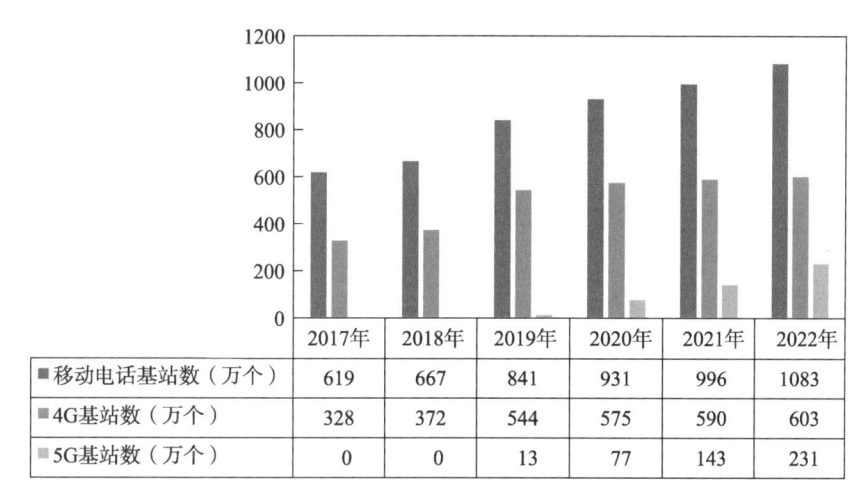

图 7-5　2017—2022 年移动电话基站发展情况
资料来源：工业和信息化部网站，《2022 年通信业统计公报》，2023 年。

（六）数据中心布局

数据中心是一种集中式存储、处理和分发信息的设施，可以支持大规模数据处理、云计算、大数据存储和分析等应用。数据中心作为算力服务中枢，是信息基础设施的重要载体。受新基建、数字化转型及数字中国远景目标等国家政策促进及企业降本增效需求的驱动，我国数据中心市场规模持续高速增长。2021 年，我国数据中心市场规模达到 1500.2 亿元，近五年年均复合增长率达到 29.96%。2022 年，市场规模突破 1900 亿元，增长率为 26.7%，远超世界同期的 9.9%（图 7-6）。

从需求上看，我国数据中心应用场景日渐增多。例如，在高新技术方面，超算可为医疗、航天及勘探等高度复杂的计算场景提供高性能算力支撑。在产业数字化转型方面，一方面，互联网、通信及金融等现代服务业的算力需求场景不断涌现；另一方面，我国传统工业企业，如国家电网、南方电网、中石油、中石化等也开始积极推动算力基础设施建设，为企业数字化转型提供支撑。在移动消费及智能终端方面，近年来我国移动终

图 7-6　2017—2022 年数据中心市场规模发展情况

资料来源：中国信息通信研究院，《数据中心白皮书（2022 年）》，2022 年 4 月。

端用户及智能终端设备数量快速增长，终端设备应用场景不断丰富，对实时算力的需求不断提升。预计未来我国数据中心的市场规模仍将保持较快速增长。

第二节　数字技术水平

数字技术是指借助计算机、网络和其他数码科技，用 0 和 1 的数字代码来表达、传输和处理一切信息的技术。它可以将各种信息，包括图片、文字、声音、图像等，转化为计算机可以识别的语言进行加工、储存、分析以及传递。数字技术主要包含大数据、云计算、人工智能、物联网、区块链和 5G 技术，其特点是创新活跃、要素密集、辐射广泛。

一、对数字贸易的影响

（一）丰富消费场景

数字技术为数字贸易创造了新型消费环境。以人机交互技术为核心，运用区块链、人工智能、云计算、数字孪生等新一代数字技术，可实现空间延展的更多可能性，为数字贸易提供更加丰富和多样化的消费场景，如视频直播、虚拟试衣间、AR/VR 互动等，通过强化线上沉浸式消费体验，使用户能够更好地体验和感受商品。

（二）促进个性化营销

数字技术为数字贸易催生了个性化的精准营销。通过数据分析、机器学习和深度学习等技术，人工智能系统可以自动处理、分析和理解大量的数据，预测个人行为模式，表现在实际交易中，就是数字平台能够根据用户的搜寻和交易数据对用户的购物习惯、购买渠道、消费心理等信息进行深度分析，进而进行精准的用户画像和销售策略制定，为用户提供更符合其个性特征的推荐和服务。此外，云平台技术还具有信息推荐功能，可以根据网上交易整体情况筛选热点商品予以展示，提高了交易的针对性和检索效率。

（三）增强服务的可贸易性

数字技术增加了数字贸易产品和服务的多样性。以大数据、云计算为代表的数字技术的广泛应用放松了服务提供过程中的时空限制，使得原本局限于现场的音乐表演、体育赛事、医疗教育等服务可面向全球提供，从广度上拓展了数字贸易的空间，促使服务贸易结构中数字贸易的相对份额提升。随着平台企业的兴起，以数据为核心要素的数据服务产品不断创新，有助于丰富数字贸易内容，进一步扩大数字贸易规模。

（四）提高运营效率

数字技术提升了数字贸易的运营效率。数字平台的运营工作量庞大，人员的投入和运营成本也较高。通过对企业业务的自动化运营，可以解决那些以往需要人工处理的问题，提高数字贸易的运营效率。自动化运营可以应用于多个环节，比如，商品上架、库存管理、订单处理、物流配送，等等。通过与供应链系统进行连接，数字平台可以实时更新商品库存和价格信息，在商品销售量达到预警线时及时补货，避免缺货现象的发生。同时，订单处理和物流配送系统的自动化也可以减少人为错误和延误，提高送货速度和服务质量，实现运营效率提升。

二、中国的评价指标

（一）软件和信息技术服务业从业人数

软件和信息技术服务业作为知识密集型产业，在技术实力、人才团队等方面形成了较高的行业壁垒。从长期发展来看，加强软件和信息技术服务业人才队伍建设，对于提升光电子信息、软件和信息技术服务等领域数字贸易规模，加快推动内外贸企业数字化转型，不断扩大数字贸易领域对外开放具有极其重要的意义。根据工信部数据统计，近十年来，中国软件业从业人数占总就业人数比例呈上升趋势，从业人员规模不断扩大。尤其 2021 年从业人员人数增长幅度较大，达到 809 万人，同比增长率 14.80%，占总就业人数比例达到 1.08%，预示着技术人才开始向软件行业倾斜（图 7-7）。

图 7-7　2017—2021 年软件业从业人数及占比情况
资料来源：国家统计局　工业和信息化部　前瞻产业研究院　华经产业研究院。

然而，中国的软件行业存在严重的结构失衡和人才短缺。软件开发产业的健康发展和快速增长需要三类人才：既懂技术又懂管理的高级软件人才、系统分析与设计人员（软件工程师）、熟练的程序员。这三类由高到低的人才分布结构并未呈现合理的金字塔形态。国内的软件开发企业既缺乏高级IT人才，也缺乏技能型、应用型信息技术人才，以及一大批能从事基础性工作的技术人员。据预测，到2025年，我国软件人才缺口将继续扩大，软件人才短缺问题将严重制约我国软件产业的高质量发展。

（二）研发经费投入

研发经费（R&D）投入是促进技术创新的重要条件之一。研发投入活动是整个创新链的前端环节，能很大程度上影响创新活动的进行。数字技术创新是技术创新的关键内容，只有不断加大研发经费投入，才能为数字技术领域创新与数字贸易发展创造条件。

根据全国科技经费投入统计公报的数据，2017—2022年，我国研发经费投入呈现稳步增长态势，同比增速波动变化。2022年，我国研发经费投入总量突破3万亿元，达到30782.9亿元，比2021年增长10.1%，已连续7年保持两位数增长。按不变价计算，研发经费比上年增长7.7%，高于"十四五"发展规划"全社会研发经费投入年均增长7%以上"的目标。从投入强度看，2022年我国研发经费投入强度（研发经费与GDP之比）为2.54%，比2021年提高0.11个百分点，提升幅度为近10年来第二高（图7-8）。研发经费投入强度水平在世界上位列第13位，介于欧盟（2.2%）和OECD国家（2.7%）[①]平均水平之间，与OECD国家差距进一步缩小。

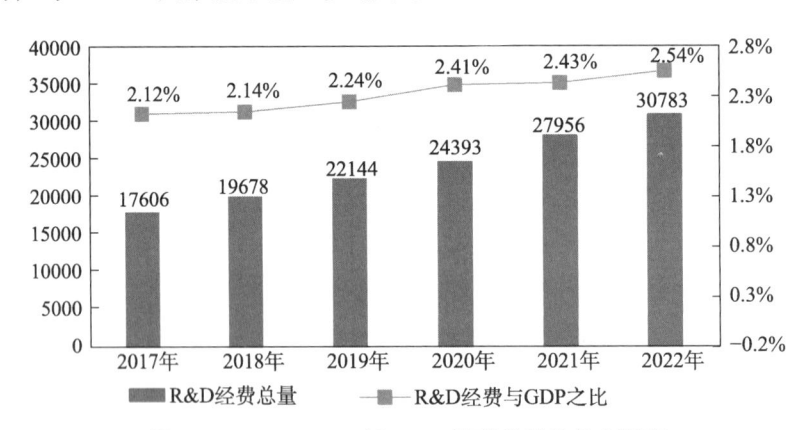

图7-8 2017—2022年R&D经费总量及投入强度

资料来源：国家统计局网站，《2022年全国科技经费投入统计公报》，2023年。

从R&D活动的执行主体来看，我国的科学研发经费主要由企业、大学和科研机构执行。2022年，三大主体R&D经费分别为23878.6亿元、3814.4亿元和2412.4亿元，分别比上年增长11.0%、2.6%和10.6%。其中，企业对R&D经费增长的贡献达到84.0%，比上年提升4.6个百分点，是拉动R&D经费增长的主要力量；占全国R&D经费的比例为77.6%，比2021年提高0.7个百分点。

---

① 数据来自经济合作与发展组织（OECD）官方网站数据库 https://data.oecd.org，数据更新至2021年。

从R&D活动类型来看,数字技术领域R&D投入持续扩大。《数字中国发展报告(2022年)》显示,2022年我国市值排名前100的互联网企业总研发投入达3384亿元,同比增长9.1%。研发投入前1000家民营企业中,计算机、通信和其他电子设备制造业,以及互联网和相关服务业平均研发强度分别为7.33%和6.82%,位居行业排名前两位。一个明显的趋势是,以华为、腾讯、阿里巴巴、百度为代表的大型数字企业正在不断增加研发投入和研发人员数量,加快实施创新驱动发展战略。

(三)数字科技产业投资

根据清科研究中心数据统计,2017—2022年,中国数字科技产业共披露投资案例数19327起,其中17056起案例披露投资金额,投资金额合计15578.81亿元。其中,2017—2020年,数字科技产业投资规模较为稳定,年均投资案例数约为2804起,年均投资金额约为2251.35亿元。2021年起,数字科技迅速发展,我国通过制定一系列人工智能政策加强人工智能顶层设计,推动人工智能技术、产业和标准相关工作,同时出台大数据、云计算、网络安全、物联网与工业互联网、区块链、AR/VR等方面政策鼓励数字科技产业发展,如《中华人民共和国国民经济和社会发展第十四个五年规划和2035年远景目标纲要》《"十四五"大数据产业发展规划》和《"十四五"数字经济发展规划》。2021年数字科技产业投资案例数和投资金额大幅增长,投资案例数达4862起,较2020年同比增长78.23%;投资金额达4416.89亿元,同比增长75.72%。2022年数字科技产业投资步伐受疫情和宏观经济形势影响显著放缓,数字科技产业投资案例数为3250起,较2021年同比下降33.16%;投资金额2156.52亿元,同比下降51.18%(图7-9)。

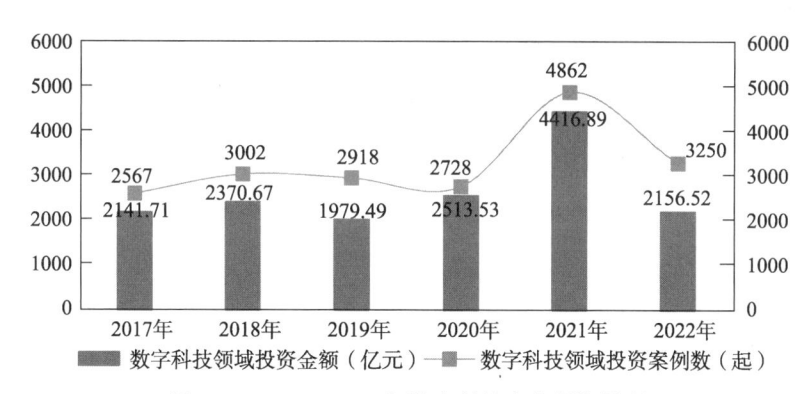

图7-9 2017—2022年数字科技产业投资情况
资料来源:松禾资本、清科研究中心,《中国数字科技产业投资发展研究报告》,2023年。

对比全国股权投资市场来看,数字科技产业投资案例数占比和投资金额占比基本呈现逐年稳步上升趋势。2017年数字科技产业投资案例数占全国投资案例比重为25.31%,金额占比为17.68%;2022年数字科技产业投资案例数占全国投资案例比重升至36.14%,金额占比升至30.04%(图7-10)。

从投资领域来看,根据清科研究中心数据统计,2017—2022年,中国数字科技产业投资主要集中在人工智能、大数据、云计算、网络安全、物联网及工业互联网五大细分领

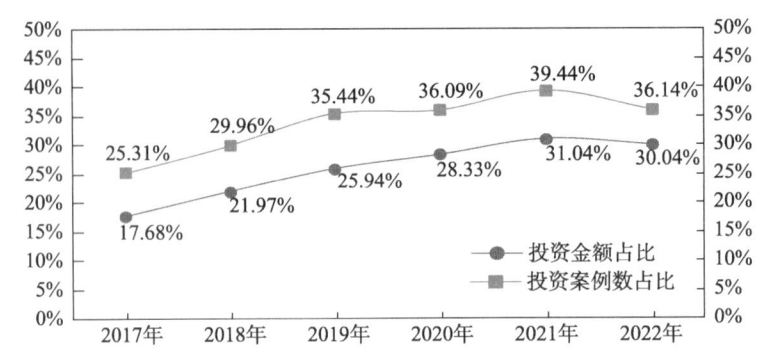

图 7-10　2017—2022 年数字科技产业投资案例数占比和投资金额占比
资料来源：松禾资本、清科研究中心，《中国数字科技产业投资发展研究报告》，2023 年。

域。从披露投资案例数和投资金额来看，由高到低依次为人工智能、大数据、云计算、物联网及工业互联网和网络安全。近年来，我国人工智能研究及产业应用的发展势头强劲，在一些人工智能关键技术已与发达国家水平相当，人工智能领域投资金额占比最高（图 7-11）。

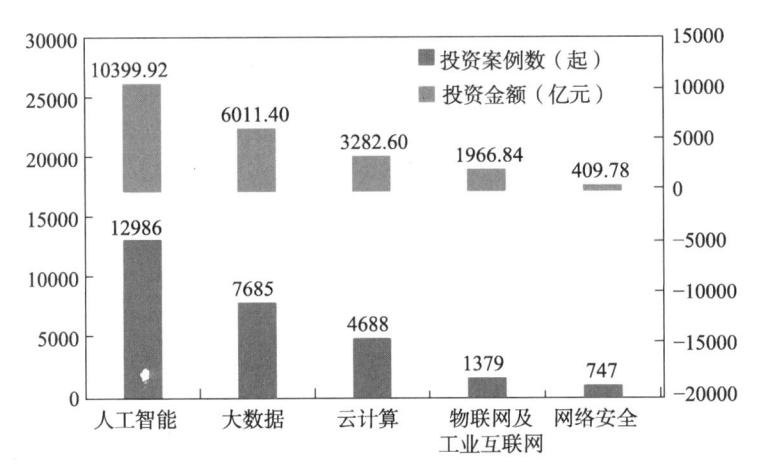

图 7-11　2017—2022 年数字科技产业投资赛道分布
资料来源：松禾资本、清科研究中心，《中国数字科技产业投资发展研究报告》，2023 年。

（四）数字技术发明专利

数字领域专利授权量体现了一个地区数字技术的发展水平和技术的创新能力，是数字贸易可持续发展的重要指标。2016—2022 年，我国数字经济核心产业发明专利授权量年均增速达 18.1%，是同期我国发明专利授权总量年均增速的 1.5 倍。其中，2022 年授权量为 33.5 万件，占我国发明专利授权总量的 41.9%，同比增长 17.5%。数字经济核心产业发明专利有效量截至 2022 年，为 160.0 万件，占我国发明专利有效量总量的 38.0%，同比增长 20.3%。从细分领域来看，数字产品制造业专利数量最多，截至 2022 年底，达到 82.9 万件，占数字经济核心产业发明专利有效量的比重为 51.8%；数字要素驱动业为 43.8 万件，占比 27.4%；数字技术应用业为 33.3 万件，占比 20.8%；数字产品服务业为 296 件，占比微小（图 7-12）。

图 7-12 2017—2022 年数字经济核心产业发明专利授权量

资料来源：国家知识产权局，《数字经济核心产业专利统计分析报告（2023）》，2023 年。

数字产品制造业包括计算机制造、通讯及雷达设备制造、数字媒体设备制造、智能设备制造、电子元器件及设备制造和其他数字产品制造业 6 个小类产业。数字要素驱动业包括互联网平台、互联网金融、数字内容与媒体、信息基础设施建设、数据资源与产权交易以及其他数字要素驱动业 6 个小类产业。数字技术应用业包括软件开发、电信、广播电视和卫星传输服务、互联网相关服务、信息技术服务和其他数字技术应用业 5 个小类产业。数字产品服务业包括数字产品批发、零售、租赁和维修 4 个小类产业。

从专利权所有者来看，企业是推动数字经济领域创新产出增长的重要力量。截至 2022 年底，数字经济核心产业发明专利有效量中，排名前十位的国内企业有效量合计占国内有效量的比例达 10.8%。在领军企业带动下，国内企业数字经济核心产业发明专利有效量占比超过七成，拥有 90.3 万件，占据创新主体地位。高校和科研机构分别拥有 25.9 万件、8.4 万件，分别占 20.3%、6.6%。

第三节 数字产业化水平

数字产业化是与信息通信本身直接相关的行业，指的是为产业数字化发展提供数字技术、产品、服务、基础设施和解决方案，以及完全依赖于数字技术、数据要素的各类经济活动，其发展程度代表了一个国家的信息通信技术发展水平。

一、对数字贸易的影响

数字产业化是数字贸易的关键组成部分，它对数字贸易产品和服务的生产有核心话语权，是数字贸易乃至整个数字经济产业的技术基础。一是数字产业化是孕育数字技术的核心，数字产业化的蓬勃兴起有利于促进数字产品、服务、技术等跨境流动，从而拉动出口，并对数字贸易结构产生更深层次的影响。二是数字产业化能够带来贸易基础设施和操作系统数字化换代升级，促使物流、商品流、资金流等要素跨国别创新配置，有利于提升数字贸易各个环节的增加值，并带来数字贸易的速度和效率提高。

二、评价指标

工信部数据显示，2017—2022年，我国数字产业规模快速壮大。2022年，我国数字产业化规模为9.2万亿元，是2017年的1.5倍，6年间市场规模增长3万亿元，较2021年同比增长10.3%，连续两年增长10%以上（图7-13）。数字产业化规模占数字经济比重为18.3%，占GDP比重为7.3%。从内部细分行业来看，数字产业化包括电子信息制造业、电信业、软件和信息技术服务业、互联网和相关服务业等领域。

图7-13　2017—2022年数字产业化规模及增长情况
资料来源：中国信息通信研究院。

（一）电子信息制造业

电子信息制造业涵盖了广泛的产品和领域，包括电子设备、通信设备、计算机硬件、电子元器件和其他电子专用设备等。近年来，信息技术不断发展，数字经济渐成主流，作为信息技术和数字经济的重要媒介，电子设备的需求大幅增长，计算机、通信和其他电子设备制造业也快速发展。2017—2022年，计算机、通信和其他电子设备制造业规模以上企业主营业务收入快速上升。截至2022年底，全国计算机、通信和其他电子设备制造业规模以上企业单位数为2.51万家，当年主营业务收入达到15.4万亿元，同比增长5.5%，占工业营业收入比重达11.2%（图7-14）。电子信息制造业实现营业收入20.3万亿元，占

图7-14　2017—2022年计算机、通信和其他电子设备制造业规模以上企业
主营业务收入及企业单位数变化情况
资料来源：国家统计局　前瞻产业研究院。

工业营业收入比重达14.8%，在全球电子信息制造业收入中占比达到28.9%，位居全球第一。

2023年，电子信息行业迎来新的发展机遇。一方面，国家政策的引导和支持力度加大。工业和信息化部、财政部于2023年8月10日联合印发《电子信息制造业2023—2024年稳增长行动方案》（以下简称《行动方案》）。《行动方案》提出，2023—2024年计算机、通信和其他电子设备制造业[①]增加值平均增速5%左右，电子信息制造业规模以上企业营业收入突破24万亿元。同时，国家也将加大对电子信息行业的财税、金融、人才、科技等方面的扶持力度，为行业的稳增长提供有力保障。另一方面，人工智能、物联网、5G等新兴技术正在迅速发展，这些技术将会使得计算机、通信和其他电子设备更加智能化、便利化和高效率，为电子信息行业带来巨大的市场需求和创新空间。

（二）软件和信息技术服务业

软件和信息技术服务业，简称软件业。根据国家统计局制定的《国民经济行业分类》（GB/T 4754—2017），软件业指对信息传输、信息制作、信息提供和信息接收过程中产生的技术问题或技术需求所提供的服务。包括软件开发、集成电路设计、信息系统集成和物联网技术服务、运行维护服务、信息处理和存储支持服务、信息技术咨询服务、数字内容服务和其他信息技术服务等行业。

软件和信息技术服务业作为信息产业的主导产业，具有技术更新快、产品附加值高、应用领域广、渗透能力强等突出特点，是我国重点发展扶持的行业之一。我国软件信息技术起步较晚，但发展较快。2017—2022年，软件和信息技术服务业业务收入增长较快，增速位居国民经济各行业前列。2022年，全国软件和信息技术服务业规模以上企业超3.5万家，累计完成软件业务收入108126亿元，同比增长11.2%；利润总额达1.2万亿元，较2017年翻一番（图7-15）。

图7-15 2017—2022年软件业信息技术服务业规模以上企业收入及增长情况
资料来源：工业和信息化部网站，《2022年软件和信息技术服务业统计公报》，2023年。

目前软件和信息技术服务业处于高速发展阶段，由原来单门类行业向细分领域拓展。其中，信息技术服务收入达70128亿元，占全行业收入比例为64.9%，同比增长11.7%，

[①] 本方案所指电子信息制造业包含计算机、通信和其他电子设备制造业以及锂离子电池、光伏及元器件制造业等相关领域。

高出全行业整体水平 0.5 个百分点；软件产品收入达 26583 亿元，占全行业收入比例为 24.6%，同比增长 9.9%（图 7-16）。

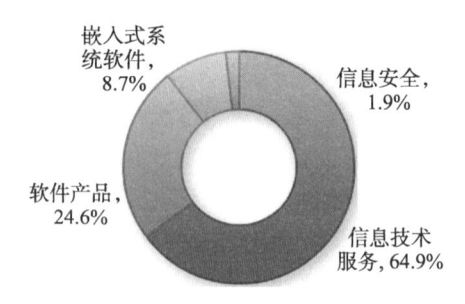

图 7-16　2022 年软件业分类收入占比情况

资料来源：工业和信息化部网站，《2022 年软件和信息技术服务业统计公报》，2023 年。

从软件行业的市场成熟度来看，据巴西软件行业协会（Abessoftware）公布的统计数据显示，2022 年全球软件行业市场成熟度平均水平为 28%。就中国市场而言，2022 年中国软件行业市场成熟度约为 10%，远低于世界软件平均市场成熟度。和美国、英国、日本等发达国家相比，我国的软件设计能力薄弱，尚不足以设计出可以和国外优秀软件公司匹敌的软件产品，软件出口比重小，市场竞争力相对薄弱。

（三）电信业

电信业是指通过有线或无线电波等方式提供固定电话、移动电话、宽带接入等通信服务的企业。这些企业主要包括中国电信、中国移动、中国联通等大型电信运营商，以及一些地方性的小型电信公司。

电信业是我国战略性、先导性和基础性产业。近年来，我国电信业保持高于 GDP 增速的速度增长，对经济恢复和增长发挥了重要作用。数据显示，2022 年，电信业务收入完成 1.58 万亿元，同比增长 8.0%（图 7-17）。全年电信业务总量完成 1.75 万亿元（按上年不变单价计算），同比增长 21.3%。中国三大运营商连续多年进入世界 500 强，在 2022 年世界 500 强排行榜中，中国移动、中国电信、中国联通分列第 57 名、第 131 名和第 267 名，在行业中的整体排名稳步提升。

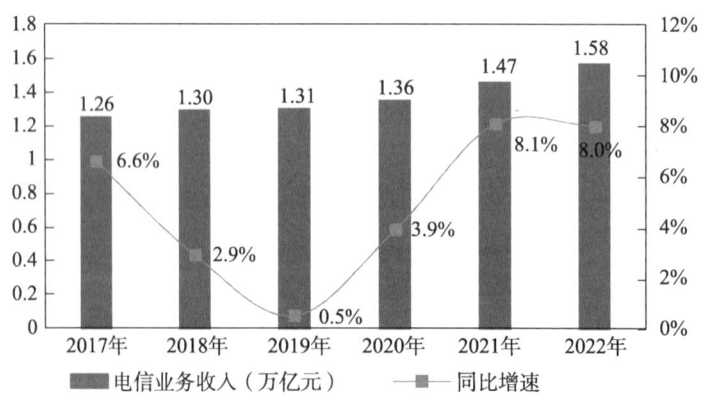

图 7-17　2017—2022 年电信业务收入及增长情况

资料来源：工业和信息化部　华经产业研究院。

同时，我国电信业务结构不断优化，主要表现为新兴业务收入快速增长，包括云计算、大数据、物联网、数据中心等业务在内的新兴数字化服务高速发展。2022年共实现新兴业务收入3072亿元，同比增长32.4%；在电信业务收入中占比19.4%，同比增长3.3%；促进电信业务收入增长5.1%，对电信业务收入增长贡献率达64.2%。其中，云计算、大数据、物联网、数据中心业务同比分别增长118.2%、58.0%、24.7%、11.5%。以固定互联网宽带接入、移动数据流量、语音（固定+移动）、短信为主的传统业务继续发挥基石作用，收入同比增长1.7%，在电信业务收入中占66.8%，拉动电信业务收入增长1.2%。

但是，我国电信业发展仍然依靠规模发展和流量拉动。如2022年上半年，我国5G移动电话用户达到4.55亿户，较2021年净增10055万户；物联网终端用户达到16.4亿户，较上年净增2.4亿户。新兴业务发展仍然主要依靠IDC、专线、物联网连接等资源型、连接型业务，产品附加值不高。这说明我国电信运营商业务和服务转型并没有取得实质性突破，电信企业在科技创新能力、品牌影响力、产品附加值等方面与世界先进企业相比仍有较大差距。

（四）互联网和相关服务业

互联网和相关服务业是指与互联网相关的各种行业和服务。根据《国民经济行业分类》（GB/T 4754—2017）的划分，互联网和相关服务业包括互联网接入及相关服务、互联网信息服务、互联网平台、互联网安全服务、互联网数据服务和其他互联网服务。互联网服务已经深入各行业，不仅在消费者服务、社交网络、媒体、零售等行业中得到广泛应用，而且在政府、金融、教育、体育、娱乐等领域也起到重要作用。

整体来看，2017—2021年，我国规模以上互联网和相关服务企业（以下简称互联网企业）[①]互联网业务收入保持增长态势，5年间复合年增幅超过20%。2022年，在疫情、全球经济放缓和监管收紧等多个因素叠加下，全球互联网企业均面临增长放缓的困境。由于我国互联网头部企业对消费业务高度依赖，互联网业务收入呈现断崖式下跌态势。2022年我国规模以上互联网企业完成互联网业务收入14590亿元，同比下降1.1%，过去十年该数据统计以来首次出现同比下滑（图7-18）。

图7-18　2017—2022年互联网和相关服务业规模以上企业互联网业务收入及增长情况

资料来源：华经产业研究院。

[①] 规模以上指年度互联网和相关服务收入500万元以上的企业。2022年的数据调整为年收入2000万元以上，文中所有同比增速均按可比口径计算。

具体分业务来看，年收入2000万元以上的互联网服务企业中，2022年，以提供生活服务为主的平台企业（包括本地生活、租车约车、旅游出行、金融服务、汽车、房屋住宅等）互联网业务受影响最重，同比下降17.5%，影响因素包括滴滴下架、房地产市场低迷等。但其他细分市场表现较好。2022年，主要提供网络销售服务的企业（包括大宗商品、农副产品、综合电商、医疗用品、快递等）互联网业务收入同比增长12.6%。与此同时，以信息服务为主的企业（包括新闻资讯、搜索、社交、游戏、音乐视频等）互联网业务收入同比增长4.9%。

为支持互联网行业持续健康发展，从2022年中央经济工作会议到2023年政府工作报告，国家在一直释放大力发展数字经济、支持平台经济发展的积极政策信号。多地正在酝酿出台更多细化的平台经济扶持政策，鼓励以互联网平台为核心的平台经济健康发展。

第四节　产业数字化水平

产业数字化是指应用数字技术和数据资源对传统产业进行全方位、全角度、全链条的改造，使数字技术与传统产业深度融合，最终为传统产业带来产出增加和效率提升。产业数字化转型的内容非常广泛，涵盖智慧农业、智能制造、智能交通、智慧物流、数字金融、数字商贸、数字社会、数字政府等数字化应用场景。

一、对数字贸易的影响

（一）扩大数字贸易需求源

产业数字化通过促进传统生产要素优化配置和传统生产方式变革扩大数字贸易需求源。数字技术能够对传统生产要素进行改造、整合，精确度量、分析和优化生产环节，通过催生可感知的智能化生产模式，使生产条件突破传统制造技术的约束，降低产品研发和制造成本，提升数字产品和服务的效率和质量，从而产生更多数字贸易需求。同时，产业数字化依托我国产业基础和技术优势，通过数字营销、数字对接、数字交付等，持续释放数字贸易需求动力。

（二）扩大数字贸易供给源

产业数字化通过推动数字经济与传统产业深度融合，扩大数字贸易供给源。数字技术对其他产业有高度渗透性，能够与传统产业，尤其是制造业及生产性服务业深度融合，为涉及生产生活、贸易流通、社会治理的方方面面进行数字化应用和智能化赋能，从而提高产品和服务的数字化水平，带来产品和服务的创新与升级，并持续催生智能化生产、网络化协同、服务型制造、个性化定制等新模式、新业态，进而扩大对数字服务和数字贸易的供给，优化数字贸易供给结构。

二、指标体系

近年来，国家和地方政府各部门持续加大对产业数字化的政策扶持和资金支持，不断引导和推动产业数字化升级和规模扩大。2022年，我国产业数字化规模为41万亿元，同比名义增长10.3%，占数字经济比例为81.7%，占GDP比例为33.9%，是未来产业发展的必然趋势（图7-19）。

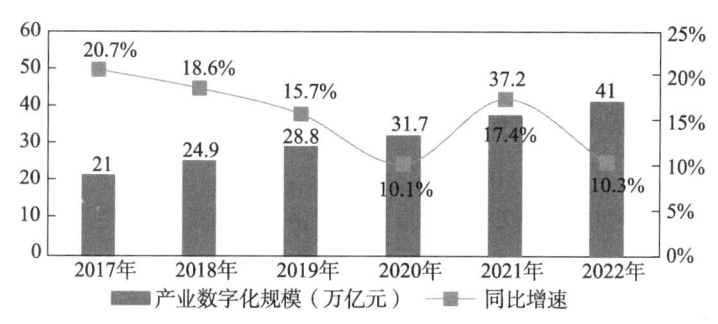

图 7-19　2017—2022年产业数字化规模及同比名义增长
资料来源：中国信息通信研究院。

（一）产业数字化渗透率

数字经济渗透率或数字化渗透率反映的是数字化技术在该行业的普及和应用程度。2017年以来，我国数字经济在三大产业中的渗透率皆呈上升之势。2022年，我国第一、二、三产业数字经济渗透率分别为10.5%、24.0%和44.7%，同比提升0.4%、1.2%、1.6%，但数字经济在三大产业中的渗透率差异较大。第一产业数字经济渗透率最低，增长速度较慢。第二产业数字经济渗透率处于中等水平，增速相比农业较快。第三产业的数字经济渗透率显著高于其他行业，数字经济占行业增加值比重较高（图7-20）。

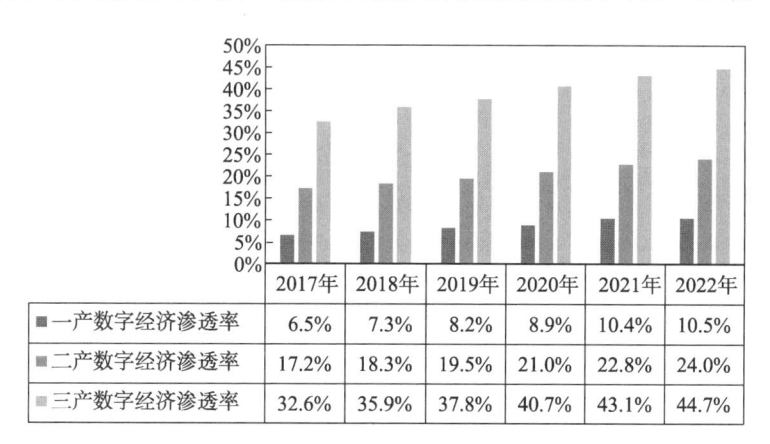

	2017年	2018年	2019年	2020年	2021年	2022年
一产数字经济渗透率	6.5%	7.3%	8.2%	8.9%	10.4%	10.5%
二产数字经济渗透率	17.2%	18.3%	19.5%	21.0%	22.8%	24.0%
三产数字经济渗透率	32.6%	35.9%	37.8%	40.7%	43.1%	44.7%

图 7-20　2017—2022年三大产业数字经济渗透率
资料来源：中国信息通信研究院　前瞻产业研究院。

对比全球各产业数字经济渗透率情况，我国三大产业的数字经济渗透率同我国数字经济大国的地位不相称。《全球数字经济白皮书（2022年）》显示，在测算的47个国家[①]中，中国第一产业数字化渗透率才刚刚超过全球平均水平，距高收入国家存在较大差距。第二产业数字化渗透率不及全球平均水平。第三产业虽然数字化程度最高，但低于发达国家平均水平7—8个百分点。

（二）数字农业

数字农业是将数字化信息作为农业新的生产要素，用数字信息技术对农业对象、环境和全过程进行可视化表达、数字化设计、信息化管理的新兴农业发展形态。数字农业使数字技术与农业各个环节实现有效融合，对农业生产效率的提高、农业生产质量的提升和农业产业结构的升级具有重要意义。

我国高度重视数字农业的发展，相继出台了相关政策和规划。2022年中央一号文件提出，要大力推进数字乡村建设，推进智慧农业发展，促进信息技术与农机农艺深度融合。2023年中央一号文件指出，要加快农业农村大数据应用，推进智慧农业发展。

近年来，数字化农业技术已经在农业生产的诸多阶段发挥重要作用。例如，大数据、人工智能、物联网和智能装备等在种业全产业链的应用，可以实现性状采集信息化、田间操作标准化、数据分析自动化，助力农产品产量有效提升；农产品数字溯源能够实现农产品从田间到餐桌的全过程智能监控，确保农产品源头真实，生产环节可靠；数字技术可以全面监测农业自然灾害，并对农业自然灾害历史数据和实时监测数据进行挖掘分析，降低自然风险造成的不必要损失……目前，中国数字农业的覆盖面不断扩大，数字农业企业的数量不断增加，越来越多企业纷纷发力数字农业并深度布局。例如，阿里推进的盒马村项目，京东成立的智慧农业共同体——京东农场，都是数字农业应用案例。

虽然我国数字农业技术得到快速发展，但我国的数字农业依然处在相对早期的阶段，大量硬件投入实际上还未完全解决农业的根本问题。很多地方的数字农业建设，都存在"增量不增收"，"种—产—销"三个阶段脱节，或者数字概念脱离实际生产环境等问题。

案例1

阿里巴巴：盒马村农业新革命！数字农业正在改变农业、激荡农村

阿里巴巴推进的盒马村项目，打造根据订单为盒马种植农产品的村庄，是当下农村转型、发展的新样本。阿里巴巴建设的"产—供—销"三大中台，让农村从分散、孤立的生产单元升级为现代农业数字产业链的一部分，农民成为数字农民，可以用新的办法，种出好东西，卖出好价格。盒马通过强大的供应链聚合能力，解决了农业末端的难题，打破了中国传统散乱产销的小农模式，帮助农民提升了流通和销售环节的效率。加上

[①] 根据世界银行2020年划分标准，在中国信息通信研究院测算的47个国家中，高收入国家包括爱尔兰、爱沙尼亚、奥地利、澳大利亚、比利时、波兰、丹麦、德国、法国、芬兰、韩国、荷兰、加拿大、捷克、克罗地亚、拉脱维亚、立陶宛、卢森堡、美国、挪威、葡萄牙、瑞典、瑞士、日本、塞浦路斯、斯洛伐克、斯洛文尼亚、西班牙、希腊、新加坡、新西兰、匈牙利、意大利、英国；中高收入国家包括巴西、保加利亚、俄罗斯、罗马尼亚、马来西亚、墨西哥、南非、泰国、土耳其、中国；中低收入国家包括印度、印度尼西亚、越南。

阿里云技术和电商平台，阿里巴巴在农业领域的技术投入使农业的供应链端和销售端实现了数字化的升级。

据不完全统计，全国31个省、市、自治区中，已有上海、浙江、湖北、四川、重庆、山东、江苏、河北、广东、云南、陕西、新疆、海南等13省区市，建了盒马村。

业界认为，盒马村被认为是面向未来中国农村的样子，是数字农业的创新之举。

案例 2

京东农场

早在2018年，京东农场便开始了数字化农业探索。根据披露的信息来看，京东农场通过与各地农场合作共建高品质生产基地，深入种植前端开展生产标准化和规范化探索，搭建从田间到餐桌的全程可视化溯源体系，有效从生产端提升农产品质量，其后又推出"京品源"品牌，搭建起产销全流程服务体系，助力传统农业在品牌、产品、渠道、营销等方面对合作项目进行全面的支撑。

从农产品生产、加工、流通，到终端销售各环节，京东农场正在将自身物联网、人工智能、区块链等技术的积累向传统农业开放赋能，用数字化技术手段深刻变革农业产销模式，推动传统农业向数字化智能化转变。

根据不完全统计，京东农场目前在全国展开了广泛布局，在东北、西北、西南、华东、华南等多地实现了创新落地，并且拥有17个京东示范农场。

在新基建大潮下，京东农场正在化身"数字农业引擎"，助力中国农业进驻数字化时代。

（三）工业数字化

工业企业数字化转型是指将新一代信息技术覆盖制造企业的设计、生产、管理、销售及服务各个环节，并能基于各个环节产生的数据分析与挖掘进行控制、监测、检测、预测等生产经营活动，在缩短研发周期、增加采购实时性、提高生产效率与产品质量、降低能耗、及时响应客户需求等方面赋能。

很多工业企业大多流程复杂、资产重、变革包袱大，其转型进程虽不及与数字化亲和度更高的信息密集型行业，但其希望通过数字化提升竞争的诉求强，应用场景丰富，想象空间巨大。

在《工业数字化智能化2030白皮书》中，制定了一个包含21个细项指标的工业数字化指数评估模型，对中国工业16个子行业的数字化指数进行了评估（图7-21）。从结果来看，半导体、汽车、航空航天、石油化工行业整体数字化水平最高；采矿、建筑材料、轻工、纺织与服装行业相对落后。

考虑到数字化指数和盈利能力之间有一定相互促进的正相关关系，即较高的数字化水平能够促进企业盈利水平提升，同时雄厚的资金实力才能够支撑数字化投入。因此，《工业数字化智能化2030白皮书》在数字化基础上又叠加了各行业的盈利能力，从这两个维度出发，将16个子行业划分为引领型行业、敏捷型行业、前瞻型行业、谨慎型行业、沉稳型行业五大类行业画像。

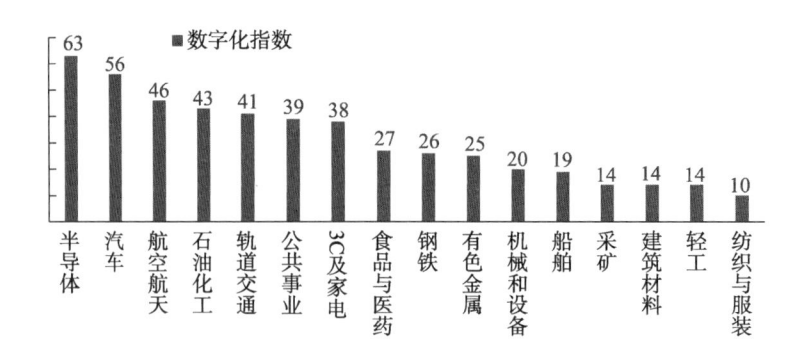

图 7-21　16 个行业工业数字化指数评估结果
资料来源：华为、中国信息通信研究院，《工业数字化智能化 2030 白皮书》，2023 年。

引领型行业：包括半导体、汽车、航空航天、石油化工行业。这些行业具有技术密集、固定资产投入高、大规模和高精度生产、流程标准化的天然属性，人工相比设备不具优势，因此数字化起步最早，转型最为成熟。同时，此类行业有极强的盈利能力作为有力支撑，能保障对数字化的持续投入，由此形成"滚雪球效应"。这些行业当前生产过程数字化已经基本完成，未来将重点关注结合 AI、数字孪生、传感系统等前沿技术，发掘更为丰富的智能化应用。

敏捷型行业：包括轨道交通、3C 与家电、食品与医药、机械和设备行业。对这些行业来说，数字技术有利于催生创新研发动力，对于生产活动的降本增效，精度与质量、可靠性提升效果显著。这些行业虽与引领型行业存在差距，但已具备一定的数字化基础。

前瞻型行业：包括公共事业、钢铁、有色金属、船舶行业。这些行业受生产活动的属性影响，数字化是必备的生产要素，也是降本增效的必要条件。如对于钢铁、有色金属行业来说，流程制造的主生产环节的物理化学反应完全依赖于设备，人工仅作为辅助。因此，在盈利能力不高的情况下，这些行业的企业仍然有动力去推动数字化转型。

谨慎型行业：包括采矿、建筑材料行业。该类行业生产模式较传统和粗放，工艺流程复杂度不高，长期以来都以人力劳作、经验传承为主，同时对数字化的价值认知较晚，因此行动相对谨慎和保守。

沉稳型行业：包括轻工、纺织与服装行业。这些行业中小企业众多，除少数已深耕数字化的头部企业，大部分企业受制于自身盈利和资金能力，数字化转型相对迟缓。对这些中小企业来说，轻量、投入少、见效快的云化工业应用软件将是重点。

（四）可数字化服务

在数字化浪潮下，以 5G、云计算、人工智能为代表的新技术已成为推动服务贸易数字化转型的重要动力源。运用数字化技术，可使一些原本不可贸易的服务成为可贸易服务，催生出如远程医疗、在线教育等服务贸易新模式、新业态。同时，企业还能以数字平台为基础实现更多服务贸易线上交付，让全球服务贸易变得更高效便捷。

《中国数字贸易发展报告 2022》显示，2022 年，中国可数字化交付的服务进出口额为 3727.07 亿美元，同比增长 3.38%，居全球第五位，规模再创历史新高。其中，出口 2105.37 亿美元，同比增长 7.59%；进口 1621.70 亿美元，同比下降 1.62%（表 7-1）。

表 7-1　2022 年全球主要经济体可数字化服务贸易进出口额及增速

序号	国家	进出口（亿美元）	同比增速（%）	出口（亿美元）	同比增速（%）	进口（亿美元）	同比增速（%）
1	美国	10478.31	5.86	6560.54	4.93	3917.77	7.46
2	爱尔兰	6694.87	2.68	3229.60	−0.50	3465.27	5.83
3	英国	5630.28	−1.88	3780.13	−0.58	1850.15	−4.44
4	德国	4598.78	−2.54	2367.90	−5.92	2230.88	1.32
5	中国	3727.07	3.38	2105.37	7.59	1621.70	−1.62
6	荷兰	3489.42	1.89	1741.88	3.89	1747.54	−0.02
7	印度	3410.64	22.56	2354.18	25.93	1056.46	15.66
8	法国	3154.26	−0.44	1622.90	−0.91	1531.36	0.06
9	新加坡	3104.92	2.28	1687.71	4.14	1417.21	0.15
10	日本	2684.45	−3.90	1171.41	−6.12	1513.04	−2.10

资料来源：中华人民共和国商务部，《中国数字贸易发展报告 2022》，2023 年。

从国际市场占有率看，中国数字服务出口占全球的 5.1%，同比上升 0.2 个百分点。从贸易顺差看，中国数字服务贸易继续保持顺差，净出口规模达 483.7 亿美元，比 2021 年增长 175.4 亿美元，数字服贸国际竞争力进一步增强。

从行业来看，出口方面，知识产权使用费、其他商业服务、ICT 服务增长最快，分别同比增长 13.3%、7.9% 和 7.7%。进口方面，保险服务增长最快，同比增长 30.2%。

（五）跨境电商

跨境电商是数字贸易的最常见形式。近几年来，我国不断出台扶持政策，使得跨境电商获得突飞猛进的发展。在跨境电商市场规模方面，2017—2020 年，我国跨境电商的市场规模持续扩大，年均增速高达 17%。但 2020 年后，受新冠疫情影响，跨境物流运输受到一定的阻碍，我国跨境电商的市场规模增速逐渐放缓。直到 2022 年年底，我国调整优化了新冠疫情的防控措施，境内外物流运输的便捷性提高，跨境电商市场规模上涨至 15.7 万亿元。出口跨境电商方面，在政府鼓励企业"走出去"发展战略的影响下，跨境出口电商行业规模持续上升，从 2017 年的 6.3 万亿元增长到 2022 年的 12.2 万亿元，出口市场规模增长近一倍，增加了 5.9 万亿元（图 7-22）。进口跨境电商方面，随着全球化战略的深入推进以及国内居民消费结构升级态势持续凸显，许多国外优质的商品通过跨境电商进口模式进入国内市场。进口跨境电商市场规模从 2017 年的 1.76 万亿元增长至 2022 年的 3.5 万亿元，进口市场规模增长近一倍，增加了 1.74 亿元。跨境电商进出口总额也从 2017 年的 902.4 亿元增长到 2022 年的 2.11 万亿元，6 年时间增加了 2.02 万亿元。跨境电商进出口额占货物贸易进出口总额的比例从 2017 年的不足 1% 增长至 2022 年的 5.02%，行业渗透率稳步提升。

随着跨境电商的蓬勃发展，新增电商企业也大量涌现。2017 年以来，我国跨境电商相关企业新注册量整体呈上升趋势。2020 年起涨幅明显，新增 3201 家，同比增长 85.46%；2021 年新增 4789 家，同比增长 49.61%；2022 年有所回落，新增 4061 家（图 7-23）。从业人员方面，2022 年中国电子商务行业直接从业人员达 722 万人，较 2021 年的 680 万

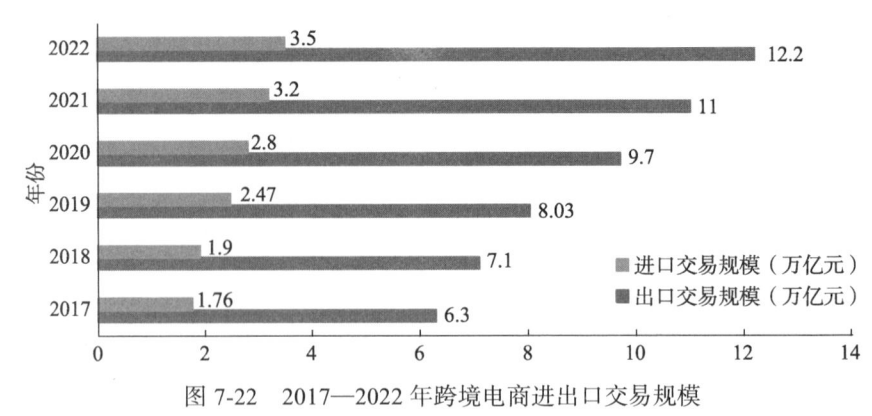

图 7-22　2017—2022 年跨境电商进出口交易规模

资料来源：网经社电子商务研究中心，《这十年：2012—2022 中国电子商务发展数据报告》，2022 年。

人同比增长 6.17%；间接从业人员达 6325 万人，较 2021 年的 5850 万人同比增长 8.11%。作为当前中国最具活力的经济活动之一，跨境电商已经成为带动就业的新载体、促进经济转型升级的新引擎以及推动数字贸易增长的新亮点。

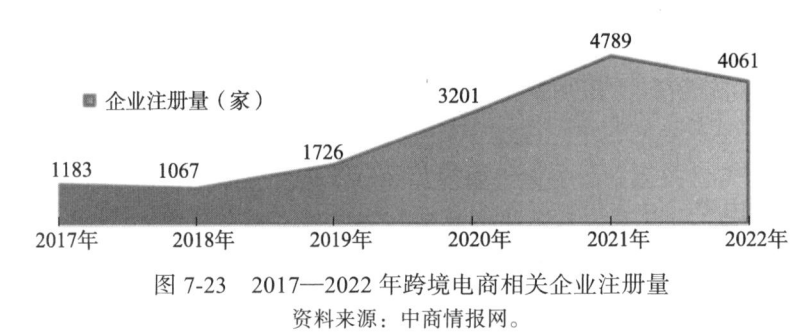

图 7-23　2017—2022 年跨境电商相关企业注册量

资料来源：中商情报网。

第五节　贸易潜力

贸易潜力是指一个国家或地区在数字贸易中的增长和发展的潜力。它反映了该国或地区的经济实力、产业结构、贸易政策、人力资源等方面的优势和潜力。

一、对数字贸易的影响

人均 GDP 反映了一个国家的经济发展实力，经济实力支撑着数字贸易的发展。数字经济政策能够为数字贸易的形成和持续发展营造更加良好的生态环境。人才是发展的第一资源，数字经济的创新驱动实质是人才驱动。数字时代，大学生已经成为新时代中国的新生力量、数字创新的主力军、数字化转型的实践者。

二、中国的评价指标

（一）人均 GDP

人均 GDP（Gross Domestic Product），指的是一个国家（或地区）的 GDP 总量除以

该国（或地区）的总人口数得出的数据。人均GDP的增长会带动消费市场、供给市场、投资市场和科技创新领域等多个方面的发展。首先，较高的人均GDP意味着更多的资源可以用于技术创新、研发和质量控制，并促使企业采用更先进的生产技术和制造流程，从而促进出口规模增长和出口质量提升。其次，较高的人均GDP会对居民消费结构产生深刻影响，促进居民消费升级。为了给国内消费者提供高品质、多元化的消费选择，一国的进口贸易将会增加。

《中华人民共和国2021年国民经济和社会发展统计公报》数据显示，2000—2021年，我国人均GDP增长超过9倍，总增幅达到919.6%。2021年我国人均GDP为80976元，比2020年增长8.0%。按年平均汇率折算达12551美元，超过世界人均GDP水平。而根据世界银行的指标，高收入国家人均国民总收入（GNI）门槛为1.27万美元，2021年我国人均GNI 1.24万美元，已接近高收入国家门槛。2022年我国人均GDP达到了85698元，比2021年实际增长3%，按年平均汇率折算，达到12741美元，人均GNI 12604美元，处在中等偏上收入国家之列。随着该指标的增长，我国会有更多的贸易需求和供给，数字贸易也将随之增加。

（二）数字经济政策

数字经济政策是指我国政府制定的与数字经济相关的政策措施，旨在为数字经济发展创造良好的政策环境，推动数字经济创新发展。中国数字贸易近年来迅速发展，很大程度上得益于日益向好的经贸领域数字化政策环境。2018年以来，针对数字经济和数据要素等在内的政策规划陆续出台。从全局性来看，"十三五"期间，党中央、国务院出台了《国家创新驱动发展战略纲要》《"十三五"国家信息化规划》等重要文件，将数字经济作为发展的主攻方向之一。2018年8月，中办、国办印发了《数字经济发展战略纲要》，这是首个国家层面的数字经济整体战略，将数字经济发展摆在更加重要的战略位置。2021年，数字经济相关政策颁布数量出现爆发式增长（图7-24）。在顶层设计方面，2021年，《"十四五"数字经济发展规划》进一步明确了"十四五"时期推动数字经济健康发展的指导思想、基本原则、发展目标、重点任务和保障措施。在统计体系方面，2021年5月，国家统计局正式发布《数字经济及其核心产业统计分类（2021）》，科学界定了数字经济及其核心产业统计范围，为全面统计数字经济发展规模、速度、结构，满足政府和社会各界对数字经济的统计需求提供了指导。

从地方层面看，各省区市相继出台了关于数字经济发展的"十四五"规划，加快了数字经济发展在各个领域的布局。整体来看，一方面，绝大部分省区市已经将数字经济发展的相关指标纳入了经济增长的考核体系，对数字经济核心产业及其具体细分领域的增量和增速均设立了详细的目标，进一步强调了数字经济发展是实现高质量发展的重要动力；另一方面，各省已发布的规划中对于具体垂直行业的发展方向也进行了布局，从上游基础设施到中下游具体运行均有提及。上游数字相关经济基础设施方面，建设重点在电子元器件、高端通用芯片、存储服务器等硬件设备以及高端软件和网络安全等软件设备上。中游技术层面，云计算、人工智能和区块链是未来几年各省区市数字经济发展要进一步突破的核心技术领域。下游应用层面，多个省区市强调了加快构建"数字政府"和"智慧城市"等，主要应用领域仍集中在汽车、电子设备等智能制造和数字医疗、数字金融等高端服务业。

从各地数字经济具体政策类型来看，我国在产业数字化转型、数字化公共服务方面政策数量较多，战略落地情况较好，在数据要素市场体系建设、数字产业化水平提升、数字经济治理体系建设方面，政策数量较少，战略落地情况有待进一步加强（图7-24）。

	2017年	2018年	2019年	2020年	2021年
数据要素市场体系（个）	15	21	28	48	138
数字产业化水平（个）	27	34	39	66	122
数字经济治理体系（个）	37	34	48	48	164
产业数字化转型（个）	41	71	71	130	304
数字化公共服务（个）	40	76	87	115	371

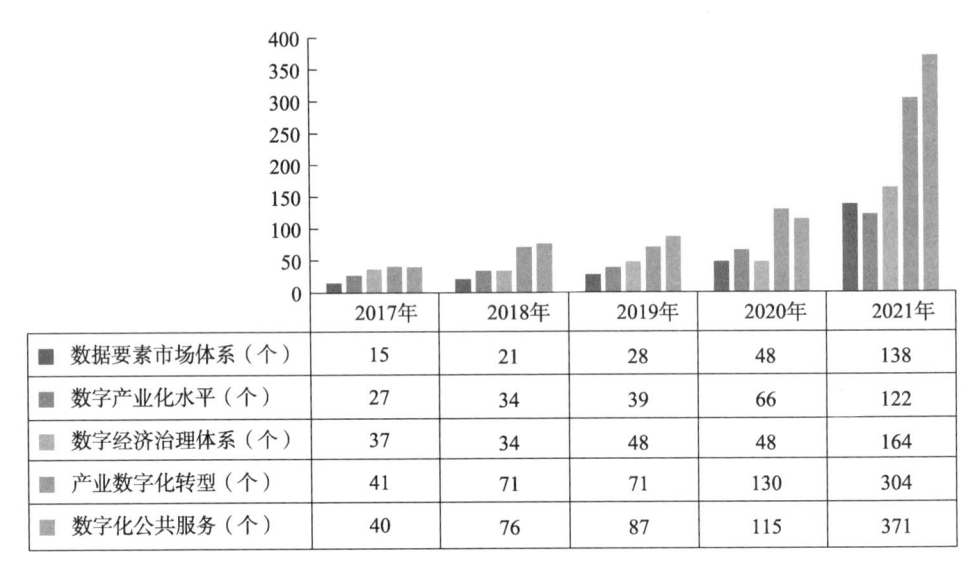

图7-24　2017—2021年发布的数字经济政策类型分类统计

资料来源：中国长江经济带发展研究院、重庆市人力资源和社会保障局，《2022中国数字经济人才发展报告》，2023年。

（三）数字经济人才

党的二十大报告强调，加快发展数字经济，坚持人才是第一资源，强化现代化建设人才支撑。发展数字贸易与数字经济对于人才技能的水平及复合性提出了更高要求。推动数字贸易创新，既需要数字贸易所涉及的核心技术领域的人才，也需要数字贸易的综合管理类人才。从总体供需来看，数字经济人才供不应求。从供需双方匹配来看，数字经济人才中呈现高端人才供不应求、低端人才供过于求的现状。伴随着数字技术的快速发展，数字技能的迭代速度远远超过传统知识技能。到2025年，未被淘汰的岗位中平均约44%的技能要求会发生改变，这意味着存量就业群体现在所掌握应用的近一半技能将被逐步淘汰。从技术发展趋势可以看出，社会在常规性事务和体力劳动方面的人才技能需求将逐步下降，而数字专业技术和解决复杂问题的技能需求将不断上升。

2022年，中国数字经济人才从业数量接近3000万人，数字经济人才需求约4500万人，数字经济人才缺口约1800万人。根据智联、猎聘平台数据分类整合测算，2022年数字化效率提升业人才比例最高，占数字经济五大核心产业人才的42.41%；数字技术应用业的人才占比24.75%；数字产品制造业和数字产品服务业人才占比均为12%左右；数字要素驱动业的人才占比较低（图 7-25）。与此同时，数字化效率提升业人才招聘信息最多，一定程度上意味着该重点行业人才最为紧缺。预计到 2025 年，数字经济人才缺口将超过 2500 万人。

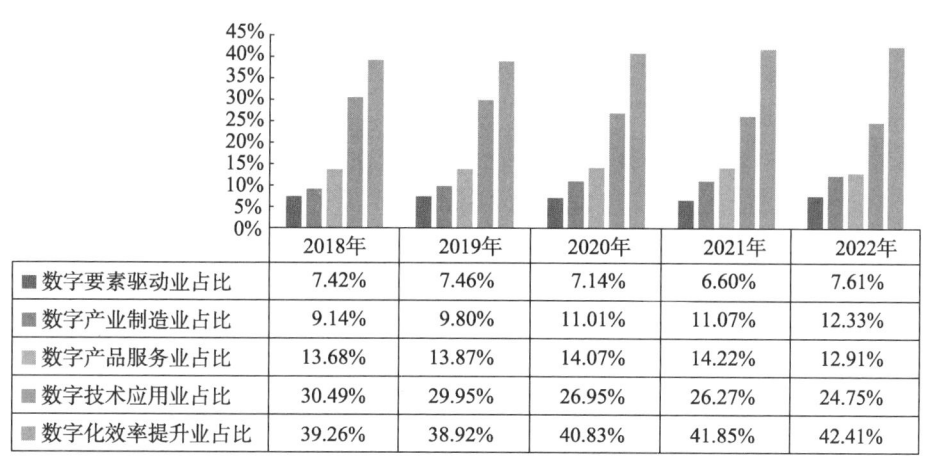

	2018年	2019年	2020年	2021年	2022年
数字要素驱动业占比	7.42%	7.46%	7.14%	6.60%	7.61%
数字产业制造业占比	9.14%	9.80%	11.01%	11.07%	12.33%
数字产品服务业占比	13.68%	13.87%	14.07%	14.22%	12.91%
数字技术应用业占比	30.49%	29.95%	26.95%	26.27%	24.75%
数字化效率提升业占比	39.26%	38.92%	40.83%	41.85%	42.41%

图 7-25　2018—2022 中国数字经济人才五大核心产业分布
资料来源：中国长江经济带发展研究院、重庆市人力资源和社会保障局，《2022 中国数字经济人才发展报告》，2023 年。

本章小结

信息网络基础设施是数字贸易发展的支撑载体；数字技术是数字贸易发展的直接推动力；数字产业化和产业数字化是数字贸易的关键组成部分；贸易潜力是数字贸易的发展支撑。本章选择了与数字贸易发展关系密切的 5 项要素作为一级指标，并将其细分为 22 个二级指标，从而建立起一个可以评价数字贸易发展现状及其发展潜能的指标体系。

关键术语

数据中心
数字化渗透率
贸易潜力
人均 GDP（Gross Domestic Product）

课后习题

1. 如何理解信息基础设施对数字贸易的影响？
2. 影响数字贸易的主要数字技术指标有哪些？中国特点如何？
3. 中国数字产业化与产业数字化水平如何评价？

本章案例分析

杭州数字贸易综合指数位居全国前列

2023 年 11 月 23 日第二届全球数字贸易博览会在杭州开幕。在这场商通全球的盛会上，有关数字贸易的重磅报告、指数评价接连出炉。

商务部发布的《中国数字贸易发展报告》指出，中国数字经济规模巨大，数字技术应用场景丰富，已成为全球数字贸易发展最具活力的国家。11月23日首次发布的杭州市数字贸易综合指数表明，杭州数字贸易稳步发展，各分项指数持续增长，整体走在全国前列。

中国跨境电商进出口额超2万亿元

根据《中国数字贸易发展报告2022》，中国2022年电子商务销售总额达45万亿元人民币，成为全球规模最大、最具活力的电子商务市场。预计2025年全球电子商务零售额将突破7万亿美元。

《中国数字贸易发展报告2022》显示，2022年，中国可数字化交付的服务进出口额为3727.07亿美元，同比增长3.38%，居全球第五位，规模再创历史新高。其中，出口2105.37亿美元，同比增长7.59%；进口1621.70亿美元，同比下降1.62%。

数字领军企业不断做大做强。截至2022年，中国市值超10亿美元的数字贸易企业已超200家。中国的独角兽企业重点分布在硬科技、新能源、新媒体等领域，覆盖半导体、机器人、新材料、智能硬件、无人机、航天通信、量子、光计算等细分赛道。

据胡润研究所统计，我国独角兽企业数量居世界第二，头部企业不断增多。短视频平台成为全球互联网的新"蓝海"。国内短视频领军企业基于国内市场研发经验，探索出算法驱动、用户生成、数据高效利用的新型数字服务形态，在国际市场显示出很强的市场竞争力，尤其受到海外"Z世代"群体青睐。有一批为海外市场量身定制，专注于本地化运作的国产社交软件成为各自细分行业的"隐形冠军"。

报告显示，新一轮科技革命和产业变革孕育兴起，信息通信技术（ICT）成为各行各业转型升级的必需品。2022年，全球ICT服务出口达9686亿美元，同比增长6.1%。

杭州数贸综合指数持续稳步走高

11月23日，在福布斯中国数字贸易对话活动中，杭州市数字贸易综合指数正式发布。

该指数是从数字贸易的基础环境、数字贸易发展水平、数字贸易发展外部性（对外部环境的影响）出发，构建出数字贸易基础、数字贸易水平、数字贸易功能3项一级指标，12项二级指标，46项三级指标的杭州数字贸易综合指数评价指标体系。

综合指数表明，2019年以来，杭州数字贸易发展势头良好，数字贸易综合指数持续稳步走高，年均增长12.81%。各分项指数持续增长，数字贸易水平提升最为突出。

杭州数字贸易结构不断优化。信息技术外包（ITO）含金量更高，知识流程外包（KPO）向价值链高端延伸，杭州动漫游戏产业2022年全年产值较2019年实现了翻番，跨境电商企业快速壮大。

数字贸易基础不断升级，科技创新赋能作用最为显著。科技创新指数较2019年提高56.06点，增量最为显著，是带动基础指数增长的主要原因。

数字贸易功能不断加强，产业、制度贡献作用明显。制度创新有新突破，数字贸易领域话语权更强。

杭州发展数字贸易成效明显。离岸服务外包、跨境电商进出口总额指标位居全国前列。杭州位列2022年度服务外包示范城市综合评价全国第一，跨境电商海外仓数量及面积也大幅领先其他城市。

资料来源：杭州日报 2023-11-24。

考核点

1. 如何理解数字贸易综合指数？具体指标类型有哪些？
2. 杭州市数字贸易综合指数的特点是什么？如何理解其数字贸易发展趋势？

自我评价

学 习 成 果	自 我 评 价
1. 了解信息网络基础设施对数字贸易的影响	□很好□较好□一般□较差□很差
2. 掌握数字贸易中数字技术水平的评价指标	□很好□较好□一般□较差□很差
3. 理解数字产业化与产业数字化的典型评价案例	□很好□较好□一般□较差□很差
4. 知晓数字贸易潜力的衡量条件	□很好□较好□一般□较差□很差

即测即练

自学自测　扫描此码

第八章

数字服务贸易

> **学完这章，你应该能够：**
>
> 1. 了解数字服务贸易的发展背景及内涵；
> 2. 掌握数字服务贸易的典型特征；
> 3. 知晓中国数字服务贸易发展的特征与趋势。

为抢占新一轮科技革命和产业革命的制高点，掌握数字贸易时代的话语权和主导权，世界主要国家和地区纷纷出台一系列国家级的数字经济和数字贸易发展战略规划，积极推动数字贸易发展，全球数字贸易领域的竞争与博弈日趋激烈。世界贸易组织（WTO）数据显示，2013—2022 年，全球数字服务贸易出口规模由 2.4 万亿美元增长至 4.1 万亿美元，年均增幅 6.0%，超过同期货物贸易和其他服务，占服务贸易出口的比例从 50.0% 增长至 57.8%。2011—2020 年，全球数字服务贸易规模由 40802 亿美元增长至 58904 亿美元，全球数字服务贸易规模占服务贸易的比例由 46.5% 增长至 2020 年的 61.2%。2022 年，全球数字服务贸易规模为 3.82 万亿美元，同比增长 3.9%，占全球服务贸易的 53.7%。预计到 2030 年，全球数字服务贸易规模占服务贸易的比例将达 75%。根据联合国贸易和发展会议报告相关数据，2022 年全球数字服务贸易出口前 10 位国家中，六成为欧美发达国家，出口规模占全球比例合计达 47.4%。其中，美国数字服务贸易出口 6561 亿美元，占全球数字服务贸易出口的 16.1%，是排名第二位英国的近 2 倍。与此同时，随着信息通信技术、电子商务领域竞争力的不断增强，印度、中国等新兴经济体数字服务贸易出口规模迅速扩大。2020 年 9 月，习近平总书记在中国国际服务贸易交易会全球服务贸易峰会上指出："我们要顺应数字化、网络化、智能化发展趋势，共同致力于消除'数字鸿沟'，助推服务贸易数字化进程。"《数字贸易发展与合作报告 2023》显示，2022 年中国数字服务进出口总值 3710.8 亿美元，同比增长 3.2%，占服务进出口比例为 41.7%。其中，数字服务出口 2089.1 亿美元，同比增长 7.2%，超过世界平均水平；数字服务进口 1621.6 亿美元，同比下降 1.6%。

第一节 数字服务贸易发展背景

按照 WTO 于 1994 年签署的《服务贸易总协定》(GATS)，服务贸易有四种提供方式：服务的提供者在一成员方的领土内，向另一成员方领土内的消费者提供服务的跨境交付方式，如在中国境内通过电信、邮政、计算机网络等手段实现对境外的外国消费者的服务；服务提供者在一成员方的领土内，向来自另一成员方的消费者提供服务的境外消费方式，如中国公民在其他国家短期居留期间，享受国外的医疗服务；一成员方的服务提供者在另一成员方领土内设立商业机构，在后者领土内为消费者提供服务的商业存在方式，如外国服务类企业在中国设立公司为中国企业或个人提供服务；一成员方的服务提供者以自然人的身份进入另一成员方的领土内提供服务的自然人流动方式，如某外国律师作为外国律师事务所的驻华代表到中国境内为消费者提供服务。2022 年全球服务贸易增长了 15%。WTO 预计，在各国越来越重视服务贸易发展的趋势下，全球服务贸易总额将在 2040 年达到国际贸易总额的 40%左右，服务贸易将会成为 21 世纪经济全球化的重要领域。与此同时，全球数字经济蓬勃发展，基于数字技术开展的线上研发、设计、生产、交易等活动日益频繁，持续拓展服务贸易发展空间，使服务业与服务贸易在全球价值链中的比重不断提升（图 8-1）。伴随服务贸易领域规则谈判持续推进，产业与数字融合加速，制造服务化、服务数字化、外包化进程加快，新业态、新模式不断涌现，为服务贸易加快发展提供了强大动力。数字产业化催生新业态、新模式，丰富了跨境服务贸易内涵与外延。产业数字化提高了服务贸易的质量和效率，促进了服务贸易与货物融合发展，提升了货物贸易的"嵌入式"服务。

图 8-1 2011—2020 年全球数字化服务贸易规模及增速
资料来源：中国数字贸易行业深度调研与未来投资研究报告。

由于各行业数字技术的使用程度与使用时间不一致，数字服务贸易所涵盖的范围和细分领域并没有一个一致的答案。联合国贸易和发展会议 2015 年发布的《国际信通技术服务贸易和信通技术带动的服务：衡量信通技术促进发展伙伴关系的拟议指标》，在分析信息通信技术对服务贸易支持程度的基础上，提出"数字交付服务"的概念，数字交付服务是保险和养老金服务、金融服务、知识产权使用费、电信、计算机和信息服务、其他商业服务以及视听和相关服务的集合。

一、数字服务贸易主导地位日益凸显

世界贸易组织数据显示，2019 年至 2022 年三年间，数字服务贸易展现出强大韧性和潜力，全球数字服务贸易增长了 36.9%，高于服务贸易的 12.9% 和货物贸易的 31.0%。2022 年全球数字服务贸易规模为 3.82 万亿美元，同比增长 3.9%，主要包含数字服务与服务数字化两方面内容。数字服务贸易是指可通过互联网进行远程交付的产品和服务，不仅包括 ICT 服务产业、数字媒体产业等几乎全部通过数字化手段进行交付的服务，还包括养老、金融、知识产权等可数字交付程度较高的服务。服务数字化是指过互联网达成服务交易、资金结算和服务送达的商业活动，也可称服务跨境电商或服务跨境交付。近年来，全球数字服务贸易稳步增长，在服务贸易中比例已超过 60%。联合国贸易和发展会议统计数据显示，2005—2019 年，全球数字服务贸易出口规模由 12027.60 亿美元迅速增长至 31925.86 亿美元，年平均增长率为 7.46%，在服务贸易出口总额中的占比从 44.92% 上升至 51.96%，在全部贸易出口总额中的占比从 9.13% 增长至 12.73%。

从数字服务贸易结构来看，2019 年，其他商业服务、ICT 服务、金融服务、知识产权服务、保险服务、个人文娱服务的出口规模分别为 13998.50 亿美元、6782.20 亿美元、5204.40 亿美元、4091.70 亿美元、1370.30 亿美元、821.90 亿美元，在数字服务贸易出口总额中的占比相应为 43.40%、21.00%、16.10%、12.70%、4.20% 和 2.50%。2020 年，全球数字服务贸易规模达 3.17 万亿美元，在服务贸易中的占比从 2011 年的 50% 稳步提升至 2020 年的 61.20%，如图 8-2 所示。

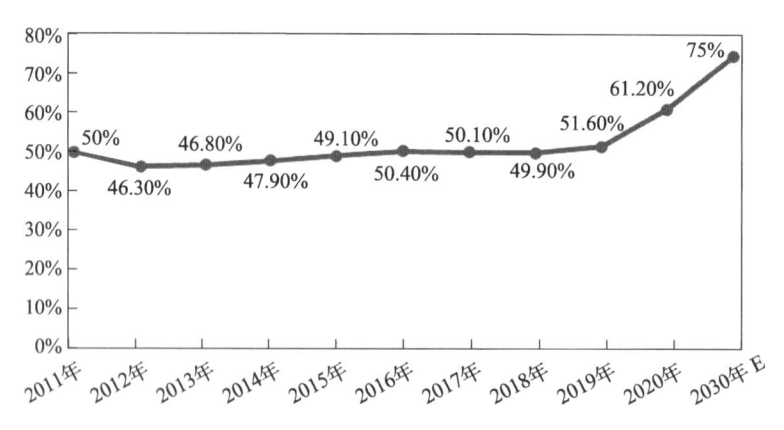

图 8-2　2011—2030 年全球数字服务贸易规模占服务贸易的比例及预测
资料来源：中国数字贸易行业深度调研与未来投资研究报告。

此外，数字服务贸易在新冠肺炎疫情面前也展现出较强韧性。2020 年，全球数字服务贸易虽然同比下降 1.8%，但下降幅度远低于服务贸易（同比下降 20.0%）和货物贸易（同比下降 7.5%）。一方面，疫情对已经通过数字手段交付的服务贸易影响非常有限。相比旅行、运输等高度依赖于面对面接触的服务贸易，已经通过数字手段交付的服务贸易，供给和交付环节（受到）的疫情的影响非常有限，冲击主要源自市场需求的乏力。另一方面，疫情加速传统服务贸易数字化转型和新兴数字服务产业发展。金融、保险、教育、医疗等可以通过但尚未通过数字化手段交付的传统服务贸易，正加速由线下转移到线上；2020年，在线办公、短视频、云计算等新兴数字服务产业获得了难得的发展机遇。

二、信息通信和计算机服务贸易是关键动能

随着云计算、大数据等数字技术的蓬勃兴起，云计算服务、数据服务等快速发展。2019年，以基础设施即服务（Infrastructure as a Service，IaaS）、平台即服务（Platfonn as a Service，PaaS）和软件即服务（Software as a Service，SaaS）为代表的全球云计算市场规模达到1883亿美元，同比增长20.86%，预计到2023年市场规模将超过3500亿美元。

过去十年，信息通信服务贸易在数字服务贸易中增速最高、比重提升最大，远超其他领域（表8-1）。2011—2020年，信息通信服务贸易平均增速为7.7%，在数字服务贸易中的占比从16.8%提升至22.2%。2020年，在新冠肺炎疫情背景下，信息通信服务贸易总量为7104.3亿美元，同比增长4.1%，继续引领数字服务贸易发展。金融、保险服务贸易紧随其后，增速分别排名第二和第三。2020年，金融服务贸易总量为5395.7亿美元，同比增长4.1%；保险服务贸易总量为1434.8亿美元，同比增长2.6%；其他商业服务贸易、知识产权使用费、个人文娱服务贸易总量分别同比下降5%、7.9%、14.2%，主要是因为部分子项仍需通过面对面接触才能完成服务交付，受新冠肺炎疫情影响较为严重。

表8-1　运用互联网技术开展服务贸易的跨境交付情况

类型	跨境交付占比
传统服务贸易	1. 旅行服务与互联网结合紧密，旅行服务跨境交付占比高 2. 运输服务与互联网结合较紧密，运输服务跨境交付占比可能不够高 3. 建筑服务与互联网结合程度低，建筑服务跨境交付占比可能很低
现代服务贸易	1. 电子计算机和信息服务、文化娱乐属数字数据服务，完全通过互联网跨境交付 2. 知识产权和技术服务贸易可完全通过互联网进行跨境交付 3. 金融保险和其他商业服务等服务贸易可与数字信息技术紧密结合，实现服务贸易跨境交付 4. 在线教育、医疗、咨询和互娱等服务可实现实时跨境交付 5. 维修维护、加工服务和政府服务等服务贸易可以部分实现跨境交付

目前，计算机服务是服务贸易中最具活力的部门，2022年的全球出口比2019年的价值高出44%。数字提供的服务（通过计算机网络提供的服务，从流媒体游戏到远程咨询服务）是一个新兴的增长来源，到2022年占全球服务出口的54%，占全球商品和服务贸易总额的12%。在欧洲和亚洲，区域内的资金流动在数字提供服务的贸易中占很大比例，2021年分别占62%和43%。相比之下，南美洲、中美洲和加勒比地区以及非洲的区域内份额分别仅为8%和3%，表明仍有很大增长潜力。

三、数字服务贸易市场集中度较高

全球数字化服务贸易进出口市场集中度保持在较高水平,且呈持续提升态势。数字经济、平台经济具有明显的网络效应、规模效应,容易形成"强者恒强"的发展格局。无论是数字服务出口,还是数字服务进口,欧美等发达经济体的市场占有率都较高,且集中度展现出不断上升的态势。作为数字、信息技术创新的重要策源地,发达经济体凭借雄厚的经济实力和先进的科技水平在数字服务贸易领域具备显著的发展优势。2019年,数字服务贸易规模排名前10位的国家中,发达国家占据8席,发展中国家仅有中国、印度。其中,美国数字服务贸易规模达8507.2亿美元,位居世界首位。这主要得益于其数字技术和产业的绝对优势,拥有苹果、谷歌、亚马逊、微软等超大型跨国信息通信(ICT)企业。爱尔兰凭借其地理、税收政策优势,吸引众多大型互联网企业将欧洲总部设在本国,数字服务贸易规模达5249.0亿美元,全球排名第二位。中国数字服务贸易规模达2939.9亿美元,全球排名第五位,与美国、爱尔兰、英国、德国等发达国家仍有不小差距。

从出口规模来看,2019年,发达经济体和发展中经济体的数字服务贸易出口规模分别为24309.98亿美元和7203.95亿美元,发达经济体的数字服务贸易出口规模是发展中经济体的3.37倍。从国际市场占有率来看,2005—2019年,发达经济体数字服务贸易出口额的国际市场占有率平均达到79.36%,远高于同期发展中经济体的国际市场占有率19.31%,全球数字服务贸易集中度持续提升。2014—2020年,数字服务出口排名前10位国家累计国际市场占有率从64.6%上升到66.1%,数字服务进口排名前10位国家累计国际市场占有率从49.5%上升到51.8%(图8-3)。

图8-3 2014—2020年全球数字化服务贸易进出口市场集中度
资料来源:中国数字贸易行业深度调研与未来投资研究报告。

2020年,数字服务出口排名前17位的国家累计国际市场占有率达80%,相当于服务贸易、货物贸易领域前24位和前27位国家份额加总计算的集中度。美欧是全球数字服务供给的核心区域,数字服务出口规模排名前10位国家中有6个来自欧美地区(美国、英国、爱尔兰、德国、法国、荷兰),数字服务出口国际市场占有率合计达48.9%。2022

年，世界服务贸易出口较2019年提高近44%。远程工作、在线学习和家庭娱乐促进了经济增长。在全球范围内，2021年对软件、云服务、机器学习和增强的网络安全的需求增长率达22%。2022年全球数字服务贸易占服务贸易比重接近55%。

第二节　数字服务贸易典型特征

在全球数字经济蓬勃发展的大背景下，以数据为生产要素、数字交付为主要核心的数字贸易正在成为全球贸易新形态。基于数字技术开展的线上研发、设计、生产、交易等活动日益频繁，极大促进了数字服务贸易的发展。据联合国贸易和发展会议统计，以数字方式交付的服务贸易在全球贸易中的占比已经达到了52%。据世贸组织测算，到2040年，如果发展中国家能够全部采用数字技术服务，其在全球服务贸易中的份额将增加约15%。随着服务存储载体演进、服务传输渠道的改善及服务输入、输出设备的升级，数字服务贸易主要呈现如下特征。

一、服务的数字化趋势

数字技术广泛渗入生产、流通、消费环节，推动服务供给端数字化创新和需求端数字化消费，大幅提高服务的可贸易性。数字技术有助于降低跨境服务贸易成本，将对发展国家服务贸易产生重要推动力。数据形式存在的要素和服务成为国际贸易中的重要交易对象。在服务贸易统计实践中，通常将跨境交付、境外消费、自然人流动三种模式合并统计和发布，即国际收支服务贸易统计（BOPS）。商业存在模式被单独统计，即外国附属机构服务贸易统计（FATS）。如果将商业存在模式的数据纳入考虑，数字服务贸易规模可能是现有数据的2~3倍。这主要得益于现代服务的以下特征。

首先，服务变得可以存储复制。传统服务具有即时性和不可存储性等特点，教育、演艺和医疗等服务大多需要面对面进行。随着上述服务被录制并转化为数据形式，可以存储于硬件设备甚至是"云上"，其"可贸易性"大大提升。

其次，服务变得更易于远程在线支付。全球网络普及率、速率稳步提升，网络使价格持续下降，搭建了广阔、高效、廉价的数字化运输通道，使得种类繁多的数字产品和服务能够实现远程交付，进入不同国家消费者日常生活和企业生产经营之中。

最后，服务变得更丰富、更智能。信息通信技术赋能于服务活动的各个环节，拓展出更多的可能性。许多高度标准化的重复性工作被机器所取代，服务的提供者由最初的人转变为人和机器，甚至只有机器，服务变得更加自动化、智能化，更能满足人们的个性化需求。

二、云技术推进服务迭代

新冠疫情暴发以来，尽管人们跨境流动受阻，旅行等传统服务贸易受较大冲击，但依托互联网数字手段提供的跨境服务得到更大发展，降低了对商业存在和自然人移动模式的依赖，成为全球贸易的重要增长极、世界各国深化经贸合作的重要领域。"云"其实是互联网的一个隐喻，云技术（Cloud Technology）是基于云计算商业模式应用的网络技术、信息技术、整合技术、管理平台技术、应用技术等的总称，可以组成资源池，按需取用，灵活便利。未来如手机、GPS 等行动装置都可以透过云计算技术，发展出更多的应用服务。"云计算"其实就是使用互联网来接入存储或者运行在远程服务器端的应用、数据或者服务。任何一个使用基于互联网的方法来计算、存储和开发的公司，都可以从技术上叫作从事云的公司。最简单的云计算技术在网络服务中已经随处可见，例如搜寻引擎、网络信箱等，使用者只要输入简单指令即能得到大量信息。公认的云架构划分为 IaaS、Paas、SaaS 三种服务模式即基础设施层、平台层和软件服务层。这个三层的分法是从用户体验的角度出发的。

　　SaaS（Software as a Service：软件即服务）——应用层。这层的作用是将应用作为服务提供给客户。通过这种模式，用户只要接上网络，就能通过浏览器，使用在云端上运行的应用，而不需要顾虑类似安装等琐事，并且免去初期高昂的软硬件投入。SaaS 主要面对的是普通的用户。它消除了企业购买、构建及维护基础设施和应用程序的需要。对于许多小型企业来说，SaaS 是采用先进技术的最好途径。

　　PaaS（Platform as a Service：平台即服务）——组件服务（如数据库、操作系统等）。这层的作用是将开发平台作为服务提供给用户，主要的用户是开发人员。用户可以在一个包括 SDK、文档和测试环境等在内的开发平台上非常方便地编写应用，而且不论是在部署，还是在运行的时候，用户都无须为服务器、操作系统、网络和存储等资源的管理操心，这些烦琐的工作都由 PaaS 供应商负责处理，而且 PaaS 在整合率上面非常惊人，比如，一台运行 Google App Engine 的服务器能够支撑成千上万的应用，也就是说，PaaS 是非常经济的。

　　IaaS（Infrastructure as a Service：基础设施即服务）——硬件资源服务（CPU、内存、存储、网络等）。这层的作用是将虚拟机或者其他资源作为服务提供给用户，主要的用户是系统管理员。通过 Internet，系统管理员可以从完善的计算机基础设施中获得服务。基于 Internet 的服务（如存储和数据库）是 IaaS 的一部分。

　　如图 8-4 所示，Iaas 属于基础设施，如网络光纤、服务器、存储设备等。PaaS 是在 IaaS 上的一层集成的操作系统，如服务器程序、数据库等。SaaS 将软件当成服务，不再当成产品来销售。如腾讯的 QQ 是一种免费软件，但通过该免费软件，腾讯为数以亿计的用户提供了网络服务，从而成为中国最大的互联网公司。它们之间的关系主要可以从两个角度进行分析：其一，是用户体验角度，从这个角度而言，它们之间关系是独立的，因为它们面对不同类型的用户。其二，是技术角度，从这个角度而言，它们并不是简单的继承关系（SaaS 基于 PaaS，而 PaaS 基于 IaaS），因为首先 SaaS 可以是基于 PaaS 或者直接部署于 IaaS 之上，其次 PaaS 可以构建于 IaaS 之上，也可以直接构建在物理资源之上。

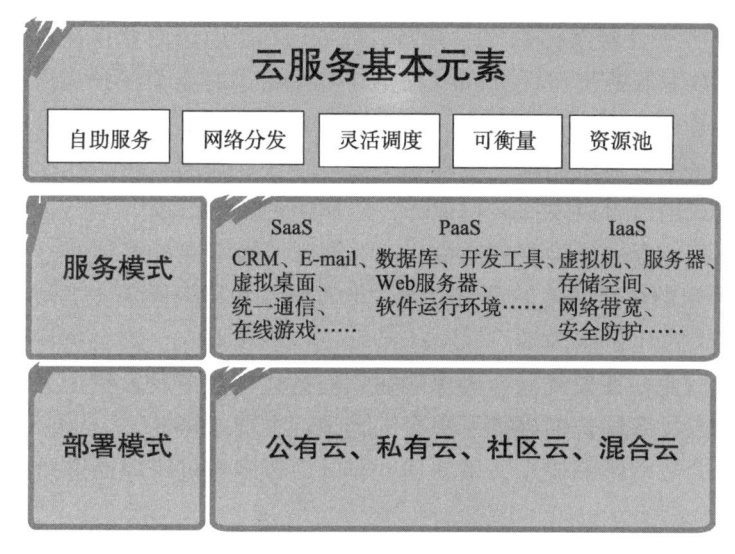

```
┌─────────────────────────────────────────────────────┐
│                  云服务基本元素                      │
│  ┌──────┐ ┌──────┐ ┌──────┐ ┌──────┐ ┌──────┐     │
│  │自助服务│ │网络分发│ │灵活调度│ │可衡量 │ │资源池 │     │
│  └──────┘ └──────┘ └──────┘ └──────┘ └──────┘     │
└─────────────────────────────────────────────────────┘

┌────────┐  ┌──────────────────────────────────────┐
│        │  │ SaaS           PaaS         IaaS     │
│服务模式│  │ CRM、E-mail、  数据库、开发工具、虚拟机、服务器、│
│        │  │ 虚拟桌面、     Web服务器、   存储空间、│
│        │  │ 统一通信、     软件运行环境……  网络带宽、│
│        │  │ 在线游戏……                  安全防护……│
└────────┘  └──────────────────────────────────────┘

┌────────┐  ┌──────────────────────────────────────┐
│部署模式│  │   公有云、私有云、社区云、混合云      │
└────────┘  └──────────────────────────────────────┘
```

图 8-4　云服务示意图

三、新模式、新业态层出不穷

由于受地域空间等限制，服务的可贸易性远低于货物商品。数字技术对服务资源进行集成化处理，降低了服务贸易成本，提高了服务效率。随着数字技术的发展，传统服务已经可复制和高度标准化，服务提供方式也由线下面对面接触转为线上远程交付。服务贸易中新模式、新业态不断涌现，催生了新的数字服务。在教育领域，数字技术通过创建虚拟课堂，使大量的网上开放课程（MOOC）通过录制视频讲解、数字化幻灯片、在线讨论等多种形式被传送给全世界的学生。"共享经济"也是数字技术产生的基于 P2P（Peer-to-Peer）的服务，通过社区在线平台获取、提供或销售商品服务。我国对跨境服务贸易新业态尚无明确定义，但其主要指数字服务贸易，业务范畴包括软件、社交媒体、搜索引擎、通信、云计算、卫星定位等信息技术服务贸易，数字传媒、数字娱乐（含移动游戏）、数字学习、数字出版等数字内容服务贸易，以及其他通过互联网交付的离岸服务外包等。

（一）商业存在开展的数字服务贸易仍占主导地位

商业存在模式，即通过外国附属机构进行的采购和销售，在服务贸易发展中占据重要地位。WTO（2019）测算的数据显示，全球约 58.9% 的服务贸易是通过商业存在模式提供的，对数字服务贸易的分析也不应忽略商业存在模式。出于国家安全考虑，各国在涉及关键基础设施的数字贸易行业上的开放度通常较低，致使大量数字贸易采取商业存在的方式提供，以满足东道国的国家监管要求。中国信息通信研究院《数字贸易发展与合作报告》（2021）分析，全球近 2/3 的数字服务贸易通过商业存在方式提供。受技术发展限制、企业外贸竞争需求、政府监管偏向等综合因素影响，数字服务贸易中通过商业存在开展的比重要高于服务贸易整体水平。根据 2021 年 WTO 发布的商业存在服务贸易数据，2018年，代表性经济体数字服务出口约66.1%是通过商业存在模式提供的，同期的服务出口和非数字服务出口仅58.6%和43.7%是通过商业存在模式提供的。无论是在跨境交付模式还是在商业存在模式中，数字服务企业均可以通过线上提供服务。新冠疫情期间，各国数字服务需求激增，带动相关商业存在业务的扩张。相比跨境交付模式，通过商业存在模式出口可以发挥区位优势，迅速抢占新增市场。

信息通信服务和金融保险服务通过商业存在开展数字服务贸易的比重最高（图8-5）。2018年，代表国家的信息通信、金融保险、专业服务和文教娱乐4类服务出口中通过商业存在模式提供的占比依次为80.2%、81.3%、34.8%和63%。涉及关键基础设施的数字服务贸易更依赖商业存在模式。金融保险业、信息通信业涉及大量个人、企业和政府数据，是监管的重点，各国普遍施加了更多的当地存在要求限制。专业服务业、文教娱乐业对其他经济社会活动影响较小，敏感程度较低，较多通过跨境提供模式展开。

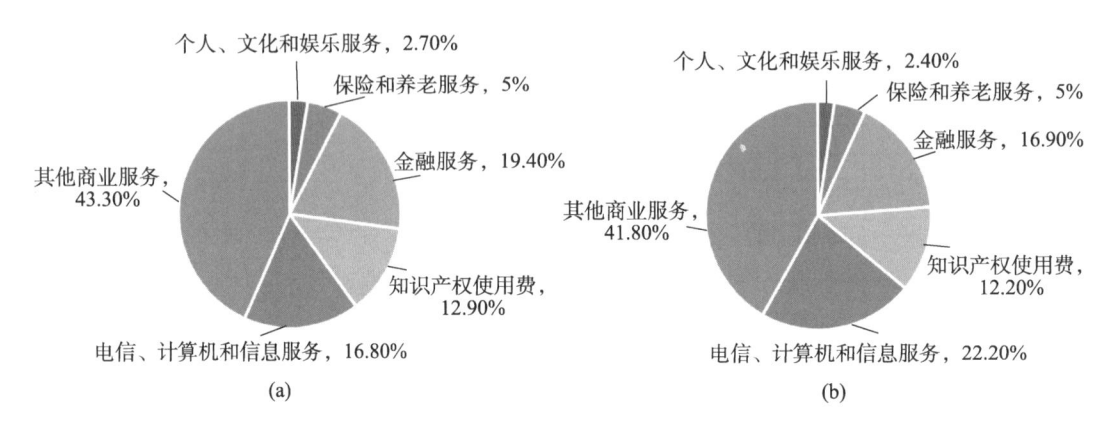

图8-5 2011年（a）和2020年（b）各细分数字服务贸易占比情况
资料来源：UNCTAD基础数据。

2011—2018年，虽然代表国家的数字服务贸易中通过商业存在的比例从70.2%下降至66.1%，但数字技术发展应用导致越来越多的服务可以通过数字化手段跨境交付，一方面是会计、广告、视听、教育等传统服务正由线下转移到线上，另一方面是社交媒体、搜索引擎、云计算、卫星定位等信息服务迅速崛起，导致通过商业存在提供的服务比例相应降低。

发达国家经济体量大、产业竞争力强、对外投资经验丰富，因此，商业存在模式占比较高。2018年，美国、德国、法国、意大利等发达国家数字服务出口中通过商业存在模式提供的占比大部分处于70%左右；同期，中小国家数字服务出口中通过商业存在模式提供的占比多数不足20%。

（二）数字内容服务市场持续拓展

数字服务贸易中计算机服务一直是最具活力的服务部门。以细分市场中的数字内容市场来看，2016年，全球数字内容市场规模已达到895亿美元，其中视频游戏、视频点播、电子出版物、数字音乐四类数字内容行业的市场规模分别达到489亿美元、162亿美元、53亿美元和91亿美元，占比分别为54.64%、18.10%、17.09%和10.17%。2019年，全球数字内容行业市场规模达到1517.01亿美元。根据市场研究公司（Research and Markets）的预测，2020—2024年，全球数字内容市场将增长5198.3亿美元，其间年复合增长率为15%。

（三）数字服务贸易规则日益完善

数字贸易的快速发展，催生了大量贸易新模式、新业态，对数字贸易规则提出了更高要求和更多需求。2021年12月，中国、欧盟、美国等67个世贸组织成员共同发表了《关于完成服务贸易国内规制谈判的宣言》，宣言正式宣布服务贸易国内规制联合声明倡议谈判成功完成。服务贸易国内规制联合声明倡议是世贸组织首个完成谈判的联合声明倡议，也是国际服务贸易监管规则发展和创新的重要成果，将有助于推动全球服务贸易进一步减少贸易壁垒，降低企业成本和面临的不确定性，实现贸易自由化、便利化，进一步提升服务贸易在国际贸易中的重要性。数据预测到2030年，全球服务贸易的比例将达到25%，其中，数字化服务贸易占比将达到一半以上。

目前，全球数字贸易规则谈判重点越发聚焦服务贸易领域，如表8-2所示。以CPTPP、USMCA为代表的"美式模板"具有全球影响力，其注重规则体系的构建，体系设置严密，侧重于提升数字贸易和数据跨境流动的自由化水平，特别注重知识产权保护规则体系的设计，并规定了全面且严格的市场准入谈判、关税壁垒削减、商业秘密保护和惩罚

表8-2 数字贸易规则代表协定

代表协定	美式模板 CPTPP	美式模板 USMCA	欧式模板 EPA	亚太模板 RCEP	第四种力量 DEPA
缔约方数量	11	3	2	15	3
文本章数	30	34	23	20	16
谈判重点	力推跨境数据自由流动，反对服务器和数据本地化；致力于消除数字贸易壁垒，提升数字贸易开放性及推动其自由化发展		强调隐私、视听产品例外、知识产权和消费者保护；着力打造欧洲数字单一市场	强调数字主权治理，着重削减关税壁垒	进行新的跨境数字经济制度安排，促进各方在新兴数字领域的合作
基本条款承诺程度差异	对无纸贸易、关税、国内电子交易框架、线上消费者保护、非应邀商业电子信息、网络安全等都具有较高承诺		对线上消费者保护、关税、电子信息、合作等的承诺程度高；对网络安全、国内电子交易框架、无纸贸易等的承诺程度低	对合作、电子信息、线上消费者保护、网络安全、无纸贸易等的承诺程度高；对电子交易框架、关税的承诺程度低	对无纸贸易、国内电子交易框架、线上消费者保护、网络安全等的承诺程度高；对关税、非应邀商业电子信息的承诺程度低
创新条款	无		无	无	中小企业、政府采购、数字包容、人工智能、金融合作、数字身份、物流、电子发票、电子支付等
未涵盖条款	交互式计算机服务		互联费用分摊、交互式计算机服务	互联费用分摊、交互式计算机服务、源代码	无

续表

代表协定	美式模板 CPTPP	美式模板 USMCA	欧式模板 EPA	亚太模板 RCEP	第四种力量 DEPA
规则标准化程度	注重规则体系的构建，尤其是知识产权保护规则体系的设计，并对重点行业规定了非常全面且严格的商业秘密保护措施和惩罚条款		相比美式模板，欧式模板体系设定不严格、部分领域保护力度不大，但地理标志保护制度最完备，且知识产权条款具有鲜明特色	规则的经济效应明显，注重体系构建且水平不断提升，成长潜力巨大，但诸多关键议题与美式模板有较大差距，且不如欧式模板先进	DEPA是较为完备且具有科学性、合理性与可行性的数字贸易规则，为数字贸易领域提供了前瞻性标准；其典型贸易条款有贸易便利化隐私保护等，目前只有一半的数字贸易规则涵盖度
影响力	具有全球影响力		特定议题具有全球影响力	具有区域影响力	具有区域影响力

资料来源：作者根据代表性FTA文本整理得到。

等条款。以EPA为代表的"欧式模板"的特定议题同样具有全球影响力，如提升数字贸易和数据跨境流动的自由化水平，聚焦于经济开放与制度完善，注重非关税壁垒及边境后议题谈判，以期获得国际规制的主导权。以RCEP为代表的"亚太模板"具有区域影响力，是亚太国家促进经济繁荣发展的重要战略，其注重体系构建和水平的不断提升，聚焦关税壁垒削减的谈判，但由于较高的关税壁垒，诸多关键议题与"美式模板""欧式模板"有较大差距。2020年，新加坡、智利、新西兰三国共同签署DEPA协定，成为推动数字贸易规则发展的第四种力量。DEPA致力于便利化无缝的端到端数字贸易，其16个模块95项条款具有包容性和促进数字产业跨境合作的特征，有助于提升数字贸易规则制定的话语权，标志着数字贸易规则进入专项条约的新时代。相比RECP和CPTPP等多边协定，DEPA相关规则在RECP、CPTPP等的电子商务章节基础上，对数字贸易领域的工商便利化、数字产品、数据、数字身份和数字贸易信任环境等各方面内容进行了更加全面且灵活的补充。具体表现为：增加了人工智能、金融科技等多项新趋势与新技术的软性合作安排，更加关注作为数字贸易生力军的中小企业，规定了中小企业合作模块并将调整范围从数字贸易扩大到数字经济的多个方面，为不同国家提供了合理的准入机制和利益诉求点等。其在一定程度上打破了传统数字贸易大国的规则垄断。

四、数字服务贸易全产业链升级

数字服务贸易全产业链包括信息技术（IT）服务贸易、数字内容服务贸易、离岸服务外包3个方面的内容。以跨境电商行业为例，不仅要把货物贸易的规模做大，也要把产业链后端的跨境物流、国际金融、信息技术等服务贸易做强，更要把数字出版、动漫影视、数字游戏、文化创意等数字产品贸易做好，使跨境电商成为数字贸易发展的重要支撑。目前，主要呈现嵌入模式、服务化转型、协助模式、跨国集团模式、平台集成模式5种典型模式。

（一）嵌入模式：产品与服务内化融合

跨境电商企业在其生产销售的产品中嵌入改善产品性能的服务，也就是说，在产品销售过程中，服务已经成为产品价值构成的核心组成部分，形成了一种产品融合服务的互动创新模式。

在跨境电商精细化运营和品牌化发展的背景下，企业不断加大产品研发、品牌创新方面的投入，将更多外部资源与服务融入价值链，以此打造差异化、创新性的高溢价产品。这些以产品为载体的服务的加入，促成了商品的价值增值，最终通过商品交易所实现的价值，不仅包含产品本身从原料、生产到销售的差价，而且包含大数据服务、研发设计服务、营销服务等多种服务的价值。如大疆行业无人机通过硬件、软件、服务一体化解决方案，已在消防救援、电力巡检、测绘、执法等领域取得广泛应用，可以说大疆已经从无人机产品制造商升级为行业解决方案提供商。

（二）服务化转型：单一企业多元拓展

跨境电商企业借助自身优势拓展物流、仓储、软件等多个服务领域，通过延伸提供上下游服务形式来探索货物贸易和服务贸易的深度融合，乐歌股份和华凯易佰便是此类企业的典型代表。乐歌股份是全球知名的智能家居、健康办公产品的制造销售商，基于十余年的跨境电商运营经验以及自身百万包裹级的跨境电商体量，在2020年衍生出跨境电商公共海外仓创新服务综合体项目，目前乐歌股份在全球共有12个海外仓，面积27.58万平方米，累计服务500多家客户。截至2022年底，乐歌股份的仓储物流收入已达到4.9亿元，占公司总营收的15.28%。华凯易佰依托易佰网络在泛品类业务中长期沉淀的供应链资源和信息系统优势，于2021年创立"亿迈"（EasySeller）一站式跨境电商综合服务平台，为中小跨境电商卖家提供供应链服务、物流服务、数据化运营管理、跨境服务培训等跨境业务解决方案。2022年，亿迈平台实现营收2.72亿元，占公司总营收的6.16%，已经成为华凯易佰新的业绩增长点。

（三）协助模式：企业跨界协作融合

跨境电商平台或企业聚焦商品交易、品牌运营等核心环节，将大量的物流、支付、技术、营销、法律等服务环节交给专业服务商，双方共建分工协作、资源互补的组团出海商业实践模式。一是跨境电商与快递企业的组团合作。如菜鸟依托阿里系电商业务加快出海步伐，2023财年菜鸟的国际物流包裹量超过15万件；快递独角兽极兔深度绑定拼多多，在Temu开辟美国市场的同时，也在美国起网布点。二是跨境电商与数字支付企业的组团合作。如连连国际积极强化自身本土化服务能力，目前已持有美国全境、新加坡、英国等地60多张支付牌照及相关资质，并组建了辐射全球核心区域的本土化团队，在美国、新加坡等全球多个国家和地区设立了办公室，组建服务能力更强、更懂当地市场的本土化团队，提供中文、英语、泰语、葡语等多语种客服支持。

（四）跨国集团模式：无形资产跨国贸易

中国跨境电商领域产生的众多"微型跨国企业"，以全球化视野在世界范围内布局自己的生产基地、物流中心和运营中心，形成了事实上的跨国经营，并在集团内部及关联公司之间进行无形资产转移，以便进行税务规划转嫁利润。这些"微型跨国企业"的业务流程大致分为设计/生产/采购环节、进出口环节、交易销售环节、仓储/物流环节。企业根据上述业务环节设立不同的公司主体，通常包括顶层融资公司、境内运营公司、香港业务公司、海外销售公司。顶层融资公司是集团公司的顶层控股公司，注册地视具体融资架构而定，在国内融资架构下是一家境内公司（可与境内运营公司为同一家），红筹架构下通常是注册在开曼群岛或其他离岸地的公司；境内运营公司主要负责公司管理及运营（包括技术支持、网店运营、行政支持等）、商品的国内采购及出口、研发设计、生产等职能；香港业务公司是境外商品采购主体，并将采购的商品出售给海外销售公司；海外销售公司负责特定区域的商品销售、仓储、本地财务结算等职能。基于税收优惠和资金流动等考虑，企业一般会把香港公司作为集团内承担主要业务功能的实体和外部客户进行交易，合理地将大部分利润确认在香港公司。

为合理补偿境内公司的技术研发服务、店铺运营、供应链管理等费用，通常境内公司会以供应链管理服务、企业运营服务、产品研发、信息技术服务、品牌使用费等名义向境外子公司收取相关服务费，通过收取服务贸易款项形式将货物销售收入部分回流境内。境内运营公司作为跨境贸易的实际主体，带动了服务、数据和创意等知识和技能型无形资产的贸易和跨境流动。

（五）平台集成模式：数字平台集成融合

跨境电商平台作为新型贸易中介，是货物贸易和服务贸易的集成服务商，不仅为货物贸易提供了新的交易方式，更促进了服务贸易便利化，并催生了新的服务业态。一方面，跨境电商平台不断延伸自身的服务体系，除平台自身的交易服务外，逐渐拓展出跨境物流、第三方支付、金融等服务链条，如阿里巴巴国际站借助阿里巴巴经济体内外部生态资源，为全球中小跨境电商企业提供交易、支付、结算、通关、物流、财税、金融等一站式解决方案；另一方面，跨境电商平台作为服务集成商，跨组织边界获取和整合各方服务资源，并在明确客户需求基础上进行匹配和服务创新，将跨境电商中原本分隔的采购、交易、营销、支付、物流、售后等环节紧密相连，为用户提供一体化外贸服务。跨境电商平台以促成实体商品、数字产品和数字服务的交易为目标，组织和引导配套服务企业，逐渐形成分工明确、优势互补的复杂服务生态系统，为平台卖家提供综合服务解决方案，并将信息流、资金流、物流、服务流与价值流贯穿于整个服务过程中。

第三节　中国数字服务贸易发展

中国服务贸易已占全球服务贸易的近四分之一。2020年8月，国务院同意在北京、天津等28个地区全面深化服务贸易创新发展试点，重点围绕推动服务贸易改革、开放和创新，提出3个方面8项试点任务、122项具体举措，进一步激发市场活力，打造服务贸易发展高地，提升"中国服务"在全球价值链中的地位。截至2021年底，服务贸易创新发展各项试点任务顺利推进，122项具体举措中110项已落地实施，落地率超过90%；涉及调整实施行政法规和国务院文件规定的5项举措已获国务院批准。2021年，28个试点地区所在的21个省（区、市）服务进出口额合计7958.5亿美元，占全国服务进出口的比例达97.5%。2021年11月，商务部、中央网信办、工业和信息化部等10部门联合印发《关于支持国家数字服务出口基地创新发展若干措施的通知》，提出12条具体措施，支持国家数字服务出口基地在体制机制、平台载体、公共服务、国际合作等方面开拓创新，开展先行先试。2023年4月，三部门联合印发《国家数字服务出口基地首批创新实践案例》，择优选取了首批12家国家数字服务出口基地中的部分基地在完善新型基础设施建设、营造数字服务产业生态、优化公共服务、完善数字服务出口统计等方面有关经验做法，向全国复制推广。

一、中国数字服务贸易发展位居世界前列

2021年，中国服务进出口总额为8212.5亿美元，规模同比增长24.1%，比疫情前的2019年增长4.6%，占世界比例增至7.0%；服务贸易逆差缩窄至327.5亿美元，同比减少677.1亿美元，为2011年以来的最低值。2021年，中国服务贸易占对外贸易的比例为12.0%，远低于全球平均水平（20.7%）以及欧盟（27国）（25.7%）、美国（22.3%）等发达经济体水平，未来发展空间广阔。2022年，我国服务进出口总额近8200万美元，同比增长12.9%，规模创历史新高，连续9年居全球第二位，仅次于美国。随着高水平对外开放稳步推进，中国服务贸易发展潜力将逐渐释放，预计到2025年，中国服务进出口总额有望突破1万亿美元。

（一）规模持续扩大

在国家政策的积极引导下，数字经济新模式、新业态不断涌现，持续推动数字贸易高速增长，规模逐渐扩大。近10年，我国数字服务贸易规模基本实现翻番，从2011年的1648.4亿美元增加到2020年的2939.9亿美元，年均增长率达6.6%，增速在主要国家中位居前列；数字服务贸易占服务贸易的比例从36.7%提升至44.4%。据中国信息通信研究院发布的《数字贸易发展与合作报告（2023）》显示，2022年中国数字服务进出口总值3710.8亿美元，同比增长3.2%，占服务进出口比例41.7%。其中，数字服务出口2089.1亿美元，同比增长7.2%，超过世界平均水平；数字服务进口1621.6亿美元，同比下降1.6%。数字贸易发展综合指数由2017年的全球第5位上升至全球第2位。2023年上半年，中国可数字化交付的服务贸易额为1.36万亿元人民币，同比增长12.3%。预计到2025年，我国可数字化交付的服务贸易进出口总额将超过4000亿美元，占服务贸易总额的比例为50%左右，中国数字服务贸易总体规模正在不断扩大。

作为全球规模最大的综合类服务贸易展会，服贸会汇聚一流技术与应用，已成为全球服务贸易的"展示窗"，成为加强服务贸易领域对外交流合作的重要平台。自2012年创办以来，服贸会累计吸引196个国家和地区的60余万客商参展参会，为促进我国和全球服务贸易发展做出了积极贡献。2023年中国国际服务贸易交易会主题为"开放引领发

展 合作共赢未来"，继续优化扩大开放、深化合作、引领创新三大平台功能，为世界经济发展注入新的动力，共有2400多家国内外企业线下参展、59个国家及24个国际组织线下设展。本届服贸会国际参与度进一步提升，83个国家和国际组织以政府或总部名义设展办会，比上届增加12个，其中8个国家和国际组织首次设展。线下参展企业国际化率超过20%，包括500余家世界500强、行业龙头企业，覆盖28个服务贸易前30强国家和地区，以数字化、智能化、绿色化为特征的知识密集型"中国服务"，正成为我国服务贸易高质量发展的新动能。

（二）国际竞争力持续增强

运用数字化技术可使一些原本不可贸易的服务成为可贸易服务，催生出远程医疗等服务贸易新模式、新业态，进一步提高服务贸易规模。同时，企业还能以数字平台为基础实现更多服务贸易的线上化交付，让全球服务贸易变得更高效便捷。中国坚持开放合作、互利共赢，与世界共享服务贸易发展机遇，持续推动扩大先进技术和服务进口，支持改善民生相关服务进口，服务进口规模稳步扩大。从顺逆差看，经过10年国际化创新发展，我国数字服务海外市场取得巨大突破，数字服务贸易净出口值从2011年的逆差148.2亿美元逐渐扭转为顺差，2018年到2020年已连续3年实现顺差，国际竞争力持续增强。2022年，中国数字服务出口占世界的5.1%，同比上升0.2个百分点，继续保持顺差，净出口规模达467.5亿美元，同比增长55.8%。2021年，知识产权使用费进口468.9亿美元，同比增长24.6%；金融服务进口53.5亿美元，同比增长68.4%，增速最快。同时，受全球新冠肺炎疫情冲击和人员流动限制等影响，旅行服务进口仍未走出下滑态势，2021年中国旅行进口1110.4亿美元，同比下降15.4%，比2019年下降55.8%（表8-3），

表8-3　2021年中国分领域服务进出口数据

服务类别	进出口 金额（亿美元）	同比（%）	出口 金额（亿美元）	同比（%）	进口 金额（亿美元）	同比（%）
总额	8212.5	24.1	3942.5	40.5	4270.0	12.0
运输	2607.4	72.4	1271.9	124.7	1335.5	41.1
旅行	1224.1	−17.2	113.7	−31.3	1110.4	−15.4
建筑	402.7	21.0	304.8	21.3	97.9	20.2
保险服务	212.3	19.8	52.0	−3.4	160.4	29.9
金融服务	103.2	40.2	49.7	18.8	53.5	68.4
电信、计算机和信息服务	1195.8	27.6	794.7	30.8	401.1	21.7
知识产权使用费	586.7	26.7	117.8	35.6	468.9	24.6
个人、文化和娱乐服务	51.7	19.6	19.0	44.4	32.7	8.8
维护和维修服务	116.8	6.0	78.7	2.6	38.2	13.7
加工服务	208.3	18.8	201.2	18.1	7.1	42.3
其他商业服务	1455.5	16.2	923.6	23.4	531.9	5.3
政府服务	47.9	−21.1	15.5	−38.2	32.4	−9.1

资料来源：中华人民共和国商务部。

全球排名持续提升。2020 年，我国数字服务贸易规模在 105 个国家中的排名从 2019 年的第 7 名上升至第 5 名（图 8-6），10 年来首次跻身全球前五强，也是前五强中唯一的发展中国家。2022 年中国数字服务出口 2089.1 亿美元，同比增长 7.2%；数字服务贸易净出口规模达 467.5 亿美元，同比增长 55.8%。但与欧美发达国家相比，我国数字服务贸易规模仍存较大差距，2020 年规模约为美国的 1/3，也远低于同期的爱尔兰、英国和德国，未来还有巨大的发展空间。

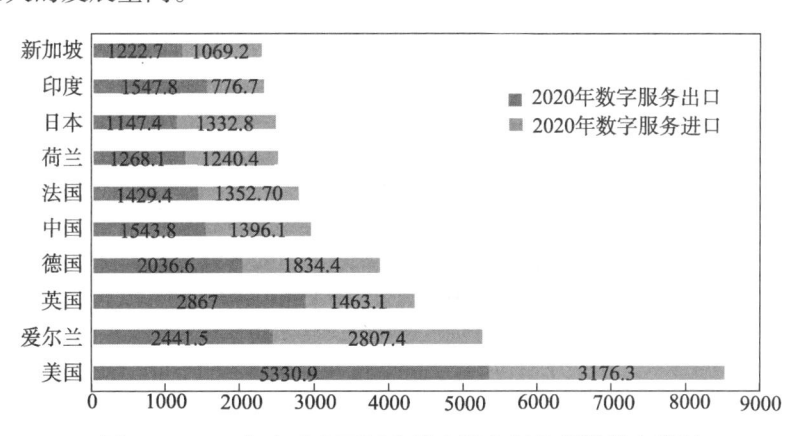

图 8-6　2020 年全球主要国家数字服务贸易规模排名情况
资料来源：WTO 数据库。

二、数字服务贸易细分领域高速增长

可数字化服务贸易成为服务贸易增长新引擎。新一代信息技术快速迭代和成熟应用，大幅提高了服务可贸易性，催生出跨境电商、远程医疗、在线教育、共享平台、协同办公等新模式、新业态。2011—2020 年，我国知识产权、金融服务、信息通信服务等细分数字服务发展平均增速分别为 31.7%、19.6% 和 17.4%，均高于世界平均水平，主要得益于中国超大规模信息基础设施网络建设，加快打造市场化、法治化、国际化营商环境，持续扩大金融、电信等领域对外开放，不断释放数字服务领域的发展活力（图 8-7）。

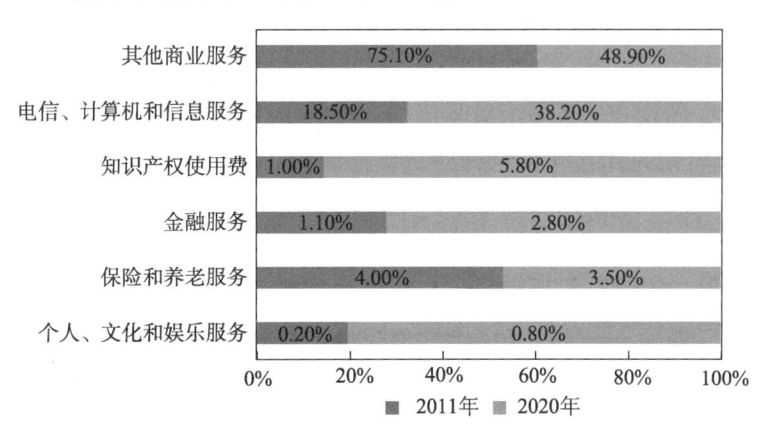

图 8-7　2011 年和 2020 年中国各类数字服务出口占比情况
资料来源：中华人民共和国商务部。

2021年，中国可数字化服务进出口3605.2亿美元，同比增长22.3%，两年平均增速达15.1%，比传统服务进出口增速高20.2个百分点，占服务进出口的43.9%（依据WTO *World Trade Statistical Review 2019*，可数字化服务贸易包括保险服务，金融服务，知识产权使用费，电信、计算机和信息服务，其他商业服务，个人文化和娱乐服务），比2019年提高9.2个百分点。其中，可数字化服务出口1956.7亿美元，同比增长26.1%，两年平均增速达16.7%，占服务出口总额的49.6%；其中，知识密集型服务出口1956.7亿美元，同比增长26.1%，对服务出口增长的贡献率达35.7%。可数字化服务进口1648.4亿美元，同比增长18.1%，两年平均增速达13.3%，比传统服务进口增速高29.8个百分点，占服务进口总额的38.6%，比2019年提高13个百分点。2022年中国出口方面，知识产权使用费、其他商业服务、ICT服务增长最快，分别同比增长13.3%、7.9%和7.7%。进口方面，保险服务增长最快，同比增长30.2%。

（一）信息通信服务

中国紧抓数字经济和数字贸易发展新机遇，不断加快信息技术服务等领域对外开放，有序放宽增值电信业务等领域外资准入限制，推动信息技术外包和制造业融合发展，电信、计算机和信息服务贸易国际竞争力持续提升。电信、计算机和信息服务进出口连续八年保持两位数增长。2021年，电信、计算机和信息服务进出口1195.8亿美元，同比增长27.6%，连续五年保持两位数增长，两年平均增长21.7%，占服务进出口的14.6%，比2019年提高4.3个百分点。其中，电信、计算机和信息服务出口794.7亿美元，同比增长30.8%，两年平均增长21.5%；进口401.1亿美元，同比增长21.7%，两年平均增长22.1%。是过去十年我国数字服务出口占比提升最快、增长贡献最大的领域。信息通信服务、知识产权服务是知识密集型产业，是国家支持发展的优先领域。2011—2020年，我国信息通信服务在数字服务出口中的占比提升了19.7个百分点。目前，中国已成为全球最大的《专利合作条约》（PCT）国际专利申请来源国，5G、区块链、人工智能等领域专利申请量全球第一，涌现出一大批具有国际竞争力的信息通信服务企业。

（二）商业存在模式有较大发展空间

近年来，我国对外投资合作持续提升，商业存在模式表现为出口规模大、占比高。根据2021年WTO新发布的商业存在服务贸易数据，2018年我国通过商业存在模式出口的服务达到9483.3亿美元，在提供商业存在数据的30个国家中排在第二位，仅次于美国；在当年服务出口中的占比超过七成，同样居于前列。

出口增速较快。据2020年5月商务部发布的数据，2018年我国商业存在模式下的服务出口中，文化、体育和娱乐业，信息传输、软件和信息技术服务业，交通运输、仓储和邮政业，分别增长241.6%、212.3%、54.4%，在所有服务类型中增速领先。

我国商业存在模式下的服务出口以租赁和商务服务为主，信息通信、文化等数字服务规模相对较小。例如，2018年，我国商业存在模式下信息通信服务出口为545.6亿美元，约为美国的10%。

（三）离岸服务外包是可数字化服务出口的重要实现方式

近年来，中国企业承接离岸服务外包业务呈现数字化、高端化趋势，云计算、工业软件、数字技术解决方案、工业设计、集成电路和电子电路设计、新能源技术研发、医药（中医药）和生物技术医药研发等高技术含量、高附加值领域增长迅速。2021年，中国企业承接离岸服务外包执行额1303.1亿美元，同比增长23.2%，占服务出口的33.1%，对服务出口增长的贡献率为21.6%；占可数字化服务出口的66.6%，对可数字化服务出口的增长贡献率达60.5%。其中，离岸信息技术外包执行额560.1亿美元，同比增长18.8%，占电信、计算机和信息服务出口的70.5%，对电信、计算机和信息服务出口增长贡献率为47.3%。

（四）知识密集型服务贸易成为新引擎

2023年1月至10月，中国知识密集型服务贸易占比持续提升，已经成为服务贸易发展的新趋势和新引擎。商务部数据显示，1月至10月，知识密集型服务进出口22308亿元，同比增长8.9%。知识密集型服务快速发展，是我国经济社会高质量发展的具体体现，显示中国服务贸易正在向价值链中高端环节进军，服务贸易结构持续优化升级。知识密集型服务贸易快速增长，得益于我国数字经济的蓬勃发展，一批以数字技术为基础的服务贸易产业基地加速成长，发挥集聚带动效应。截至目前，国家特色服务出口基地总数已达112家，覆盖文化、中医药、数字服务、人力资源、地理信息、知识产权和语言服务7个领域。知识密集型服务业有助于破解制约服务业发展的人力成本瓶颈。随着技术进步，金融、电信等知识密集型服务业大规模应用信息和互联网技术，人工智能、机器人等的应用和普及将加速替代简单重复性劳动，推动服务业效率提升。

一方面，中国高度重视知识产权保护和运用工作，正从知识产权引进大国向知识产权创造大国转变。2021年，中国知识产权使用费进出口586.7亿美元，同比增长26.7%，两年平均增长19.6%，占服务进出口的7.1%，比2019年提高1.9个百分点。其中，知识产权使用费出口117.8亿美元，同比增长35.6%，两年平均增长33.0%；知识产权使用费进口468.9亿美元，同比增长24.6%，两年平均增长16.8%。2021年，在世界知识产权组织发布的《全球创新指数报告》中，中国排名上升至第12位，是世界上进步较快的国家之一。

另一方面，中国持续稳妥推进金融业对外开放，按照市场化、法治化、国际化原则，稳妥处理好资本市场运行中的问题，为各类市场主体营造稳定、透明、可预期的发展环境。2021年，金融和保险服务进出口315.5亿美元，同比增长25.8%，两年平均增长19.9%，占服务进出口总额的3.8%，比2019年提高1.0个百分点。其中，金融和保险服务出口101.7亿美元，同比增长6.3%，两年平均增长8.2%；金融和保险服务进口213.8亿美元，同比增长37.8%，高出整体服务进口增速25.7个百分点，两年平均增长27.1%。

三、数字服务贸易规则不断完善

近年来，中国在扩大高水平开放，健全外商投资准入前国民待遇加负面清单管理制度，推进投资自由化、便利化等方面推出了一系列重要举措。《外商投资准入特别管理措施（负面清单）（2021年版）》和《自由贸易试验区外商投资准入特别管理措施（负面清单)(2021年版)》中的服务业限制措施缩减至23项。在自由贸易试验区探索放宽服务业准入条件,在市场调查领域,除广播电视收听、收视调查须由中方控股外,取消外资准入限制。在社会调查领域,由禁止外商投资调整为中方股比不低于67%,法人代表应当具有中国国籍。

2021年7月,商务部发布跨境服务贸易领域首张负面清单《海南自由贸易港跨境服务贸易特别管理措施(负面清单)(2021年版)》,突破原有服务贸易管理模式,在主动开放中提升防范和化解风险的能力,为中国更高水平开放探索新路径。商务部会同有关部门积极改革完善技术进出口管理体系,在2020年调整发布《中国禁止出口限制出口技术目录》的基础上,2021年大幅压缩《中国禁止进口限制进口技术目录》,为技术要素跨境自由流动创造良好环境。2021年10月,中共中央、国务院印发《国家标准化发展纲要》,提出要研究制定服务贸易标准;同年12月,中国等67个世贸组织成员共同发表了《关于完成服务贸易国内规制谈判的宣言》,宣布达成《服务贸易国内规制参考文件》,这将有助于降低中国企业进入国际市场的成本,为中国服务贸易高质量发展提供规则保障。

四、服务贸易辐射区域稳步拓展,持续优化

随着大数据、云计算和人工智能等新一代信息技术的快速发展,技术创新和应用将催生新业态、新模式不断涌现,以数字技术为支撑、高端服务为先导的"服务+"整体出口将成为中国服务贸易发展的新引擎。同时,"一带一路"沿线国家的市场广阔,国家之间的"数字鸿沟"较大,在信息通信基础设施建设和信息技术服务外包等领域都具有较大发展空间,这为中国发展数字贸易提供了机遇。在各方共同努力下,2021年中国与"一带一路"沿线国家服务贸易合作不断走深走实。截至2021年底,中国已与145个国家、32个国际组织签署200多份共建"一带一路"合作文件,并与多个国家建立了服务贸易合作机制。2021年,中国与"一带一路"沿线国家服务进出口突破1100亿美元,同比增长超过三成。其中,服务出口、进口均超过560亿美元,出口增长近50%,进口增长超20%。

(一)与金砖国家服务进出口保持快速发展势头

2021年是"金砖国家"概念提出20周年,习近平主席在金砖国家领导人会晤上提出五点倡议,为金砖合作发展指明方向,为促进全球经贸合作注入强大信心。2021年,中国与其他金砖国家服务进出口近180亿美元,同比增长50%以上。其中,服务出口超90亿美元,接近翻倍;服务进口过80亿美元,增长超20%。

(二)与东盟合作领域持续深化

2021年是中国—东盟建立对话关系30周年,30年来中国和东盟走出一条睦邻友好、合作共赢的发展道路,日益成为联系紧密的命运共同体。

中国和东盟各种新的经济形态层出不穷,服务贸易合作不断深化,双边服务贸易额再创历史新高。2021年,中国与东盟服务进出口超670亿美元,同比增长近三成。其中,服务出口超350亿美元,增长超四成;服务进口近320亿美元,增长10%以上。

(三)与美欧服务进出口保持平稳增长

中国重视推动与美国、欧盟等发达经济体双边投资贸易自由化、便利化,共同维护

产业链、供应链稳定畅通，与美欧服务贸易规模继续扩大。2021年，中国与美欧服务进出口突破2600亿美元，同比增长超20%。其中，服务出口超1000亿美元，增长超四成；服务进口超1500亿美元，增长超10%。

（四）与港澳台地区服务贸易迈上新台阶

2021年，中国进一步提高粤港澳大湾区服务贸易自由化水平，便利中国香港、中国澳门各领域专业人士在前海、横琴就业执业，支持横琴合作区面向中国澳门实施一揽子深化改革和扩大开放的创新举措，支持前海合作区建设高水平对外开放门户枢纽。扎实推进两岸经济合作交流，支持引导台企融入新发展格局，有效促进两岸服务贸易合作。2021年，中国内地与中国香港服务进出口约2000亿美元，同比增长超30%；中国大陆与中国台湾服务进出口约160亿美元，同比增长约三成。

数字技术广泛深度应用，软件和信息技术与制造业加快融合，面向亚洲地区的数据储存加工、研发设计、远程维修等服务外包和跨境电商相关服务市场预计持续增长。社交媒体与搜索引擎的海外市场潜力巨大，短视频、直播、通信等领域的海外业务有望大幅增长。受疫情冲击，全球各行业数字化转型步伐加快，作为新技术输出窗口，云计算服务继续保持强劲增长。商务部数据显示，2022年我国可数字化交付的服务贸易规模达到2.5万亿元，比5年前增长了78.6%。商务部表示，将推进高标准建设服务外包示范城市，通过先行先试和示范引领带动，加快服务外包向高技术、高附加值、高品质、高效益转型升级，推动相关产业高质量发展。持续完善服务贸易和服务外包平台载体建设，继续办好服贸会、数贸会、服博会等各类重要展会，打造全国性公共服务平台，支持各地开展形式多样的服务外包产业投资促进活动。

随着中国经济规模不断扩大，全球化程度不断提高，中国企业从制造到研发、营销、品牌、投资、并购、本地化生产与经营等，也在不断拓宽走出去的边界，提升走出去的层次——从加工贸易到资本出海、技术出海、品牌出海、服务出海，从廉价产品出海到品质出海、高附加值产品和智能化产品出海，从硬件出海到网络游戏、社交软件、直播等服务出海，从发达市场到"一带一路"等新兴市场。

据商务部预测，到2025年，中国可数字化的服务贸易进出口总额将超过4000亿美元，约占服务贸易总额的50%。未来，由数字技术驱动的更加广阔的服务贸易市场值得期待。

虽然我国数字贸易规模和增速均位于世界前列，但数字技术赋能贸易全产业链有待提速、数字贸易便利性有待提升、数字产品可贸易性有待优化、数字贸易治理有待加强。2021年，中国正式申请加入《全面与进步跨太平洋伙伴关系协定》（CPTPP）和《数字经济伙伴关系协定》（DEPA）。中国将依照协定要求调整国内服务贸易管理规则，为中国服务贸易更高质量发展提供更加开放的制度环境。中国加入全球高水平的经贸协定，也将增强全球供应链的韧性，为服务全球化带来深远的正向影响。

习近平主席在2023年中国国际服务贸易交易会全球服务贸易峰会致辞中提到，"中国将坚持推进高水平对外开放，以高质量发展全面推进中国式现代化，为各国开放合作提供新机遇。中国愿同各国各方一道，以服务开放推动包容发展，以服务合作促进联动融通，以服务创新培育发展动能，以服务共享创造美好未来，携手推动世界经济走上持续复苏轨道"。以数字技术推动服务贸易高质量发展，是我国服务贸易创新变革的重要突破口，是我国在全新发展格局下建设贸易强国的重要手段，是建设更高水平开放型经济新体制的重要推动力量。

本章小结

全球数字经济蓬勃发展，基于数字技术开展的线上研发、设计、生产、交易等活动日益频繁，持续拓展服务贸易发展空间，使服务业与服务贸易在全球价值链中的比重不断提升。伴随服务贸易领域规则谈判持续推进，产业与数字融合加速，制造服务化及服务数字化、外包化进程加快，提高了服务贸易的质量和效率。数字产业化也不断催生新业态、新模式，丰富了跨境服务贸易内涵与外延，为服务贸易加快发展提供了强大动力。中国坚持开放合作、互利共赢，与世界共享服务贸易发展机遇，服务贸易已占全球服务贸易的近四分之一。以数字技术推动服务贸易高质量发展，是我国服务贸易创新变革的重要突破口，是我国在全新发展格局下建设贸易强国的重要手段，是建设更高水平开放型经济新体制的重要推动力量。

关键术语

数字服务贸易（Trade in Digital Services）
全面与进步跨太平洋伙伴关系协定（CPTPP）
数字经济伙伴关系协定（DEPA）
云技术（Cloud Technology）
软件即服务（Software as a Service）
平台即服务（Platform as a Service）
基础设施即服务（Infrastructure as a Service）

课后习题

1. 目前，数字服务贸易结构有什么特点？
2. 数字服务贸易的典型特征是什么？
3. 数字服务贸易全产业链升级的模式有哪些？
4. 中国数字服务贸易发展特征是什么？

本章案例分析

2023年服务贸易规模创历史新高 专家：应扩大数字服务出口

2024年2月1日商务部发布的数据显示，2023年，我国服务进出口总额65754.3亿元，同比增长10%。其中，出口26856.6亿元，同比下降5.8%；进口38897.7亿元，同比增长24.4%。2023年的服务贸易逆差为12041.1亿元。"我国服务贸易稳中有增，规模创历史新高。"商务部服贸司负责人表示。

具体而言，知识密集型服务贸易较快增长。2023年，知识密集型服务进出口27193.7

亿元，同比增长8.5%。其中，知识密集型服务出口15435.2亿元，同比增长9%，增长最快的领域为保险服务，增幅达67%。知识密集型服务进口11758.5亿元，同比增长7.8%，增长最快的领域为个人、文化和娱乐服务，增幅达61.7%。知识密集型服务贸易顺差3676.7亿元，同比扩大423.5亿元。

"知识密集型服务贸易成为推动服务贸易稳步增长的主要力量，也带动了服务贸易结构不断优化。"商务部国际贸易经济合作研究院研究员聂平香表示。

此外，旅行服务增长最快。2023年以来，旅行服务保持高速增长，全年旅行服务进出口14856.2亿元，同比增长73.6%。其中，出口同比增长59.2%，进口同比增长74.7%。

"旅行服务进出口保持高速增长，成为支撑传统服务贸易发展的重要动力。"聂平香分析称。

展望下一步服务贸易发展趋势，受访专家表示，服务贸易数字化等是新方向。

聂平香表示，近年来我国重视数字经济发展，服务贸易数字化进程的加快有助于推动服务贸易新业态、新模式涌现。

"虽然我国的B2C跨境电商在全球居于领先地位，但B2B跨境电商发展相对滞后，数字服务贸易发展不充分，数字服务出口国际市场占有率低。"商务部国际贸易经济合作研究院国际服务贸易研究所所长李俊表示。

在李俊看来，我国数字贸易发展有很大提升空间。应加强数字贸易顶层设计，培育新业态、新模式，支持数字贸易企业走出去，全力扩大数字服务出口。

资料来源：上海证券报2024年2月2日。

问题思考
1. 2023年我国数字服务贸易的发展特点是什么？
2. 如何创新我国数字服务贸易的新模式与新业态？
3. 该数字自贸区的落地为其他数字贸易平台提供了哪些可供借鉴的经验？

考核点

数字服务贸易的特征；
中国数字服务贸易的发展趋势。

自我评价

学 习 成 果	自 我 评 价
1. 了解数字服务贸易的发展背景及内涵	□很好□较好□一般□较差□很差
2. 掌握数字服务贸易的典型特征	□很好□较好□一般□较差□很差
3. 知晓中国数字服务贸易的发展趋势	□很好□较好□一般□较差□很差

即测即练

第九章

国内外数字贸易发展与治理

◆ **学完这章，你应该能够：**

1. 了解不同国家数字贸易的发展路径；
2. 掌握我国数字贸易的发展现状；
3. 知晓我国数字贸易发展的对策建议。

第一节　国外数字贸易发展经验与路径

一、美国

美国数字贸易具有较强的国际竞争力，主要得益于其发展模式和政策措施的协调。一是在其发展过程中，以先进技术和产业作为基础，拓展新业态、新模式，先在美国本土快速发育，之后拓展国际市场，形成了"技术驱动—产业发展—产业国际化"的发展路径。二是在政策上，主要是以帮助企业发展为重点。在国内，以鼓励企业的发展为主，始终对数字科技型企业秉持包容审慎的监管态度，并营造了相对宽松的政策环境。在国际规则方面，倡导以"自由"和"开放"理念打开国际市场。在国内政策和国际规则的共同作用下，美国数字企业获得了良好的发展环境，能立足国内、拓展海外市场。发展模式与政策措施的协调与契合，是美国数字贸易发展壮大的重要原因。

（一）美国数字贸易发展特征

美国的数字贸易呈现"技术驱动—产业发展—产业国际化"的发展路径。美国数字技术发达，起步早。美国的计算机技术发展始于第二次世界大战期间，1946年世界上第一台电子计算机在美国诞生，又经过微型计算机技术、互联网技术等不断迭代，美国在数字技术领域积累了众多原创性的核心技术。美国先进的数字技术推动了互联网经济的快速发展，根据Wind数据，美国居民个人电脑的拥有率从1984年的8.2%跃升至2000年的51%，计算机在美国率先普及，互联网技术从军方专属向民用市场普及，再加上数据处理器、路由器和操作系统的研发与推广，美国于 20 世纪 90 年代迎来了以电子计算机应用和互联网应用为特征的数字经济快速增长阶段。市场上也形成了以微软、思科、IBM 和 Intel 等企业为代表的大型互联网企业。与此同时，美国的经济逐步向服务经济迈进，计算机等硬件设备的加工制造开始向软件开发领域转移，加利福尼亚州开始汇集众多大型跨国公司的总部，吸引全球的人才参与集中研发。美国在开源社区建设、软件研发、工业软件设计等领域，均处于世界领先地位，形成了巨大的技术优势。进入 21 世纪，互联网技术得到广泛应用，美国国内率先诞生了电子商务、搜索引擎、数字娱乐等服务的新业态、新模式，同时计算机设备等硬件的加工制造产业逐步向国际市场转移，在人力资本充裕的国家投资设厂，既降低了计算机设备的制造成本，也为互联网服务的全球布局奠定了基础。大型互联网公司以其服务的广泛性边际成本低等特点快速崛起，涌现出谷歌、亚马逊、苹果等大型企业，并且在世界范围内推广壮大。伴随着计算机和互联网在世界范围内的普及应用，这些美国的大型企业也不断在海外拓展业务，成为各自领域中的世界级巨头。这些企业一方面打开世界各地的市场获取利润，另一方面利用当地资源加强人才、要素、技术、资源的开发与利用。在这两个方面的作用下，美国的数字贸易快速发展，已经成为数字贸易大国。

美国的数字贸易具有规模大、国际竞争力强的特点。从产业基础看，美国数字经济规模世界第一。根据中国信息通信研究院测算，2020 年，美国数字经济规模超过 13 万亿美元。从数字服务贸易看，2020 年，美国数字服务贸易规模超过 8500 亿美元，顺差超过 2000 亿美元。在市场主体方面，美国也已经拥有苹果、脸书、谷歌、亚马逊等国际著名科技公司。

（二）美国数字贸易发展经验

美国的数字贸易政策在其形成国际竞争力方面发挥了重要作用。一方面，美国在国内实行包容性的政策扶持数字科技企业发展；另一方面，美国通过其国际影响力，构建有利于美国大型企业拓展海外业务的国际规则与协议。这两方面政策的推动，为美国数字服务贸易的腾飞铺平了制度道路。

1. 制定推动科技创新的政策体系

20 世纪 90 年代，互联网产业成为美国经济发展的重要动力。这主要得益于美国对科技企业制定的扶持性政策以及对大型科技企业的包容态度。在促进创新方面，美国先后颁布《史蒂文森-怀特勒创新法》《经济复兴税收法》《美国技术政策》《加强小企业研究和发展法》，推动国家实验室技术市场化应用、减免研发投入税收、鼓励私营企业参与科技研发、促进企业间技术合作，有效帮助美国实现了科技创新。

2. 保持相对宽松的市场监管环境

在反垄断方面，在"新布兰代斯运动"之前，美国对市场垄断的监管理念主要受到芝加哥学派的影响，其监管的重点并不是企业规模大小，而是影响市场秩序的行为。美国政府认为，只要这些大型企业没有影响正常的市场秩序，就不需要对这些企业进行反垄断的监管。因此，美国的科技巨头获得了相对宽松的市场环境，首先在美国本土快速发展，之后，在贸易全球化的推动下，迅速占领了海外市场。广阔的国际市场为这些企业提供了大量的需求，让这些企业的规模不断扩张，成长为世界级的超大型跨国公司。

3. 构建新型国际贸易规则

美国为维持其在数字服务贸易领域的领先和优势地位，积极推动全球数字市场的自由开放，主张数字贸易无关税壁垒、推动数据跨境流动、数字产品非歧视、加大知识产权保护、缩小平台责任等，同时又以国家安全的名义，加大本国市场保护，严格限制外资投资美国关键基础设施，对数字领域先进技术进行严格管控，通过签署安全协议等方式限制数据跨境流动，并通过长臂管辖侵犯他国数字主权。为推动数字贸易发展，美国贸易代表办公室（USTR）专门成立了数字贸易工作组，以快速识别数字贸易壁垒和制定相应政策规则。美国联邦通信委员会（FFC）直接对国会负责，其职能是确保数字贸易中的电子通信产品符合其设定标准，保证电子通信市场稳定和正常运行。美国商务部还在主要贸易伙伴国家派驻数字贸易参赞，帮助本国企业拓展海外市场。通过多种方式，美国为大型企业拓展海外市场扫平了障碍，助力大型企业在世界范围内赚取了巨额利润。

二、欧盟

由于自身先进的技术水平和良好的数字基础设施，欧盟已成为美国重要的海外市场和重要的合作伙伴。但欧盟为了帮助本土企业发展壮大，避免大型跨国公司的垄断和收购，重点加强和完善监管制度，通过完善欧盟内部规制规范市场竞争，为欧盟本土企业创造了更多发展机会，并以其理念影响世界、引领世界规则的构建。

（一）欧盟数字贸易发展特征

欧盟的数字经济虽然起步较早，也涌现过较为著名的企业，但是整体发展竞争力相对较弱，更多是作为全球较大的数字服务市场。从数字服务规模上看，联合国贸易和发展会议（UNCTAD）数据显示，2020年全球数字服务贸易前十大经济体中，欧盟成员国占据四席，分别为爱尔兰、德国、法国、荷兰。四国数字服务贸易规模分别为5248.96亿美元、3871亿美元、2782.11亿美元、2508.45亿美元。从市场主体看，欧盟缺少数字科技的头部企业，独角兽企业数量与美国和我国相比也有所不足。福布斯公布的2022年全球科技公司排名显示，在全球前十大科技企业中，美国占据7家，韩国三星位居第四，我国腾讯和台积电分别位居第五和第八，没有欧洲的企业。在独角兽企业方面，根据CB Insights发布的《2021年全球独角兽公司研究报告》，截至2021年7月底，全球共有771家独角兽企业，总估值从2020年6月的1.4万亿美元增长至2.5万亿美元。其中全球估值最高的40家独角兽企业中，美国拥有20家，我国有10家，而欧盟地区仅德国和瑞典各有1家。可见，欧盟的市场主体缺少头部企业，独角兽企业数量也相对不足。

（二）欧盟数字贸易发展经验

纵观欧盟的数字经济发展，自希腊债务危机后欧盟经济发展整体增速相对较低。加上欧盟成员国众多，内部的管理体制、法律机制、语言文化等均存在一定差异，内部要素流动不畅、资金供给不足导致欧洲市场上缺乏良好的企业成长环境。为了抓住数字技术带来的新一轮经济变革，欧盟的数字贸易政策主要在两方面展开：一是建设统一数字市场为本土企业创造良好发展环境；二是加强市场秩序建设，限制大型数字科技公司赚取超额利润，降低其对欧盟市场的控制力和影响力。

1. 打造单一数字市场

为了消除欧盟成员国之间的制度和文化差异，欧盟委员会发布"单一数字市场"（DSM）战略，旨在更好地实现数字商品和服务的跨境交易，确保欧盟内数据、资金、技术的流动和共享；为确保数据内部流动，制定了《通用数据保护条例》《数据法案》《非个人数据自由流动条例》《开放数据指令》等；在数字版权领域，发布了《数字单一市场版权指令》，并先后制定17部法律对数字版权在数据库使用、计算机程序、卫星电缆使用等方面进行详细规定。

2. 加强市场秩序建设

出台《数字服务法案》《数字市场法案》明确平台责任，防止市场垄断。在网络安全领域，出台了《网络安全战略》，并更新了《网络和信息系统的安全指令》。制定"链接税"制度，保护数字内容原创者利益，限制平台赚取超额利润。对合法获取内容的可移植性、跨境数据流、版权保护例外和限制、中介责任和强制执行等问题作出规定，构建公平的市场环境，为本土企业成长创造机会。在消费者保护领域，在《消费者新政》框架下通过了《关于更好地执行和保护欧盟消费者的指令》，对《不公平商业行为指令》《不公平合同条款指令》《保护消费者集体利益指令》《消费者权益指令》《价格指示指令》进行修订，维护消费者权益，强化大型平台的责任、义务。

三、韩国

韩国自1960年以来持续推进工业化和出口驱动型经济发展战略，是世界第七大出口国、第九大进口国，在全球信息技术以及半导体等产业链中举足轻重。同时，韩国还是世界上互联网较发达的国家之一，是全球数字经济的领跑者，在数字贸易方面也有独特之处。为了继续维护本国的国际贸易地位，韩国政府在战略和政策层面一直高度重视数字贸易无纸化和电子商务，积极与私营部门合作，规范贸易便利化，为发展数字贸易打下坚实基础。在数据治理方面，韩国形成了不同于美国或欧盟的跨境数据流动监管规则，建立了较为全面的数据保护法律框架和独立的执行机构。此外，韩国积极拓展数字贸易国际合作，在大国竞争中左右逢源，实现本国利益最大化。

（一）韩国数字贸易发展特征

韩国经济体量排名全球第十，经济结构以资本和技术导向型为主，对国际贸易依赖度较高。2021年，韩国国内生产总值（GDP）1.82万亿美元，为全球第十、亚洲第四，其中工业占比32.6%、服务业占比57.1%。由于国内消费市场较小，韩国的经济增长严重依赖进口。韩国的贸易依赖指数（总贸易量占国内生产总值的比例）2011年曾高达

86.1%，2022 年为 79%。韩国的国际贸易以进口原材料，出口电子产品、汽车和塑料等为主，是全球最大的半导体生产国。

近年来，韩国数字经济发展迅速。由于自然资源匮乏和劳动力不足（人口 5128 万，劳动力 2840 万），韩国政府非常重视技术开发和创新，为数字经济发展提供了强有力的政策支撑。此外，韩国在地理及人口方面的先天优势对数字经济发展也至关重要，其人口密度排名全球第二十三，在面积超过 2000 平方千米的国家中排名第四，在 OECD 国家中排名第一。韩国的数字经济发展指数位居全球第四，仅次于美国、中国和英国。2021 年，韩国数字支付的交易总额达 1898 亿美元，排名全球第十。2022 年，韩国数字经济规模为 9631 亿美元，在 G20 国家中位列第七。韩国数字经济的发展得益于其数字基础设施先进、电子商务条件得天独厚。1995 年开始的韩国十年宽带建设为数字技术发展奠定了坚实基础。99.7% 的韩国家庭可以通过个人电脑、移动设备或其他设备接入互联网，移动连接速度排名世界第一，韩国是世界上互联网较发达的国家之一。随着国内移动运营商的积极推广，以及政府对扩大 5G 基础设施的支持，截至 2022 年 8 月，韩国 5G 用户总数达到 2453 万，占韩国移动用户总数的 32.7%。韩国还拥有先进和廉价的物流基础设施，能够支持全国性的配送系统，解决配送的"最后一公里"问题。

（二）韩国数字贸易发展经验

1. 政策高度稳定

从 20 世纪 80 年代起，韩国政府驱动的强势政策在推行贸易无纸化方面卓有成效，历任政府在战略上高度一致，且有较为成熟的部门合作机制。过去 20 年中，韩国在数字贸易中的出色表现与韩国政府在信息和通信技术方面明确、持续连贯的政策支持密不可分。韩国政府在建立国家宽带网络和刺激数字技术的使用方面也做了很多工作，相关政策都经过了反复试验总结，并且会根据具体实施情况及时调整。当然，政府主导的技术开发也存在问题。例如，由韩国政府资助开发的 WiBro 无线宽带技术就因未充分考虑市场需求，没能在市场上取得成功。为使整个贸易过程能够无缝运作，国家电子贸易委员会努力寻求与其他公共和私营部门的一致合作，与电子贸易便利化委员会建立了强有力的伙伴关系，合作制定和实施贸易相关政策，与交通部建立了国家物流综合信息系统以及联合海关建立了电子清关系统。

2. 制定数字贸易法律框架

韩国为贸易无纸化制定了较为完备的法律框架，赋予了电子文件和数字签名法律效力，奠定了数字贸易的法律基础。在数据跨境流动方面，PIPA 对个人信息的跨境转移提出了严格的限制条件，同时，根据金融、医疗及教育等领域相关数据的特殊性，制定了专门法规，在确保个人隐私安全的条件下，促进了特殊领域数据的流动。韩国的做法表明，不同领域的跨境数据具有其特殊性，数据流动管理需要有专门的法律法规予以配合。我国的《中华人民共和国网络安全法》《中华人民共和国数据安全法》《中华人民共和国个人信息保护法》中均有数据跨境流动的原则性规定，除由网信部门保证国家安全的底线外，还需要独立监管机构统筹各领域相关部门，运用配套法规，精准推动各领域必要的跨境数据流动。

3. 公共与私营部门合作

以国家电子贸易委员会为中心的公私合作体系是韩国贸易无纸化管理的基础，公共与私营部门共同合作，建立了操作模式可推广、符合交易各方利益要求、统一规范的数字贸易标准及相关操作系统，使贸易无纸化政策能够广泛实施。我国应进一步提升私营部门在数字贸易政策制定和实施中的作用。数字贸易的推广涉及新系统的兼容性和包容性问题，如果参与贸易活动的各方不能顺利接受贸易从线下到线上的转变，数字贸易将很难被真正推广。

4. 积极寻求国际合作

韩国在大国竞争中积极与各方沟通，尽力缓和矛盾，实现本国利益最大化。同样重要的是，韩国以 uTradeHub 为平台，积极对发展中国家就开展贸易无纸化提供援助，既扩大了本国贸易平台的服务范围，又增进了与其他国家的数字贸易合作，提升了本国在全球数字贸易中的话语权。借鉴韩国经验，我国可以充分利用区域数字贸易自由化、便利化带来的辐射作用，特别是在"一带一路"倡议的背景下，增强对沿线更多的国家和地区的数字基础设施及技术的援助，扩展数字贸易合作领域，建立由中国主导的合作、共赢的区域化数字贸易规则体系。

四、日本

日本国内数字基础设施较建设为领先，数字贸易产业链仍保有显著优势。经济合作与发展组织（OECD）报告显示，日本移动宽带连接领先 OECD 国家，固定宽带中光纤连通率达 77%，在 OECD 国家中位居第二。日本制造业机器人密度也仅次于韩国，有 47% 的企业使用云计算服务。2021 年，日本互联网普及率已高达 93%。技术层面，20 世纪日本在全球半导体产业链中的份额约为 50%，现在虽下跌至 10% 左右，但日本在半导体供应链的晶圆、高端化工和制造设备方面仍保持领先地位。

（一）日本数字贸易发展特征

日本数字经济竞争力和发展速度都不及中美，这主要受日本消费者偏好及企业文化和管理结构等因素影响。联合国贸易和发展会议（UNCTAD）数据显示，2021 年，日本 ICT 货物贸易、服务贸易及可数字交付的服务贸易出口额分别为 652 亿美元、102 亿美元和 1223 亿美元，远低于中国和美国。在瑞士洛桑国际管理发展学院（IMD）发布的 2022 年 IMD 世界数字竞争力排名中，日本位居第 29 位，较 2020 年下降 2 位，同期中国和美国分别位居第 17 位和第 2 位。从 ICT 货物在货物贸易出口中的份额来看，2021 年日本为 8.6%，中国和美国则分别为 25.5% 和 9.1%。日本可数字交付的服务贸易在 2005 年是中国的 3 倍，但自 2017 年开始低于中国，这显示出日本企业在数字技术运用方面发展较为迟缓。2021 年，日本可数字交付的服务贸易出口全球份额为 3.2%，同期中国和美国分别为 5.1% 和 16.1%。麦肯锡报告显示，日本居民线上零售、金融服务使用率仅为个位数，公共云服务支出在IT支出中的比例非常低。1995年至2020年，日本企业的ICT投资支出基本没有发生变化，同期美国和法国企业的ICT投资支出则增长了3倍，日本企业管理层老龄化是其投资放缓的重要原因。

日本政府与企业的数字化转型滞后，缺乏数字龙头企业。全球新冠肺炎疫情暴发后，日本政府和监管机制方面的数字化转型缺陷进一步暴露，如政府部门须手动统计病例、行政程序严重依赖纸质文件等。数据显示，疫情期间日本居家在线娱乐、食物配送、在线会议、远程教育等数字服务使用增速甚至低于印度。数字龙头企业方面，日本缺乏能与美国谷歌、苹果、脸书、亚马逊及中国百度、阿里巴巴、腾讯相竞争的数字巨头，其传统优势产业数字化转型进展缓慢，但是，日本数字贸易潜力巨大。驻日美国商会（ACCJ）和麦肯锡联合撰写的报告（2021）指出，日本政府若能下定决心实施全面而有力的数字化改革，推动日本企业实现数字化转型，仍有机会利用数字技术保持既有禀赋优势，提升全球竞争力。据估计，2017年日本数字贸易相关的国民经济产出值为12万亿日元（1100亿美元），约占日本GDP的2.2%，影响范围涵盖主要行业，影响渠道包括劳动生产率提升、成本降低和新收入来源的创造。到2030年，日本数字贸易的经济影响预计增至57万亿日元（5060亿美元）。2017年，日本数字相关产品服务出口约为1.9万亿日元（170亿美元），占日本总出口额2.6%，相当于日本的第九大出口行业；到2030年，出口预计增长至8.8万亿日元（790亿美元）。

（二）日本数字贸易发展经验

1. 逐步加深数字社会形成内容

自2000年颁布《IT基本法》以来，无论时代如何变迁，日本一直着力发展信息技术（IT）、信息通信技术（ICT）及数字技术，致力于成为世界最先进的IT国家乃至最先进的数字国家。梳理日本从构筑信息社会到数字社会的发展进程可以发现，其具有代表意义的IT战略举措主要有：2001年出台了着重于促进IT基础设施建设的"e-Japan战略"；2003年出台了着重于促进IT利用的"e-Japan战略II"；2006年出台了以"泛在（Ubiquitous）环境"为目标的"u-Japan战略"；2009年出台了强调社会包容（Social Inclusion）和创新的"i-Japan战略2015"；2012年设置了政府首席信息官（CIO）；2013年内阁会议形成了"世界最先进IT国家创造宣言"，并连续4年进行变更；意识到数据大流通时代到来，日本基于2016年12月颁布的《官民数据活用推进基本法》在2018—2020年连续三年推出了不同核心目标的《世界最先端数字国家创造宣言·官民数据活用推进基本计划》，2019年修订并实施了《数字手续法》，等等。

为更好地应对全球新冠肺炎疫情影响，2020年日本加快了数字社会构建步伐，开始谋划新的数字化发展战略，推出了一系列重要举措，力争实现数字强韧化社会。日本构建数字社会主要基于十大目标的基本原则，实施改革的政策包括推进数字政府建设、促进私人部门数字化转型、设立数字厅以及建设和修订相关法律法规等几个方面。日本电子政府构建是从20世纪90年代中期起步的，伴随不同时期出台的IT发展战略，取得了一定成效，但还存在一些根深蒂固的问题。2017年5月30日，IT综合战略本部在其发布的《数字政府推进方针》中,第一次提出了"数字政府"的概念,并明确了日本"数字政府"的推进方针。日本 2019 年、2020 年连续两年发布《数字政府实行计划》。其中,2020 年的计划进一步强调要依托服务设计进行彻底的业务流程重组(BPR),以实现国家和地方政府信息系统互通及加强相关基础设施建设,最大限度简化行政手续、实现数字化,如全力推行纸质文件和盖章等事项的在线办理,推进一站式服务,解决"数字鸿沟"等相关社会问题。从私人部门方面看,日本大力促进数字化转型以全面提高全社会数字化水平,具体包括推广人工智能(AI)、大数据(Big data)、物联网(IoT)、机器人以及 3D 打印等数字技术的应用,同时在保护个人信息跨境数据流动安全、针对国际大型电商企业的商业行以及消除"数字鸿沟"等方面采取相应对策,还有一项非常重要的举措便是在 2020 年 9 月宣布成立数字厅。数字厅直属首相内阁,主要负责两方面事务:一是辅助内阁的事务,二是分担管理的事务。

2. 积极完善国内相关法律体系

截至目前,日本并没有制定新的、专门的电子商务法或数字贸易法,但通过梳理以往出台的相关法律可以发现,多部法律几经修订和完善,对日本电子商务及数字贸易发展起到了相当大的保障和支撑作用。除《数字厅设置法案》外,日本国会同时提出了《数字社会形成基本法案》及《与数字社会形成的相关法律建设有关的法案》,二者目前均在审议过程中,这是日本政府为加速推进日本数字社会构筑、推进数字改革进程的重要举措。《数字社会形成基本法案》内容包括对数字社会的界定,基本理念,国家、地方公共团体及从业者的责任,实施政策的基本方针,数字厅的设置等,意图在《IT 基本法》基础上进行再次大幅度修订,直至取代《IT 基本法》。

3. 积极参与国际相关规则制定

在多边和双边贸易协定谈判中,日本政府高度重视与数字贸易相关的规则谈判和制定。2009 年至今,在日本签署的双边、多边经济伙伴关系协定(EPA)和自由贸易协定(FTA)中带有明显数字贸易规则内容的共有 9 项,包含 5 项双边经贸协定和 4 项多边经贸协定,其中有 7 项协定已经生效和运行。在这些协定中,《日美数字贸易协定》不仅是日本和美国首次签订的数字贸易双边协定,也是全球首个数字贸易方面的独立协定。该协定共包含 22 个条款,涉及目前广泛关注的各项数字贸易规则条款。其他双边、多边经贸协定都单独列示(或包含)"电子商务"专章来阐述相关条款。《美墨加协定》(USMCA)中的第 19 章是专门的数字贸易条款。

首先,通过进一步比较日本签署的经贸协定中涉及各项数字贸易规则,可以发现在日本签署 TPP 后签署的各项协定尤其是近两年来签署的协定中,所包含的高水平规则越来越多,如《通过电子方式跨境转移信息》《计算设施的位置》《源代码》《(政府)信息公开》《交互式计算机服务》等规则。这表明日本已经逐步跻身于制定数字贸易规则引领者的行列。尤其是与美国签署的《日美数字贸易协定》,几乎囊括了目前数字贸易关注的全部内容,且首次出现了"禁止要求特定密码等的使用"等条款。其次,日本与不同缔约对象达成的规则存在明显差异。日本签署的几个大型多边经贸协定(如 TPP、CPTPP、

RCEP等以及与美国、英国签署的双边协定）中均包含"通过电子方式跨境转移信息"条款（都有不适用的情况），但其与欧盟签署的 EPA 中却表明要在协定生效日起 3 年后再进行评价和商定，这意味着到 2022 年 2 月之前欧盟不接受利用电子方式进行自由跨境转移数据，日本在这方面作出了让步；与之形成鲜明对比的是禁止"计算设施的本地设置"内容在 EPA 中并没有涉及，但在其他多个双边、多边协定中都是重要的条款之一。最后，在 2020 年 11 月签署、2022 年 1 月 1 日生效的 RCEP 中，日本与其中的新加坡、文莱、越南等 7 个东盟国家及澳大利亚、新西兰一共 9 个国家早前就已分别达成双边 EPA，在 CPTPP 缔约方中同样包含上述的新加坡、澳大利亚等 6 个国家。可见日本在缔结新的多边协定谈判时，与多个缔约方已经建立了良好的经贸关系和谈判基础。但 RCEP 缔约方中还包含一些数字化发展水平不高的东盟国家，因此 RCEP 中的相关规则相比于 CPTPP 总体上显得宽松一些，如"数字产品的无差别待遇禁止要求源代码等公开"等内容均未涉及。鉴于《日美数字贸易协定》是建立在既有合作和谈判基础上的，受 USMCA 的影响不言而喻，详细对比两份协定的数字贸易条款，除了个别条款和某些条款的细节描述有细微差异外，大部分规则都是相同的，且《日美数字贸易协定》整体上比 USMCA 更严格。而最近生效的《日本—英国全面 EPA》与《日美数字贸易协定》相比，各项规则更是大同小异，两者堪称目前最高标准的数字贸易协定。

第二节　中国数字贸易发展现状与挑战

一、我国数字贸易发展现状

近几年，我国数字贸易发展较快。我国数字服务贸易规模不断扩大，根据 UNCTAD 数据，我国数字服务贸易额从 2015 年的 2000 亿美元增至 2021 年的 3605.2 亿美元，年均增长 10.3%，成为拉动经济发展的重要引擎。海外数字内容服务快速发展。根据我国音协游戏工委的数据，2021 年，我国自主研发的网络游戏海外销售收入增至 180.1 亿美元，与 2016 年的 73.2 亿美元相比，年均增长 19.7%。

在市场主体方面，我国已拥有多个大型数字科技企业。福布斯"2019 全球数字经济 100 强"中，我国上榜企业数量 14 家，仅次于美国，位居世界第一。2021 年 5 月 UNCTAD 发布的《2019 年全球电子商务评估及新冠肺炎疫情对 2020 年在线零售的初步评估》对全球 B2C 电商公司 2020 年成交额（GMV）进行排名，前 13 家电商公司中有 4 家来自我国。其中，阿里巴巴位居第一，京东位居第三，拼多多位居第四，美团位居第七。

在新业态、新模式方面，我国在部分领域处于世界领先地位。近年来，我国云服务、卫星导航与位置服务、数字内容服务等数字贸易领域发展较快，处于世界领先地位。云服务国际市场逐步扩大，阿里云和华为云是世界第三和第四大云服务供应商，仅位居美国亚马逊云和微软云服务之后。目前，阿里云已面向美国、英国、德国、日本、印度、新加坡等多个海外国家和地区，开服运营 25 个公共云地域，还拥有 4 个金融云、政务云专属地域。2020 年，阿里云在亚太地区的市场份额接近 30%，几乎是亚马逊和微软在亚太云计算市场份额的总和。在卫星定位方面，我国北斗系统作为全球卫星导航系统四大供应商之一，已出口120余个国家和地区，中国已与全球137个国家签订北斗合作协议，为"一带一路"沿线国家和地区上亿用户提供了服务。

二、我国数字贸易面临的挑战

我国数字贸易正蓬勃发展，未来将成为贸易发展的重要引擎。但现阶段较之美欧等发达国家，我国数字贸易仍然存在出口竞争力较弱、发展动力不足以及法律法规不完善等内部问题，加之美国等发达国家欲构建由其主导的国际数字贸易规则的外部压力，我国数字贸易发展面临严峻的挑战。

（一）数字贸易出口较小，国际竞争力较弱

我国虽然数字经济规模位列世界第二，但数字贸易出口较之发达国家差距较大，竞争力较弱。据UNCTAD统计，2018年，我国可交付的数字服务出口仅占世界的4.5%，远低于美国的15.9%和英国的9.1%。其中，我国知识产权使用费、金融、保险出口占美国出口比例分别为4.2%、3.1%和25.7%。在数字内容产品方面，我国数字出版领域相对薄弱。《2018年文化发展统计分析报告》数据显示，2018年我国出版物出口35.6亿美元；音像制品及电子出版物等数字出版物出口仅为0.5亿美元，在出版物出口中占比仅1.4%。搜索引擎方面，网站通信流量监测机构Stat Counter数据显示，2018年，谷歌以92.3%占据垄断地位，而我国最大搜索引擎百度市场占有率仅为1%。

（二）产业数字化规模较小，转型壁垒较高

我国产业数字化规模较之发达国家较小，《全球数字经济新图景（2019年）》报告显示，2018年英国、德国和美国的服务业数字经济占比均超过55%，我国占比仅为15.9%；在工业数字经济占比方面，韩国、德国均超过40%，我国仅为18.6%，正处于工业数字化转型的起步阶段。同时，现阶段我国数字化转型较为困难：一是制造业一般具有高固定资产占比和高技术密集度等特性，企业数字化转型固定成本较高，加之企业高管对数字化转型观念不强，造成企业内部数字化转型壁垒较高；二是我国信息技术产品和服务投入不足，产业数字化转型所需高水平数字技术、产品和服务的供给多来自发达国家，受发达国家牵制较大；三是数字化专业人才缺失，数字化转型需要一大批熟练掌握数字技术以及具有技术创新和数字管理能力的新型专业人才，而我国对于数字化专业人才的培育起步较晚，对专业人才吸引力不足，与发达国家存在较大差距。

（三）数字贸易相关法律法规体系不健全，法律监管不完善

一是数据流动及监管方面缺乏具体法律规制。我国仅在《中华人民共和国网络安全法》中确立数据跨境流动基本规则，对于数据的收集、整理、传输、存储、使用以及监管等，未作出详细的规制。二是数字贸易方面法律缺乏系统性。数字贸易在通关、商检、消费者权益等方面的法律分散于《中华人民共和国对外贸易法》《中华人民共和国海关法》等不同法律中，未形成统一的数字贸易法。三是个人信息和知识产权保护法律不完善。

我国在个人信息保护和在线消费者保护方面的法律尚待完备，在电子签名、电子认证、信用体系等方面未形成统一标准；数字产品的易复制、易修改和易传播等性质，加大了对知识产权保护的挑战，我国现行《中华人民共和国知识产权保护法》尚未完全涉及，亟待完备。

（四）美国、日本、欧盟欲主导数字贸易国际规则制定对我国数字贸易发展构成威胁

美国、日本、欧盟等发达经济体正通过双边、区域以及诸边协定输出其数字贸易规则和理念，谋求数字贸易多边规则制定的主导权，以期主导全球数字红利的分配。这必将对以我国为代表的发展中国家数字贸易的发展造成威胁。美国率先推出"数字贸易24条"，明确提出其发展主张，首次将数字贸易以独立章节在《美墨加协定》（USMCA）中呈现并多次向WTO提交"数字贸易"提案。欧盟也召开"迈向数字化"峰会，欲建立数字贸易规则。同时，美国、日本、欧盟正企图将各自的势力范围相互对接以形成较大的"数字贸易利益圈"，这将导致我国等发展中国家数字贸易发展有被边缘化的风险。

第三节　中国数字贸易发展路径

数字贸易是未来贸易的主要形式，世界各国都在加快数字贸易的扩张以及升级。中国应该积极把握新一轮科技革命和产业结构升级带来的机遇，把握已有优势，大力发展数字贸易，充分释放数字红利，推动经济高质量发展。

一、加快推进数字基础设施建设，夯实数字贸易基础

加快推进城市网络升级提速以及农村宽带的普及，推进跨境陆缆、海底光缆的建设，实现国内宽带无缝覆盖、国际网络互联互通；加快5G技术的应用以及"云—网—端"数字基础的建设，为数字贸易发展夯实硬件基础。强化国际技术交流、应用市场等方面的交流合作，推动以信息传输为核心的通信网络向融合感知、传输、存储、计算、处理于一体的智能综合信息基础设施的演进；加强数字新技术的市场转化能力，促进人工智能、物联网、虚拟现实等新技术的市场化应用，夯实数字贸易发展软件基础。

二、促进产业数字化转型升级，增添数字贸易活力

加快传统产业数字化转型及智能制造，促进制造、能源、材料、生物等传统技术与数字技术融合创新和其应用潜能的裂变式释放；加快深度学习、人脑模拟、信息材料、生物传感等新技术的发展与应用，实现制造业数字化的革命性突破；进一步推进服务业领域全面变革，加速数字服务贸易的扩展，利用数字技术加快数字传媒、在线教育、数字精准医疗、智能物流、数字普惠金融、数字化公共服务等领域的发展，实现消费者对产品和服务个性化需求的定制化可能性，释放数字消费者红利，打破传统服务贸易壁垒，

提高服务效率；加快农业领域数字技术的渗透，促进数字精准农业、农副产品数据追溯等新业态的发展以及数字平台向农业领域下沉，为数字贸易增添新动力。

三、完善数字贸易法律体系及数据监管机制，试点跨境数据有序开放

加快《互联网信息服务管理办法》《中华人民共和国电子商务法》《中华人民共和国网络安全法》等法律法规的修订及完善，从法律层面明确规定个人和企业数据跨境流动的方式、范围、相应主体合法权益以及相关领域的技术标准制定；完善数据监管体制、数据信息安全评估机制以及关键信息基础设施管理机制，成立数据保护监管机构，分类管理跨境数据流动，加强对跨境数据收集和存储企业的审查、对跨境数据合同的监管及安全的评估；在自由贸易区（港）试点跨境数据的有序开放和安全流动，促进数据贸易的发展，在尊重国家主权以及符合国家利益的基础上，探索制定跨境数据流动规则。

四、加快数字贸易战略部署，建设有利于数字贸易发展的制度环境

从国家顶层设计出发，加紧部署数字贸易战略，提高数字贸易战略地位，紧抓数字贸易发展机遇，进一步加快政府集约化平台的发展，建立政府与企业网站信息安全合作机制，促进政府信息公开化，建立以人为本的公共服务创新模式，充分利用政府以及民生领域的大数据应用，调动公众自治以及参与政策制定的积极性，提升政府决策能力；加大对数字企业研发投入的支持力度，提供专项拨款，实行税收优惠及奖励政策，打破数字技术创新垄断，建立对中小企业创新管理扶持机制，减少中小企业员工针对性培训费用及咨询费用，提高其创新管理专业化；借鉴相关国家数字征税经验，强化数字税基础研究，推动国内数字税顶层设计，为征收数字税做好基本保障；搭建跨境数字贸易中心，促进以跨境大数据、物联网等为核心的一站式跨境综合服务平台建设，探索数字贸易发展的新路径、新模式。

五、积极参与制定国际数字贸易规则，把握数字贸易发展机遇

一方面，中国应积极参与多边数字贸易国际规则谈判，争取数字贸易规则制定的参与权和主动权，减少数字贸易发展壁垒，为发展中国家发声，尽可能缩小"数字鸿沟"，实现数字价值链的包容性增长；另一方面，积极开展双边及诸边数字贸易规则的谈判，制定中国规则，借助"一带一路"发展机遇进一步对沿线国家数字贸易市场进行服务、规划与布局，推广中国技术和标准，输出数字技术、品牌和服务，深入推进"数字丝绸之路"的发展，为数字贸易发展创造机遇。

本章小结

数字贸易逐渐成为国际贸易的重要形式。为继续保持我国国际贸易的引领地位，促进经济快速转型发展，探究我国数字贸易发展路径具有重要意义。本章通过梳理国际数

字贸易发展成效、国际趋势、发展经验以及我国数字贸易发展面临的挑战，对我国数字贸易快速健康发展提出建设性的政策建议。

关键术语

数字治理（Digital Governance）

数字贸易政策（Digital Trade Policy）

数字贸易制度（Digital Trade System）

数字贸易规则（Digital Trade Rules）

课后习题

1. 不同国家之间的数字贸易经验有何异同？
2. 我国数字贸易的政策与制度具有哪些特征？

本章案例分析

参与全球数字经贸规则制定 推动数字经济国际合作

习近平主席在出席二十国集团领导人第十六次峰会时宣布，中国高度重视数字经济国际合作，已经决定申请加入《数字经济伙伴关系协定》（DEPA）。中国正式提出申请加入 DEPA，以及此前申请加入《全面与进步跨太平洋伙伴关系协定》（CPTPP），宣示了中国正以开放的态度积极参与全球数字经贸规则制定。

新加坡、新西兰、智利三国于2020年6月签署的DEPA内容广泛，是世界上第一个多国参与的专门数字贸易协议。就具体内容而言，DEPA 参考了先进的贸易协议例如CPTPP 的相关条款，但采取了更为灵活的模块化结构形式。与其他数字贸易相关协议相较，DEPA 最契合中国的诉求，其倡导的开放、合作、普惠的数字贸易发展取向与中国秉承的理念基本一致。

客观来看，由于 DEPA 对数字贸易提出较高标准，中国加入需进一步完善法规细则落地，进一步推进制度性开放。近日，国家网信办发布《网络数据安全管理条例（征求意见稿）》，在《中华人民共和国网络安全法》《中华人民共和国数据安全法》《中华人民共和国个人信息保护法》"三法"的立法宗旨下，综合今年以来发布的一系列法规，将数据跨境流动和数据安全领域的一系列规章落地，有助于中国加快数字贸易领域的改革开放，尽早加入 DEPA 这一在全球数字贸易领域领先的、高标准的国际协议。

资料来源：光明网。

问题思考

1. DEPA 对数字贸易的发展与治理具有哪些影响？
2. 中美数字贸易话语权的争夺在 DEPA 有哪些体现？

考核点

不同国家的数字贸易经验；
我国数字贸易的发展现状及挑战。

自我评价

学 习 成 果	自 我 评 价
1. 了解不同国家数字贸易的发展路径	□很好 □较好 □一般 □较差 □很差
2. 掌握我国数字贸易的发展现状	□很好 □较好 □一般 □较差 □很差
3. 知晓我国数字贸易发展的对策建议	□很好 □较好 □一般 □较差 □很差

即测即练

自学自测　　　　扫描此码

参 考 文 献

[1] 陈寰琦. 签订"跨境数据自由流动"能否有效促进数字贸易——基于OECD服务贸易数据的实证研究[J]. 国际经贸探索, 2020, 36(10): 4-21.

[2] 李洪涛, 张菲, 隆云滔. 国际数字贸易规则助力中小企业数字化转型——以DEPA数字贸易规则为例[J]. 数据与计算发展前沿, 2022, 4(6): 67-76.

[3] 董星辰. "双循环"背景下中小企业数字贸易发展研究[J]. 企业科技与发展, 2021(8): 16-18.

[4] 陈敏, 李莉云. 数字贸易助推泉州中小企业外贸转型的机遇与挑战[J]. 对外经贸实务, 2021(8): 22-25.

[5] 康凯, 李佳诺. 跨境电商平台数字贸易模式对广州市中小企业竞争力的影响研究——以阿里巴巴国际站为例[J]. 中小企业管理与科技(下旬刊), 2021(9): 121-123.

[6] 高欢欢. 数字贸易下辽宁省中小企业发展路径研究[J]. 环渤海经济瞭望, 2022(1): 84-86.

[7] 欧阳日辉, 梁家骥. 数字贸易发展的内生增长机理与中国策略[J]. 电子科技大学学报(社科版), 2023, 25(4): 1-16.

[8] 田静. 构建eWTP的功能定位与战略思路[D]. 杭州: 浙江大学, 2018.

[9] 熊励. 上海率先构建全球数字贸易平台研究[J]. 科学发展, 2019(12): 31-41.

[10] 刘凌波, 刘军. 产业数字化: 内涵、测度及经济效应[J]. 经济问题, 2023(10): 36-43.

[11] 张林峰. 产业数字化对产业结构优化的影响[D]. 南昌: 江西财经大学, 2022.

[12] 黄兴. 区块链背景下数字贸易规则构建趋势及中国策略[J]. 对外经贸, 2021(6): 40-43.

[13] 狄刚. 区块链技术为数字经济贸易金融发展提供新动能[J]. 中国金融电脑, 2022(1): 19-22.

[14] 姚亭亭. 数据跨境流动限制性措施对数字服务贸易的影响研究[D]. 北京: 对外经济贸易大学, 2022.

[15] 汪晓文, 宫文昌. 国外数字贸易发展经验及其启示[J]. 贵州社会科学, 2020(3): 132-138.

[16] 程晓光. 全球人工智能发展现状、挑战及对中国的建议[J]. 全球科技经济瞭望, 2022, 37(1): 64-70.

[17] 张亮, 李靖. 国际数字贸易规则: 主要进展、现实困境与发展进路[J]. 学术研究, 2023(8): 53-60, 177.

[18] 张春飞, 岳云嵩. 我国数字贸易创新发展的现状、问题与对策研究[J]. 电子政务, 2023(2): 96-106.

[19] 李贞霏. 我国数字贸易治理现状、挑战与应对[J]. 理论探讨, 2022(5): 173-178.

[20] 章迪平, 郑小渝. 数字贸易发展水平测度及影响因素分析——以浙江省为例[J]. 浙江科技学院学报, 2020(4): 249-256.

[21] 2022年通信业统计公报[EB/OL]. (2023-02-02)[2024-04-10]. https://www.gov.cn/xinwen/2023/02/02/content_5739680.htm.

[22] 中国信息通信研究院. 数据中心白皮书(2021年)[R/OL]-2022-04/2024-1-22.

[23] 中国信息通信研究院. 数据中心白皮书(2022年)[R/OL]-2023-04/2024-1-22.

[24] 中华人民共和国国家互联网信息办公室. 数字中国发展报告(2021年)[R/OL]-2022-07/2024-1-22.

[25] 夏杰长. 以数字技术推动服务贸易高质量发展[J]. 红旗文稿, 2023(19): 38-40.

[26] 何骏. 数字技术赋能数字贸易的"进博契机"[EB/OL]. (2023-10-29)[2024-04-10]. https://www.workercn.cn/c/2023-10-29/8028876.shtml.

[27] 电商如何通过数字化提高运营效率[EB/OL]. (2023-12-13)[2024-04-10]. https://www.hanyustar.cn/17587.html.

[28] 国家统计局. 2022年全国科技经费投入统计公报[EB/OL]. (2023-09-18)[2024-04-10]. https://www.stats.gov.cn/sj/zxfb/202309/t20230918_1942920.html.

[29] 中金普华产业研究院. 2023 年电子信息行业现状及发展趋势分析[EB/OL]. (2023-11-16) [2024-04-10]. http://www.chinazjph.com/chanyequshi/8200.html.

[30] 马嶔琦. 电信运营商行业研究报告：乘数字经济东风, 电信运营商攻防兼备[EB/OL]. (2023-03-11) [2024-04-10]. https://zhuanlan.zhihu.com/p/613206932?utm_id=0.

[31] 工业和信息化部运行监测协调局. 2022 年通信业统计公报[EB/OL]. (2023-02-02) [2024-04-10]. https://www.gov.cn/xinwen/2023-02/02/content_5739680.htm.

[32] 工业和信息化部网站. 2022 年软件和信息技术服务业统计公报[EB/OL]. (2023-02-02) [2024-04-10]. https://www.gov.cn/xinwen/2023-02/02/content_5739630.htm.

[33] 李娟, 陈肖珂, 朱帅. 2022 年我国互联网行业发展简析与思考[J]. 互联网天地, 2023(4): 48-51.

[34] 中国信息通信研究院. 全球数字经济白皮书(2022 年)[R/OL]-2022-12/2024-1-22.

[35] 中国合作经济学会. 以数字经济赋能农业现代化[EB/OL]. (2023-11-04) [2024-04-10]. https://mp.weixin.qq.com/s?__biz=MzAxODIxNjI5NA==&mid=2649970743&idx=3&sn=6eb5f895577767f9eba9243122d90fdc&chksm=83de5c3eb4a9d5285bc744c9d8aa62243b82d48fd637cc7d71a9dd1c2e27fe649d0e23181c72&scene=27.

[36] 河北数字三农. 农业新革命!数字农业正在改变农业、激荡农村(附 6 个案例)[EB/OL]. (2020-06-05) [2024-04-10]. https://baijiahao.baidu.com/s?id=1668626033612476260&wfr=spider&for=pc）.

[37] 中华人民共和国商务部. 中国数字贸易发展报告(2022 年)[R/OL]-2022-11-23/2024-7-01.

[38] 尚普咨询集团. 2023 年软件及信息化行业市场规模与发展趋势[EB/OL]. (2023-06-12) [2024-04-10]. https://baijiahao.baidu.com/s?id=1768508558663226232&wfr=spider&for=pc.

[39] 华信研究院. "一带一路"数字贸易发展指数报告(2022)[EB/OL]. (2023-01-06)[2024-07-01]. https://mp.weixin.qq.com/s?__biz=MzUzOTQzMTYzMQ==&mid=2247489973&idx=1&sn=fa326a1d6944682888fc731b295f160e&chksm=fac9de15cdbe5703000fff54f2d0e669f39281617e6fa0b72d266f57d38e7572b0915dc56aad&scene=27.

[40] 中国信通院. 中国数字经济发展报告（2022 年）[R/OL]. 2022-7-29.

[41] 人大重阳. 数字经济的政策变迁与行业影响[EB/OL]. (2023-04-18)[2024-07-01]. https://baijiahao.baidu.com/s?id=1763484331979481705&wfr=spider&for=pc.

[42] 徐德顺, 程达军. 全球数字贸易发展及规则变革[M]. 北京: 科学技术文献出版社, 2022.

[43] 吴希贤. 亚太区域数字贸易规则的最新进展与发展趋向[J]. 国际商务研究, 2022, 43(4): 86-96.

[44] 黄璇. 数字贸易规则的发展现状及中国对策[J]. 中国集体经济, 2023(4): 21-25.

[45] 杨慧瀛, 叶君瑶. 美式数字贸易规则的演进及对中国的启示[J]. 商业经济, 2022(10): 73-76.

[46] 中国信通院.全球数字经贸规则年度观察报告(2022 年)[R/OL]. 2022-7.

[47] 刘晨哲, 宾建成. 数字贸易国际规则的新进展[J/OL]. 2021-08-11[2024-01-25]. https://baijiahao.baidu.com/s?id=1707760382943210633&wfr=spider&for=pc.

[48] 杨筱敏. 美国数字贸易规则和措施新动向 [J/OL]. 2017-08-01[2024-01-25]. https://www.sohu.com/a/161389577_654915.

[49] 周念利, 吴希贤. 美式数字贸易规则的发展演进研究——基于《美日数字贸易协定》的视角[J]. 亚太经济, 2020(2): 44-51+150.

[50] 刘毅群, 章昊渊, 吴硕伟. 美欧数字贸易规则的新主张及其对中国的启示[J]. 学习与实践, 2020(6): 49-56.

[51] 张茉楠. 对外要求自由流通, 对内要求数据本地化存储, 妥妥的双标为什么没人反对？[J/OL]. 2022-06-02[2024-01-25]. https://mp.weixin.qq.com/s?__biz=MjM5ODE3NzU2MQ==&mid=2654222505&idx=2&sn=a1562930bf0fdbe8596d485efcf44877&chksm=bd0e26df8a79afc932141fe3aefb2216a48b69207632cf967ec493a1a7f36a229df3ec8a0272&scene=27.

[52] 张坤. 美欧数字贸易规则动向、分歧与合作前景[J]. 中国商论, 2020(15): 89-91.

[53] 阿里研究院跨境电商研究中心, 数字贸易下我国跨境产业链变迁及新比较优势建立[R/OL]. 2022.08.

[54] 陈颖, 高宇宁. 美欧中印, 数字贸易开放的战略为何不同？[J/OL]. 2022-07-19/2024-01-25. https://cj.sina.com.cn/articles/view/5115326071/130e5ae7702001q7vb.

[55] 周念利, 陈寰琦. 数字贸易规则"欧式模板"的典型特征及发展趋向[J]. 国际经贸探索, 2018, 34(3): 96-106.

[56] 普华永道. 2023 年全球数字信任洞察调研中国报告[R/OL]. 2023-12.
[57] 张宇, 蒋殿春. 数字经济下的国际贸易: 理论反思与展望[J]. 天津社会科学, 2021, 238(3): 84-92.
[58] 东北师范大学, 阿里研究院.高校毕业生数字经济就业创业报告[R/OL]. 2023-02.
[59] 张永涛. 数字贸易规则"日本模式": 构建路径与发展趋向[J]. 现代日本经济, 2023, 42(3): 23-34.
[60] 施锦芳, 隋霄. 日本数字贸易规则构建的动因及路径研究[J]. 现代日本经济, 2022, 41(4): 69-81.
[61] 侯东伟. 数字贸易国际规则比较分析——基于区域贸易协定文本[J/OL]. 2022-11-28/2024-01-25. https://mp.weixin.qq.com/s?__biz=MzUxMDg1NjAwOQ==&mid=2247493006&idx=1&sn=06051de07a2e82354b0bc9e36e76848d&chksm=f97e3ba8ce09b2beefb4c0b1b3e303960ae3cf3182fb1ea29a02e50ab6e981697846f701d4b3&scene=27.
[62] 周念利, 吴希贤. 日本参与国际数字贸易治理的核心诉求与趋向分析[J]. 日本研究, 2020(3): 33-43.
[63] 李墨丝. 欧美日跨境数据流动规则的博弈与合作[J]. 国际贸易, 2021(2): 82-88.
[64] 江天骄. 日本参与全球数字经济治理与中日数字经济合作[J/OL]. 2022-03-03/2024-01-25. https://fddi.fudan.edu.cn/a0/71/c18965a434289/page.htm.
[65] 牛东芳, 张宇宁, 黄梅波. 新加坡数字经济竞争力与全球治理贡献[J]. 亚太经济, 2023(3): 95-108.
[66] 王念. 新加坡数据跨境流动管理的经验与启示[J]. 财经智库, 2020, 5(4): 104-113+143.
[67] 汇融视角. 走近 RCEP、CPTPP、DEPA 三协定[J/OL]. 2022-01-31/2024-01-25.
[68] 张雪春, 杨嬬. 数字贸易的新加坡模式及启示[J]. 金融纵横, 2022(12): 11-20.
[69] 文洋, 王霞. 中国申请加入 DEPA 的焦点问题与政策研究[J]. 开放导报, 2022(4): 101-111.
[70] 赵旸頔, 彭德雷. 全球数字经贸规则的最新发展与比较——基于对《数字经济伙伴关系协定》的考察[J]. 亚太经济, 2020(4): 58-69+149.
[71] 杨莉. 数字贸易国际规则构建的中国方案——基于中国区域贸易协定框架下数字贸易条款的演进特点解析[J]. 价格理论与实践, 2022(10): 200-203, 215.
[72] 朱雪婷, 王宏伟. 全球数字贸易规则博弈态势与焦点[J]. 技术经济, 2022, 41(4): 86-93.
[73] 王鑫. 中美数字贸易规则比较及应对措施[J]. 合作经济与科技, 2022(16): 76-79.
[74] 高通. 数据安全法中的数据跨境流动规则[J/OL]. 2021-09-14/2024-01-25.
[75] 黄家星. 强制披露源代码措施对中国的影响[J]. 开放导报, 2021(2): 96-101.
[76] 鄢雨虹. 国际经贸协定中的源代码规则新发展及中国立场[J]. 武大国际法评论, 2021, 5(3): 97-117.
[77] 彭磊, 姜悦. 数字贸易规则本质与中国数字贸易规则体系构建研究[J]. 国际贸易, 2022(9): 71-78.
[78] 国莎莎. 全球数字贸易规则形成中的分歧与中国的应对策略[D]. 长春: 吉林大学, 2020.
[79] 综合开发研究院. 我国数据跨境流动规则探析——基于粤港澳大湾区先行先试[J/OL]. 2023-06-05[2024-01-25]. https://m.thepaper.cn/baijiahao_23357739.
[80] 汤扬, 武悦, 董晓颖. 全球数字贸易规则发展趋势及我国基本对策[J]. 互联网天地, 2022(3): 12-17.
[81] 盛斌, 陈丽雪. 区域与双边视角下数字贸易规则的协定模板与核心议题[J]. 国际贸易问题, 2023(1): 19-35.
[82] 李佳倩, 叶前林, 刘雨辰, 等. DEPA 关键数字贸易规则对中国的挑战与应对——基于 RCEP、CPTPP 的差异比较[J]. 国际贸易, 2022(12): 63-71.
[83] 张煜坤. 数字经济时代数字服务税的国际实践及应对措施[J/OL]. 2022-11-23/2024-01-25. https://mp.weixin.qq.com/s?__biz=MzUxMDg1NjAwOQ==&mid=2247492918&idx=1&sn=256c412950c6d3f6b58b45fcd0dc8a07&chksm=f97e3b10ce09b2068f36fcfd6fd1dd0b817d9cd4fabf602b1ecd58d2ae545fe57f85d70df4fe7&scene=27.
[84] 代丽华, 吕雨桐, 陈红松. CPTPP 数字贸易规则及影响——基于和 RCEP 的对比分析[J]. 长安大学学报(社会科学版), 2022, 24(3): 22-33.
[85] 张雪春, 曾园园. 数字贸易规则及相关争议[J]. 武汉金融, 2022(9): 3-11.
[86] 上海公平贸易. DEPA 与 CPTPP 中的数字经济规则比较——从国际规则视角看数字经济治理（二）[J/OL].2022-09-13/2024-01-25.https://mp.weixin.qq.com/s?__biz=MzU4NTU0NTQ1Ng==&mid=2247537896&idx=3&sn=f32770a42dc9c6153f59ce68218ee8c2&chksm=fd8af777cafd7e617f5d927c191a50d5abe544ae3f34290229c82ece67bb35146fb4cf092165&scene=27.

[87] 赛博研究院.「报告」OECD/WTO/IMF: 数字贸易测度手册[J/OL]. 2020-07-17/2024-1-26. https://baijiahao.baidu.com/s?id=1672460009303851532&wfr=spider&for=pc.
[88] 高晓雨, 贾怀勤, 方元欣, 等. 数字贸易测度的融合比法: 从构念到实测[J]. 今日科苑, 2021(10): 5-13.
[89] 贾怀勤, 高晓雨, 许晓娟, 等. 数字贸易测度的概念架构、指标体系和测度方法初探[J]. 统计研究, 2021, 38(12): 30-41.
[90] 贾怀勤. 数字贸易测度研究综述和路径方法分析[J]. 海关与经贸研究, 2021, 42(6): 29-42.
[91] Borga M, Koncz-Bruner J. Trends in digitally-enabled trade in services[J]. Bureau of Economic Analysis US Department of Commerce, 2012.
[92] 岳云嵩, 张春飞. 数字贸易统计测度分析[J]. 国际贸易, 2021(8): 70-77.
[93] 贾怀勤. 数字贸易理念和测度口径及方案辨析[J]. 中国统计, 2022(4): 38-41.
[94] 夏杰长, 刘睿仪. 数字化赋能贸易高质量发展的作用机制与推进策略[J]. 价格理论与实践, 2022, (11): 7-12, 101.
[95] 马慧莲, 康成文. 我国数字贸易国际竞争力及其影响因素[J/OL]. 2022-11-28/2024-1-26. https://new.qq.com/rain/a/20221128A0A6Q300.
[96] 杨晓娟, 李兴绪. 数字贸易的概念框架与统计测度[J]. 统计与决策, 2022, 38(1): 5-10.
[97] 中国信息通信院. 数字贸易发展白皮书(2020 年): 驱动变革的数字服务贸易[EB/OL]. (2020-12-15)[2024-04-10]. https//max.book118.com/html/2020/1216/8003122010003027.shtm.
[98] 陆海生, 方正, 张建国. 跨境电商业态全口径统计的研究与应用[J]. 海关与经贸研究, 2021, 42(5): 22-42.
[99] 金月财经. 跨境电商统计: 存在的困境[J/OL]. 2022-06-15/2024-1-26. https://baijiahao.baidu.com/s?id=1735675850134905918&wfr=spider&for=pc.
[100] Handbook on Measuring Digital Trade. 2023. The hternational Monetary Fund,the Organisation for Economic Co-operationand Development,the Uhited Nations and the World Tade Organization.
[101] WORLD TRADE REPORT 2022-Climate change andinternational trade.
[102] 徐晋. 高级数字经济学: 十大原理与全球趋势[J]. 中国矿业大学学报(社会科学版), 2023(2): 45, 135-156.

教师服务

感谢您选用清华大学出版社的教材！为了更好地服务教学，我们为授课教师提供本书的教学辅助资源，以及本学科重点教材信息。请您扫码获取。

≫ 教辅获取

本书教辅资源，授课教师扫码获取

≫ 样书赠送

国际经济与贸易类重点教材，教师扫码获取样书

清华大学出版社

E-mail: tupfuwu@163.com
电话：010-83470332 / 83470142
地址：北京市海淀区双清路学研大厦 B 座 509
网址：https://www.tup.com.cn
传真：8610-83470107
邮编：100084